U0836881

"十二五"职业教育国家规划教材

经全国职业教育教材审定委员会审定

商品销售技巧

(第二版)

赵春霞　胡燕倩　主编

中国财经出版传媒集团
中国财政经济出版社
·北京·

图书在版编目（CIP）数据

商品销售技巧／赵春霞，胡燕倩主编．--2 版．--
北京：中国财政经济出版社，2024.1
“十二五”职业教育国家规划教材
ISBN 978-7-5095-9476-6

Ⅰ.①商…　Ⅱ.①赵…　②胡…　Ⅲ.①商品销售-中
等专业学校-教材　Ⅳ.①F713.3

中国版本图书馆 CIP 数据核字（2019）第 262803 号

责任编辑：樊　闽　彭洋洋　　　　责任校对：张　凡
封面设计：育林华夏　　　　　　　责任印制：张　健

商品销售技巧
SHANGPIN XIAOSHOU JIQIAO

中国财政经济出版社 出版

URL：http：//www. cfeph. cn
E-mail：cfeph@ cfeph. cn

社址：北京市海淀区阜成路甲 28 号　邮政编码：100142
营销中心电话：010-88191522
天猫网店：中国财政经济出版社旗舰店
网址：https：//zgczjjcbs. tmall. com
北京鑫海金澳胶印有限公司印刷　各地新华书店经销
成品尺寸：185mm×260mm　16 开　12.5 印张　300 000 字
2024 年 1 月第 2 版　2024 年 1 月北京第 1 次印刷
定价：37.00 元
ISBN 978-7-5095-9476-6
（图书出现印装问题，本社负责调换，电话：010-88190548）
本社质量投诉电话：010-88190744
打击盗版举报热线：010-88191661　QQ：2242791300

编写 说明

本书是“十二五”职业教育国家规划教材、财政部规划教材，由全国职业教育教材审定委员会审定，作为全国中等职业学校财经商贸类专业教材使用。

本书是根据教育部中等职业教育“十二五”规划教材“以就业为指导，以学生为主体，着眼于学生职业生涯发展，注重职业素养的培养，有利于课程改革”的总原则，结合中职学生现有的文化基础、知识结构，按照本学科的特点，以实用、够用为出发点且能反映产业升级、技术进步和职业岗位变化的要求；注重诚实守信、爱岗敬业、沟通合作等素质和能力的培养以及市场、质量、安全和环保等意识的养成；注重自主学习、合作学习和个性化教学；注重做中学、做中教，教学做合一，从而使理论实践一体化。

教材内容和体系按照学历教育、岗位需求、课程目标进行选择和布局，能够体现“四新”、必须和够用。涵盖典型工作任务，实践问题、理论知识、操作技能及学习评价与社会生活、实际生产相关联，反映新知识、新技术、新工艺和新方法；将典型的工作任务和成熟的最新成果纳入到教材，以实践问题解决为纽带，实现理论、实践、知识、技能与情感态度的有机整合；准确嵌入职业标准、行业标准或企业标准，实现学历证书和职业资格证书的“双证”融通，为中职学生毕业后能够继续接受高职教育、顺利取得国家职业资格证书提供条件。

在教材结构的设计上，采用了项目课程、任务驱动教学的结构设计，以工作过程为导向将教材内容划分为认知销售、准备工作、设计布局与陈列商品、接待服务、销售服务、收银服务、售后服务七大教学模块。按照职业领域工作逻辑确定教学单元，以项目、案例导入、任务、学习目标、任务描述、任务学习、知识拓展、任务分析、任务实训等为载体组织教学单元，体现模块的系列化，做到梯度明晰，序化适当。

在教材素材的选择上，力求选择的素材来自于生活和生产实际，并充分考虑其趣味性和真实性，有效地促进学生职业兴趣的发展和职业能力的拓展。

在表达方式上力求通俗易懂，深入浅出，满足中职学校学生的阅读和学习习惯；知识点采用大量、翔实的照片与图表进行表述和介绍。

本教材由赵春霞、胡燕倩担任主编，具体编写分工如下：项目一、项目二由田娜编写，项目三由赵春霞、胡燕倩编写，项目四由卢剑榆编写，项目五、项目六由赵春霞编写，项目七由赵春霞、田娜编写，二维码资源由陆文雯整理。全书由赵春霞统稿。本教材的课时分配表如下：

项目号	教学内容	理论课时数	实训课时数	课时合计
项目一	认知销售	3	1	4
项目二	准备工作	6	6	12
项目三	设计布局与陈列商品	12	22	34
项目四	接待服务	8	4	12
项目五	销售服务	4	2	6
项目六	收银服务	10	10	20
项目七	售后服务	8	12	20
总课时数	108			

在教材编写过程中，全国商业中专教育研究会副会长安如磐教授、大连职工大学校长邓国民教授一直给予支持和关怀，大商集团培训中心尹燕讲师及鞋帽卖区区长、省级劳动模范肖妲女士给予了专业化的指导，大连商业学校李文东、刘伟、张素洁等领导和老师给予了支持和帮助，在此一并表示感谢。

如需要获取相关教材配套资源，请以电子邮件形式联系中国财政经济出版社，E-mail：caijingjiaocai@163.com，也可访问如下网址下载：http://jiaocai.cfeph.cn。

本教材可作为中等职业学校市场营销、商品经营专业教材，也可作为商业从业人员在职培训及自学辅导用书，以及商品经营类专业学生参加营业员技术等级考核的指导用书。

编　者

2023年12月

目　录

1 项目一 认知销售

销售是介绍产品提供的利益，以满足客户特定需求的过程。简单理解就是帮助有需要的人们得到他们所需要东西的过程。

案例导入

一位顾客的自述

和大家分享一下年前我在线下商场的一次购物经历。年前，我需要选购一双运动鞋，这几年在网络购物消费居多，好长时间没有尝试线下购物了，怀着好奇的想法，选择了一个档次尚可的商场，去进行一次未知的消费体验。

简单在运动层逛了逛，从装修风格到货品陈列，没有什么新意，接连走了几家店，大同小异，尤其是营业人员像是统一培训过似的，介绍的重点只有两项一是商品好，二是价格便宜。介绍的时候还与网店和其他店面比较，说辞陈旧。

偶然间我又推开一家专卖店的大门，刚刚进门左顾右盼之时，一个悦耳的声音传来，“欢迎光临本店，先生，您想买鞋吧！我们最近在搞新年回馈活动，很多新款推出，我来给您介绍一下吧！”

这句话说得让我无法拒绝。又有新款，又有回馈，还要主动给我介绍一下。对比刚刚走过的几家店，营业员都是疑问句：“我有什么可以帮您？您要不要看看我们的新款？您需要什么样的鞋子？”好多问号在我的脑海里，我最后只是应付式地回复：“我就随便看看……”

“看来这家店能找到我需要的运动鞋”，我心里已经给自己定下了目标。在她的介绍下，我还真的发现有一双不错的鞋子。我问了一下价钱，558 元，新年活动打折后也要358 元。我说：“你们的鞋子怎么这么贵？”营业员看着我，笑着说：“您很会挑鞋子，这双鞋是新款，是厂家本季请的著名设计师设计的，在国际上还获过奖的，而且材料和做工都很不错，一分钱一分货，价格是不低，但绝对是物有所值的。”听她这么一说，我不好再说贵了，只好说：“能再打个折吗？”

营业员回答说：“您先试试吧，如果不合适，再便宜您也不会要，是不是？您穿多大码？哦，43码，这双正是您要的大小，您坐这里试试。这双鞋真的是很合算的，如果不是新年，不可能打折。另外，这双鞋质量很好，至少可以穿两年，只要358元，每天算下来才5毛钱。我看您手上的钱包，是PRADA的，这个值好多双鞋子了，要是鞋子太便宜也不般配不是？”

营业员的一番话，让我觉得身价被认可了，再还价真的不好意思。但我接着又说，“我的这个钱包是冒牌的，才50块钱。”我倒想看看营业员怎么接话。

“先生，您开玩笑了，从您的气质一看就是在外见过世面的，再看您钱包的拉链做工也不可能是仿品。您挑中一双鞋也不容易，其实358元，价格真的不贵，就当您多请了一位好朋友吃饭而已。”

我有点无言以对了，从时间成本、穿着搭配、吃饭比较三个方面说服我，而且都是从我的角度出发。虽然已经决定购买，我还是想试探一下营业员的营销辞令，用最直接的方式说：“这双鞋确实还可以，但你要是不便宜一点我总觉得亏了，你怎么着也得给我打个折吧，以后我再介绍朋友到你这里来买。”

“能帮我介绍客户，真是太感谢了！这样吧，如果有赠品，我申请两个送您吧。您看这双鞋您穿着也很合适，您一会儿是刷卡方便还是付现金方便？”

我回复说刷卡方便。营业员说：“那您跟我到这边来刷卡。”

刷完了卡，回忆刚刚的过程，营业员先问是刷卡方便还是付现金方便，然后就直接把我带过去了。让我没有犹豫的机会。在我很自然地付完款后，营业员又说话了：“我这里有给老顾客优惠的袜子，您买了我们的鞋子，也算老顾客了，价值68元的袜子，您给10元就好了，也算我刚才无法给您打折的一个补偿。好的，袜子在这里您拿好，欢迎您再次光临啊。”

这就是搭配套餐，而且我感觉是帮了我很大的忙，她在补偿我。我当时说太感谢了。

仔细回顾整个购物过程，这个营业员运用了多种销售技巧，关键的是从我进店到最后成交离开，她一直处于很主导的地位。让我感觉很舒服，她最终也没有降价，我还觉得占了便宜。这就是销售高手的过人之处！

任务 1
认知销售人员

销售人员是完成销售工作的关键，是商品流动战线上的前线战士，是企业、商家的形象代表。对企业的生存和发展起着举足轻重的作用。市场形势愈严峻、竞争愈激烈，销售人员个人的价值体现便愈充分，其作用会愈显重要。

任务学习目标

1. 清晰理解销售人员的职业定位。
2. 正确认识销售人员在销售工作中的作用。

任务描述

上课了，老师问大家一个问题：相信每个人小时候都有自己的志愿，比如说长大要做医生、老师、律师等，请问有没有人立志做一名营业员呢？同学们都摇摇头笑着说："怎么会有这样的人呢？不可能！"

老师让大家说说自己对营业员和销售人员的看法，同学们纷纷发言：有的说营业员不就是"收钱的""推销的""站商场的"嘛！有的说销售人员就是将商品推销给顾客，有的甚至说销售人员是骗人的！还有的说只有没有什么能力的人才会去做营业员，营业员的工作非常简单，是谁都可以胜任的。

其实不但是顾客对营业员有误解，据国际权威调查机构的调查数据显示：就连营业员自身同样对自己抱着轻视的态度。

动动脑? 同学们，其实以上的想法都是不正确的。那么我们该如何正确认识销售人员呢？

任务学习

码 1－1　辉煌可以从营业员起步

一、销售人员的定义

销售人员是在一定的经营环境中，采用适当的方法和技巧，宣传企业产品品牌、引导潜在顾客购买产品或服务、实现企业销售目标的工作人员，他们的主要职责是完成销售目标，实现企业利润。

二、销售人员的作用

随着市场的产品细分，不同的行业对于销售人员的名称也不尽相同。如将化妆品行业的销售人员称为“时尚顾问”，药品及保健品行业的销售人员称为“健康专员”“营养咨询师”，房地产行业的销售人员称为“房产经纪人”等等。虽然现在对销售人员的称谓名目繁多，但是其工作性质都是基本相同，即根据顾客需求，介绍商品特性，解除顾客疑虑，帮助顾客实现购买行为。

（一）推广品牌形象

在顾客的购买行为中，顾客会将产品、品牌以及企业形象与销售人员的一言一行、一举一动联系起来。因为销售人员是企业与顾客之间沟通的桥梁，销售商品的过程实际上就是企业通过销售人员将企业文化、品牌传递给顾客，使顾客了解、接受、认同，并最终购买的过程。

（二）销售产品

销售工作的结果就是实现商品销售和利润获得。一个企业唯有在创造利润之后，才谈得上发展。因此，销售人员要充分运用自己的销售技术、综合素养以及个人魅力，努力争取每一个顾客，不断扩大产品的销量，为企业带来利润和效益，使企业长久地发展和壮大。

（三）收集信息

销售人员是销售终端工作人员，要面对面地与顾客沟通。一方面，销售人员将产品的相关信息真实有效地传递给顾客，让顾客对企业的经营理念、企业实力、发展规划、服务项目和服务保证等情况有所了解，从而接受产品、认同企业。另一方面，销售人员通过亲眼目睹能够直接了解到顾客对产品的要求和看法、产品存在的问题以及改进的建议，甚至是顾客需求的变化、竞争对手的经营状况等等，将这些信息迅速收集反馈，为企业的研发生产、市场预测及经营决策提供重要依据。

（四）提供服务

销售人员在销售产品的同时，还向顾客提供各种服务，包括售前、售中和售后服务。如商品的信息咨询、商品的使用和保养方法、商品的安装和维修、商品的捆扎包装等等，热情周到地为顾客提供优质服务、建议和帮助，赢得顾客的信赖，提高企业的信誉。

码 1－2 老太太买李子

知识拓展

顾客是上帝？

美国服务专家罗瑞·迪获伯格、约翰·基德尼在所著《销售诀窍和顾客心理》一书中，曾对顾客的价值进行了科学的总结，具体如下：

1. 顾客是商业经营中最重要的人；
2. 顾客是营业员、商店经理和所有者薪水的来源；
3. 顾客是商店各种经营活动的血液；

4. 顾客是商店的一个组成部分，不是局外人；
5. 顾客不会无事登门，是为买而来；
6. 顾客不是有求于我们，而是我们有求于顾客；
7. 顾客会给我们带来利益；而我们不会给顾客带来利益；
8. 顾客不是冷血动物，而是拥有七情六欲的普通人；
9. 顾客不是我们与之争论或与之斗争的人；
10. 顾客是我们应当给予最高礼遇的人。

而在顾客心目中的营业员应该是：

1. 了解顾客对产品的兴趣和爱好；
2. 帮助顾客选择最能满足他们需要的产品；
3. 向顾客介绍所推荐产品的特点；
4. 向顾客说明买到此种产品后会给他带来的好处；
5. 回答顾客对产品提出的疑问；
6. 说服顾客下决心购买此种产品；
7. 向顾客推荐连带性产品和服务项目；
8. 让顾客相信购买此种产品是一个明智的选择。

任务分析

1. 营业员是很平常却值得尊敬的一个职业，是社会不可或缺的组成部分。营业员是商场的主角，是企业和产品的形象代表，也是顾客和企业的中介与纽带，更是促进企业发展必不可少的动力来源。

2. 营业员并不是无一技之长，无可奈何的职业选择。要成为一名优秀的营业员，是需要经过长期的专业训练，要精通心理学、行销学、表演学、口才学、人际沟通以及资讯管理等知识。营业员是一个全才，不但双手要敏捷，双脚要勤快，而且脑袋要清楚、心灵要放开。

3. 基层服务是积累经验、资历的基石，是通向服务业中的中高层管理工作的岗位或自主创业的阶梯。服务工作也有级别之分，年轻时工作经验少、资历浅，被安排在基层做服务，可乘机踏踏实实锻炼一下自己，等到经验多一些、资历深一些，服务业中的中高层管理工作的岗位则非你莫属。再就是基层服务也可以为自主创业打下良好的基础。

任务实训

1. 训练名称：销售人员职业素质测试卷。
2. 训练时间：20 分钟。
3. 训练内容：

销售人员职业素质测试卷（一）

测评对象：________ 测评日期：________ 测评结果：________

一、每题有三种选择答案，请选择最符合你的答案。适用于男性

1. 你和别人告别时，下次相会的时间地点是：

A. 对方提出的 B. 谁也没有提这事 C. 我提议的

2. 你是否在寒暄之后，很快就找到双方共同感兴趣的话题？

A. 是的，对此我很敏锐 B. 我觉得这很难

C. 必须经过较长一段时间才能找到

3. 通过第一次交谈，你们分别所占用的时间是：

A. 差不多 B. 他多我少 C. 我多于他

4. 会面时你说话的音量总是：

A. 很低，以致别人听得较困难 B. 柔和而低沉 C. 声音高亢热情

5. 你说话时是否使用身体语言？

A. 做些手势 B. 从不指手画脚 C. 我常用姿势补充言语表达

6. 假若别人谈到了你兴趣索然的话题，你将：

A. 打断别人，另起一题 B. 显得沉闷、忍耐

C. 仍然认真听，从中寻找乐趣

二、每题有三或四种选择答案，请选择最符合你的答案。适用于女性

1. 与人说话时，你的手上动作如何？

A. 几乎不用手势 B. 很喜欢打手势 C. 常常用手捂住嘴巴

2. 有过被初次见面的男士约定幽会的事吗？

A. 有过几次 B. 大概只有一次 C. 没有

3. 曾经因为被长辈或老师认为心眼坏而生气吗？

A. 没有 B. 只有一两次 C. 经常有

4. 在很拥挤的公共汽车或地铁里，曾经被人攥住手或碰到过吗？

A. 经常碰到 B. 只有一两次 C. 没有

5. 看到自己照片的模样，有何感想？

A. 这张照片拍得很好 B. 完全不像自己 C. 这张照片还凑合

D. 总是感到讨厌

6. 你习惯怎样分开你的头发？

A. 中间分 B. 向右或向左分 C. 不分缝

三、请根据自己的情况，仔细做出选择。

1. 三个人正在谈话，他（她）们正在谈论什么呢？请选择一个与你所想到的最接近的答案。

A. 上个星期天看球赛的事情 B. 公司里有关上司的谣传

C. 有关同一个办公楼的女职员的谣言 D. 今天晚上要打麻将的事

2. 如果你明天一定要6点起床，必须拨闹钟来叫醒你，你会把闹钟的定时针调到几点几分？

A. 5：55　　B. 5：45　　C. 6：00

3. 如果你有个生病而在床上躺了十年的弟弟，因此你不能和所爱的人结婚，这时你怎样想？

A. 在他没好之前继续照顾他，这是你的责任

B. 希望把他送进大医院，但不知道有谁可以帮你

C. 自己很不幸

4. 你上学时代的好朋友，跟你的男（女）朋友进入旅馆的时候，恰好被你看见了，但他们没有看见你，此时你怎么办？

A. 走到他们面前破口大骂

B. 挑个时候向你的男（女）朋友询问

C. 假装没事，以后再慢慢探出他们两人的真心话

5. 你和男（女）朋友逛街，结果迷了路，而那个地方你们两个都没有去过，这时你怎么办？

A. 找附近的警察问一问　　B. 看地图确定位置

C. 先往热闹的地方走再说　　D. 先去咖啡店休息，再问店里的人

6. 你会从以下哪一个人那儿得到钱？请你只选一个：

A. 现在能给3000元的人

B. 在三个星期后能给你6000元的人

C. 三个月后能给你9000元的人

7. 当你离开电视去接电话的时候，屏幕上正出现一男一女的场面，5分钟后你回来了，你想屏幕上又会出现什么镜头呢？

A. 悲伤的离别场面　　B. 因重逢而高兴的欢乐场面

C. 床上的镜头　　D. 两个人拥抱在一起接吻

4. 训练场地及设施：实训教室、测试卷一张，学生自备笔一支。

5. 评分标准：

销售人员职业素质测试卷（一）参考答案

一、测试目标：男性第一印象指数，得分如表 1－1 所示。

表 1－1　男性第一印象指数的得分

题号＼分数＼答案	A	B	C
1	1	3	5
2	5	1	3
3	3	5	1
4	3	5	1
5	3	5	1
6	1	3	5

诊断结果：

分数为 6～11 分：第一印象较差。也许本心是很愿意给别人一个美好印象的，可是不经心或缺乏体贴、或言语举止容易让人产生误解。

分数为 12～23 分：第一印象一般。表现中存在着某些令人愉快的成分，但同时又有不尽如人意之处。

分数为 24～30 分：第一印象佳。适度、温和、合作给第一次见到的人留下了难忘的印象。

二、测评目标：女性第一印象指数，得分如表 1－2 所示。

表 1－2　女性第一印象指数的得分

题号＼分数＼答案	A	B	C	D
1	3	5	1	
2	5	3	1	
3	5	3	1	
4	5	3	1	
5	5	1	3	1
6	1	3	5	

诊断结果：

得分 6～12 分：第一印象较差。让人觉得态度冷淡，难以接近。

得分 13～19 分：第一印象一般。不会给人留下不好的印象，但表现一般，因而也不会给人留下难忘的印象。

得分 20～26 分：第一印象较好。平易近人，惹人喜欢，给第一次见到你的人留下了难忘的印象。

得分 27～30 分：第一印象极好。有很强的个人魅力，往往给人留下极深刻的印象。

三、测评目标：亲和力，得分如表1－3所示。

表1－3　亲和力的得分

题号＼分数＼答案	A	B	C	D
1	1	3	5	1
2	5	1	3	
3	1	3	5	
4	5	3	1	
5	1	3	5	5
6	5	3	1	
7	5	1	3	3

诊断结果：

得分7～12分：亲和能力非常强，容易获得他人的喜爱。

得分13～18分：有较强的亲和能力。

得分19～24分：有一定的亲和能力。

得分25～30分：亲和能力较低。

得分31分以上：亲和能力很差。

任务2
明确岗位职责

销售人员的岗位职责是通过提供满意的服务、专业的销售技巧及良好的购物环境来完成销售及活动目标。

任务学习目标

1. 全面履行营业员的岗位职责。
2. 严格遵守营业员的工作规范。

任务描述

小李是一家化妆品单位的专柜营业员，对每一位顾客他都会非常耐心地为他们服务，直到他们满意地离开。另外，他还是一个非常有心的人。对于顾客的一些看法、意见，他都会注意收集。比如他多次听到抱怨某种产品包装过大，携带极不方便，于是他记在心里。他核查了一下，发现该种产品的销量一直不佳。

一次厂家的经理上门时，他把这个信息向其反馈。后来企业相应地对这种产品进行改装，换成小瓶包装，很快这种产品的销量就上去了。

动动脑? 同学们，小李在服务顾客的同时，还留心收集了顾客对产品的使用反馈信息。请问，这是作为销售人员应该做的吗?

任务学习

根据教学要求及课程目标，在本书中除特殊说明外，销售人员特指在规定负责的卖场内，接待顾客，服务顾客，销售商品的营业员。

营业员是连接商家销售活动与顾客购买活动的“桥梁”。所以，营业员的服务对象有两个：一是企业，二是顾客。在销售现场，营业员必须懂得站在顾客和企业双方的角度，销售产品是重要任务，服务顾客是分内责任。

（一）营业员的岗位职责

1. 文明经商，礼貌待客，服务周到。不冷落顶撞顾客，坚持一视同仁。自觉做到对待顾客有爱心、诚心、耐心、热心。

2. 遵守国家相关价格的规定，不进行不正当价格竞争，不随意涨价，不变相提价。维护商业信誉，讲求公平诚信。公平买卖，老少无欺，明码标价，保质保量。

3. 热爱本职工作，调整良好的服务心态，增强职业自信心和责任心，努力提高自身职业技能和综合素质。

4. 讲究仪表仪容，维护企业形象。仪态端庄大方，衣着干净整洁，做到柜组窗明几净，陈列有序，摆放有序，品种齐全。

5. 洁身自爱，廉洁奉公，爱护公共财产，提高安全防范意识。确保柜组商品的安全，严格履行商品防盗抢的职责，并敢于同贪污、盗窃行为作斗争。

6. 遵守各项管理规定及相关制度。切实履行经营策略，严格执行保密制度。

7. 接受顾客和领导监督和批评指正，做到有错就改，不护短，不包庇。

（二）营业员的工作规范

1. 穿好工作服和佩戴好工号牌。

2. 上班不迟到、不早退，不无故请假，不随便调班，不擅离工作岗位。

3. 有客时，要热情待客，礼貌服务，有问必答。无客时，要整理商品，使其整洁美观。

4. 虚心接受顾客的批评和建议，不准与顾客顶撞、争吵。

5. 不在柜台内聊天、打闹、接电话，不在柜台内玩手机、吃东西、看报、抽烟、睡觉、闲坐。

6. 不准在柜台内会客、办私事。当班时间不准购买自己经营的商品。

7. 不准带小孩或非本柜台营业员上岗。

8. 不准代卖私人物品，不准销售不符合质量标准的商品。

9. 不准因上货、盘点、结账等内部工作而影响接待顾客。

10. 不许私换外币，不准收取顾客小费，不准故意多收或少收顾客的钱。

11. 不准挪用、借用销售货款和票券。

12. 不内部私分商品。

（三）营业员的工作内容

1. 柜台卫生。营业前认真做好店内、外卫生，做到店内外卫生一尘不染。严格执行《卫生制度》，做到地净，玻璃明，柜台无积灰、无死角、无虫害。每周大扫除，全店彻底清洁、消毒一次。

2. 商品陈列。根据商品色彩、灯光来配合商品的体积、造型、外观来摆放商品；要布局合理，类别醒目、美观艺术、丰满整洁，创造舒适的购物环境。营业前准备好用品、用具，及时补充商品，并检查品种是否齐全，有无新货需及时上柜。营业中随时保持柜台及货架上展示的商品充足和整齐。检查柜台及库存商品数量是否充足，品质是否合格，标签是否正确，不合格商品坚决不能销售。

3. 商品销售。积极热情地接待顾客，运用各种销售技巧，真诚地为顾客提供各种服务。介绍商品时实事求是，既不夸大优点，也不隐瞒缺点，真心地为顾客考虑，并主动介绍商品的养护知识，避免顾客蒙受经济损失。通过营业员的销售服务，向顾客展示良好的企业形象，提高企业及品牌知名度。

4. 商品包装。包装之前核对品种、数量，并确认无损坏或短缺，并征询顾客意见是否撕掉标价。包扎、装货要准确迅速、美观大方、牢固结实、方便携带。

5. 开收款收据。清晰完整地填制销售票据，核对账货是否相符，做到准确无误。顾客付款之后，核对单据和电脑小票，并收回售货单的柜组联。将售货单、顾客联及电脑小票交还给顾客，并叮嘱其妥善保管，以备商品退换时查验。

6. 交接班。认真清点货品数量，按照规定完成日、周、月的报表填写工作，做好专柜销售记录和定期盘点库存，确保商品账实相符。交接班时，应对接班人员告知商品销售已补货和需补货商品情况，做到交接清楚，补货无重复。

知识拓展

文明服务规范十条要求

一、顾客进店、主动招呼、不冷落人；
二、顾客询问、详细答复、不讨厌人；
三、顾客挑选、诚实介绍、不欺骗人；
四、顾客少买、同样热情、不讽刺人；
五、顾客退换、实事求是、不埋怨人；
六、顾客不买、自找原因、不挖苦人；
七、顾客意见、虚心接受、不报复人；
八、顾客有错、说理解释、不指责人；
九、顾客伤残、关心帮助、不取笑人；
十、顾客离店、热情道别、不催促人。

服务黄金数字

1. 一个满意的顾客告诉3个人，一个不满意的顾客影响11个人；

2. 94%的不愉快客人从不向公司反映问题，如果投诉处理得当，60%不愉快顾客将继续商业关系，如果投诉迅速处理，则该比率会上升至95%；

3. 当顾客心中有抱怨时：4%会告诉你，96%默默离去，其中91%不再光顾；

4. 顾客为何不上门？3%搬家；5%和其他同业有交情；9%价钱高；14%产品品质不佳；68%服务不周（包括企业、经理、员工）；

5. 一位不满的顾客，平均会将他的抱怨转告8～12个人，其中20%还会转告20人之多；当你留给他一个负面的印象后，往往得有12个正面印象才能弥补；

6. 妥善处理顾客的抱怨、不满：70%会再光顾；当场圆满解决，95%会再光顾；平均而言，当一个顾客的抱怨被圆满处理后，他会将满意的情形转告5个人；

7. 争取一个新顾客的成本是留住一个老顾客的5倍，一个老顾客贡献的利润是新顾客的16倍。

任务分析

作为营业员，不但要承担销售产品、服务顾客的工作，还必须承担开拓市场的责任。营业员站在市场的最前沿，他每天面对着不同的顾客，可以从顾客那里得到许多有关厂家、产品、市场情况及你本身工作的反馈意见。如果营业员能够及时地收集这些信息，就可以获得更多的回头客，提高自己的营业水平，也可以帮助厂家更好地打开市场和扩大客源。另外，同一行为的竞争也可谓数不胜数，营业员除了要收集自己产品的信息以外，同时也要对竞争者的情报进行收集。

任务实训

1. 训练名称：销售人员职业素质测试卷。

2. 训练时间：20分钟。

3. 训练内容：

销售人员职业素质测试卷（二）

测评对象：________　测评日期：________　测评结果：________

四、请根据自己的实际情况，如实选择答案。

1. 如果有机会的话，我愿意：

A. 到一个繁华的城市旅行　B. 介于 A、C 之间　C. 浏览清静的山区

2. 如果我在工厂里工作，我愿做：

A. 技术性的工作　B. 介于 A、C 之间　C. 宣传性的二作

3. 在阅读时，我喜欢：

A. 有关太空旅行的书籍　B. 不太确定　C. 有关家庭教育的书籍

4. 如果待遇相同，我想当一名：

A. 律师　B. 不确定　C. 航海员

5. 按照我的个人兴趣，我最乐于参加：

A. 摄影组活动　B. 不确定　C. 文娱队活动

五、请选择"是"或"否"。

1. 你认为自己是个寻常人吗？（　）
2. 你经常希望自己长得像某某人吗？（　）
3. 你时常羡慕别人的成就吗？（　）
4. 你为了不使他人难过，而放弃自己喜欢做的事吗？（　）
5. 你会为了讨好别人而打扮吗？（　）
6. 你经常勉强自己做许多不愿意做的事吗？（　）
7. 你任由他人来支配你的生活吗？（　）
8. 你认为你的优点比缺点多吗？（　）
9. 你经常对人说抱歉吗？即使是在别人不对的情况下。（　）
10. 如果在无意的情况下伤害了别人的心，你会难过吗？（　）
11. 你希望自己具备更多的天赋和才能吗？（　）
12. 你会经常听取别人的意见吗？（　）
13. 在聚会上，你经常等别人先跟你打招呼吗？（　）
14. 你每天照镜子超过三次吗？（　）
15. 你有很强的个性吗？（　）
16. 你是个优秀的领导者吗？（　）
17. 你的记性很好吗？（　）
18. 你对异性有吸引力吗？（　）
19. 你懂得理财吗？（　）
20. 买衣服前，你通常听取别人的意见吗？（　）

4. 训练场地及设施：实训教室、测试卷一张，学生自备笔一支。

5. 评分标准：

销售人员职业素质测试卷（二）参考答案

四、测评目标：外向型程度，得分如表1－4所示。

表1－4 外向型程度的得分

题号＼分数＼答案	A	B	C
1	2	1	0
2	0	1	2
3	0	1	2
4	2	1	0
5	0	1	2

诊断结果：

得分7～10分：乐观外向型。得分15分以上的人通常和蔼可亲，与人合作与适应环境的能力较强。喜欢与别人共同工作，愿意参加或是组织各种社团活动，不斤斤计较，容易接受别人的批评，萍水相逢也可以一见如故。需要的是，在一些原则问题上坚持自己的立场。

得分4～6分：中间型。既不是一个内向的也不是一个外向的人。但能与人和善相处，共同工作。有时也会感到自己孤独、寂寞。

得分0～3分：缄默孤独型。内向、缄默、孤独。通常表现为执拗，对人冷漠，落落寡合，吹毛求疵，宁愿独自工作，对事而不对人。不轻易放弃一己之见，为人和工作的标准都很高，严谨而不苟且。

五、测评目标：自信心水平，得分如表1－5所示。

表1－5 自信心水平的得分

答案＼分数＼题号	1	2	3	4	5	6	7	8	9	10
是	0	0	0	0	0	0	0	1	0	0
否	1	1	1	1	1	1	1	0	1	1

答案＼分数＼题号	11	12	13	14	15	16	17	18	19	20
是	0	0	0	1	1	1	1	1	1	0
否	1	1	1	0	0	0	0	0	0	1

诊断结果：

得分13分以上：对自己很有信心，敢作敢当，同时清楚自己的优缺点。但是，如果得分接近20分，那么有可能过于自信，甚至有些自大和浮夸。

得分7～12分：对自己较有信心，也有的时候信心不足。

得分0～6分：对自己没有太多的信心，过于谦虚，容易形成自我压抑。

任务 3
提升职业素质

营业员是商品销售的代表，是商品生产商与顾客交流的关键环节。营业员的素质是企业形象的直接展现，其素质高低关系到企业发展、决定企业经营成败。随着消费市场的不断升级，消费者群体对营业员素质提出了更多、更高的要求。

任务学习目标

1. 深刻理解职业道德，并以此来约束自己的职业行为。
2. 提高职业意识、提升职业素养。

任务描述

王丽丽同学是一名应届毕业生，刚刚走出校园的她找到了一份某知名品牌服装的销售工作。在工作中，王丽丽有一个困惑："当顾客来到柜台购买服装时，在介绍商品时，其特点往往不止一方面，我真不明白应该从哪里入手？"

旁边的小李不在意地说："从哪里入手有那么重要吗？我都是随便找一点来说的。"

动动脑？ 同学们，你觉得小李说得对吗？我们该如何帮助王丽丽呢？

任务学习

职业道德是指从事一定职业的人，在工作中遵循的、与其职业活动紧密联系的准则和规范。

营业员职业道德是营业员在接待顾客时所应遵循的职业行为准则。它的核心是为顾客服务，对消费者负责，并通过全体营业员的一言一行，表现出对顾客的服务精神，反映出企业的精神面貌。

一、职业道德

良好的职业道德是营业员自我完善的必要条件，是营业员职业活动的指南。营业员职业道德的修养，主要是指职业责任、职业纪律、职业情感以及职业能力的修养。

1. 热爱本职、忠于职守。热爱本职、忠于职守是职业道德的一条主要规范。作为营业员，热爱本职也就是热爱自己的工作岗位，树立干商业、爱商业的职业情感，只有具备了健康、正确的职业情感，才能将这种积极的情感指向顾客，才能使自己的营业行为符合顾客的心理需求，并在为顾客服务的实践活动中得到充分体现。忠于工作岗位的各项职责，自觉履行和维护这些职责，具有强烈的事业心和职业责任感。

2. 遵纪守法、廉洁奉公。遵纪守法、廉洁奉公是营业员职业活动能够正常进行的重要保证。遵纪守法，即指营业员要遵守职业纪律及与职业活动相关的政策、法律法规。廉洁奉公是高尚的道德情操在职业活动中的重要体现，是营业员应有的思想道德品质和行为准则。廉洁奉公就是要求营业员自尊自立，做到清廉经商，不受歪风邪气的侵蚀，不利用职务之便谋取私利，不利用职务之便泄露企业商业秘密，包括有关的制造、货品加工地、货品成本及企业利润率、即将举办的促销活动、柜台货品的构成及账目等。

3. 公平买卖、文明经商。公平买卖、文明经商是商业道德规范的核心，也是营业员必须遵守的职业道德。公平买卖体现在：对商品准确命名，诚信无欺，明码标价。确保商品质量，并做到推销商品时不强买强卖，按质论价、优质优价、次质次价、同质同价，介绍商品时不夸大优点，也不隐瞒缺点，体现商品交换的等价原则。

4. 接待顾客、真诚守信。真诚守信、讲信誉、重承诺，是经商取胜之本。作为一名营业员，要用自己的一言一行去塑造企业的形象，在对顾客的服务中要言行文明、遵守诺言，言必行、行必果，以真诚服务赢得顾客的信任。

5. 礼貌待客、热情服务。礼貌待客、热情服务是商业服务的根本行为准则。礼貌待客，即要求营业员在尊重顾客的基础上，平等对待每一位消费者，对顾客不品头论足、不以貌取人。礼貌待客还要求营业员熟知商业礼仪规范，时时处处用商业礼仪规范来指导自己的行为。热情服务，即要求营业员在接待顾客时耐心周到、态度和蔼、语言亲切。认真回答顾客问题，做到百问不烦、百挑不厌，虚心接受顾客的批评、不计较顾客的批评、不计较顾客的态度好坏、语言轻重。通过营业员的服务工作为顾客创造一个良好的消费环境。

6. 刻苦学习、钻研业务。商品是人类智慧与文明的结晶，营业员作为销售人员，要求有相对全面的商品知识。现代商业环境下，商品的外观、内涵、效用以及营销手段都在不断发展，新时期的营业员必须努力学习，刻苦钻研业务，在实践中不断跟上行业发展的步伐。

二、职业素质

（一）业务知识体系

1. 公司与行业。公司的形象、规模、实力、行业地位、声誉等都会影响顾客对产品的信任。营业员要了解公司的情况，主要包括：公司发展历程、现有规模及实力、未来发展规划、企业的经营理念、行业地位，甚至是权威机构的评价。营业员了解这些，不仅能够更容易说服顾客，还可以产生对公司的荣誉感、归属感、自豪感，从而增强销售信心。

作为营业员还需要了解企业所在的行业情况，如行业的过去、现状以及未来的发展趋势等。因为只有全面了解行业的发展，才能有信心做好这一行。

2. 产品与竞争品。产品知识就是推销力，技术含量越高，产品知识在销售中的重要性越大。营业员要将商品名称、种类、价格、特征、产地、品牌、制造流程、材质、审计、颜色、规格、流行性、推广要点、使用方法、保养方法等基础知识牢记在心。在销售过程中，营业员应该成为产品专家，专业地、熟练地为顾客介绍、讲解产品，更有助于营造良好的购物氛围，提高顾客的购买欲望。

营业员除了要熟知自己所销售的产品和企业的情况外，还要随时注意相同行业竞争对手的举动，如同类产品或替代品的陈列展示、促销方式、市场活动、新品上市、价格变动，甚至是竞争品牌的顾客数量和层次等。

3. 经营术语。各行各业都有自己的常用术语和专业术语。对行业知识的充分了解、熟悉并灵活运用，不仅可以增加营业员的归属感，更可以增加营业员销售服务的信心。

（二）业务技能体系

1. 业务活动。业务活动主要包括商品的购进、验收、销售、保管、盘点和损溢处理、价格管理等环节。营业员必须从实际出发，熟练掌握各个环节的基本业务技能。同时，作为一名优秀的营业员，对企业经营策略、市场预测决策等也应熟知。

2. 销售服务技术。销售服务技术是营业员搞好文明经商、提高优质服务的重要基础。拿、递、称、量、包扎、包装、计价开票、陈列、收款点钞和收银机操作是营业员传统的操作技术，是柜台服务的基本功，每个营业员必须全面掌握，并要做到熟练、准确、迅速、文明。这不仅可以提高服务质量和劳动效率，而且能够赢得顾客的信赖。

（三）身心素质

身体是搞好工作的本钱。在工作中，营业员始终如一地保持主动、热情、耐心、周到的服务态度和服务质量，就要有健康的身体、充沛的精力和顽强的毅力才能胜任。而营业员健康的身体也会给顾客一种美感，使顾客产生一种可靠、信任的心理。

而良好的心理品质，也是销售工作的基础，如强烈的销售意识、热情友好的服务态度、积极勤奋的工作精神等。因为销售是人与人面对面的沟通，心与心的交流，营业员对工作、企业、顾客展现出来的积极、热情、忠诚、勤奋、责任心……，通过人格魅力去吸引顾客，引起顾客情感上的共鸣，创造出辉煌的销售佳绩！

知识拓展

一、营业员六大正确心态

1. 对顾客一视同仁 。由于顾客的购买，我们才能获得销售额的增加，才能得到工资、提成、奖金，所以我们应时刻以感恩的心对待他们。营业员应本着进店都是客，不论高低贵贱的原则，对每位顾客无论年龄老小、职位高低、地域远近都要热情周到地为其服务。

2. 对自己，应该抱着积极向上的态度。积极心态具有改变人生的力量，只要你愿意耕耘它，它就会随时发挥力量。在世界芸芸众生中，作为个体的你来说，最重要的不是别人，而是你自己。你只有不断地挑战自我，争取机会，保持着自信、不断学习的态度，才会有成功的一天。请培养自己每天以愉快心情投入工作，以耐心的态度去服务顾客，以开阔的心胸包容所有的事物。

3. 应该有与企业同甘共苦的决心。只有与企业共过苦，与企业一起成长，才能与企业同甘，被企业赏识。当企业获得成功的时候，也是你自己事业上的成功之时。很多在事业上取得成功的人士，往往是在一个企业中工作多年，由低做起，最后获得非凡的成就。执着与坚持是取得事业成功必不可少的心态。

4. 协助别人。营业员的直接服务对象是顾客。营业员的工作就是满足他们的需求。当你帮助顾客寻找、了解产品，让其需求得到满足时，这一过程实际上就是一个帮助他人、实现自我价值的最好体现。经常能帮助他人，对他人有益的工作，其实是最快乐的工作。

5. 最先掌握潮流资讯。由于经常有机会接触新产品，所以营业员有机会接触到许多新事物。

6. 为自己创业做准备。由于营业员站在销售的最前线，对于零售流程相当地熟悉，所以在将来，营业员可以利用自己工作的经验创业，实现更高的职业理想。

二、营业员六大错误心态

1. 认为自己技不如人。在传统上，营业员这种工作一直不被人们重视。很多营业员也是因为学历不高才选择从事这一职业，所以他们很多人也抱有一种传统的态度，认为自己能力不佳，技不如人。

2. 认为自己产品不好。有的销售业绩不佳的营业员常常会埋怨自己的产品和企业实力不佳，工作难以开展。

3. 顾客是等来的。有的营业员从来不愿意主动去招揽顾客，要顾客走过来询问他，他才开口与顾客说话。更有甚者，即使顾客主动询问，他也爱搭不理。

4. 有提成就好好干，没提成就不用好好干。有些营业员只冲着钱工作，如果工资低，他们工作起来就没有任何冲劲。

5. 只招待有钱的人。有些营业员看到打扮入时的顾客就主动上前，热情如火，可是一看到衣着打扮稍差一点的顾客就冷若冰霜。

6. 只卖贵的不卖贱的。我们知道，很多贵的产品利润都是很高的，相应地，营业员得到的提成也就多些；而很多便宜产品的利润却是很低的，相应地，营业员得到的提成就少些。所以，许多营业员就专门卖给顾客贵的产品，也不管是否与顾客的实际情况相符。

好的心态可以帮助我们实现梦想，甚至帮助我们做成自己认为不可能做到的事情；坏的心态不但不能帮助我们实现目标，还有可能限制我们的发展。因此心态非常重要。

任务分析

介绍商品时，不能够随心所欲，想起哪点说哪点，而应该针对不同商品的特点进行介绍，这样才能突出商品的吸引力。

一般来说，有以下几个侧重点：

1. 侧重介绍商品的成分、性能。对食品、日用化工品、化纤类纺织品等商品的介绍，应该从成分、性能方面入手，因为这类商品都具有特殊性能。如：加钙饼干就应着重介绍其成分——添加了优质钙，以及作用——营养丰富、容易消化，对儿童的牙齿和骨骼生长有好处。

2. 侧重介绍商品的造型、花色和式样。工艺品、玻璃器皿、布料、服装等商品，在外形上都独树一帜、别具风格，因此在介绍此类商品时应着重介绍其风格特点、艺术价值。如：陶瓷制品介绍造型或者图案、颜色上的特点，突出格调高雅、朴素、凝重，具有艺术欣赏价值。

3. 侧重介绍商品的质量特点。对一些中高档商品，因为顾客投入的金钱较多，因此他们会特别重视质量的好坏。所以，营业员应抓住构成商品质量的主要因素、质量的标准等方面，积极介绍，给顾客信心。

4. 侧重介绍商品的功能或用途。有的商品具有多种功能或多种用途。如手机，是否是和弦铃声，是否是彩屏，是否能手写输入，是否有上网功能，是否能免提接听，等等，这些功能都要向顾客一一说明，如果能结合实际演示，效果更好。

以上介绍的方法在运用时并不是独立的，有时需要将几个方面结合起来才能取得好的效果。如，对电器类商品，可既强调功能和用途，又强调商品质量，让顾客在被功能所吸引的同时又对质量有了信心，这样可加强其购买的决定。

码 1－3　法律法规

任务实训

1. 训练名称：销售人员职业素质测试卷。
2. 训练时间：20 分钟。
3. 训练内容：

销售人员职业素质测试卷（三）

测评对象：________　测评日期：________　测评结果：________

六、以下各题，请选择一个最适合你的答案。

1. 当我同时面临一件该做的事和一件不该做但却吸引我的事情时，我经常经过激烈的斗争，使前者占上风。

A. 是　B. 有时是　C. 是与非之间　D. 很少这样　E. 不是这样

2. 有时躺在床上，下决心第二天要干一件重要的事情，但到第二天这种劲头就消失了。

A. 常有　B. 较常有　C. 时有时无　D. 较少有　E. 没有

3. 我能长时间做一件重要但枯燥无味的事。

A. 是　B. 有时是　C. 是与非之间　D. 很少这样　E. 不是这样

4. 生活中遇到复杂情况时，我经常优柔寡断，犹豫不决。

A. 常有　B. 较常有　C. 时有时无　D. 较少有　E. 没有

5. 做一件事情之前，我首先想到的是它的重要性，其次才是它的趣味性。

A. 是　B. 有时是　C. 是与非之间　D. 很少这样　E. 不是这样

6. 遇到困难情况时，我常常希望别人为我拿主意。

A. 是　B. 有时是　C. 是与非之间　D. 很少这样　E. 不是这样

7. 我决定做一件事情，常常说干就干，决不拖延或让它落空。

A. 是　B. 有时是　C. 是与非之间　D. 很少这样　E. 不是这样

8. 在和别人争吵时，虽然明知不对，却忍不住说些过头话，甚至骂人。

A. 时常有　B. 有时有　C. 有时无　D. 很少有　E. 没有

9. 我希望做一个坚强有力的人，因为我深信"有志者事竟成"。

A. 是　B. 有时是　C. 是与非之间　D. 很少这样　E. 不是这样

10. 我相信机遇，好多事实证明，机遇的作用有时大大超过人的努力。

A. 是　B. 有时是　C. 是与非之间　D. 很少这样　E. 不是这样

11. 我喜欢长跑、长途旅行、爬山等体育运动，但并不是我的身体条件适合这些项目，而是因为它们能锻炼我的毅力。

A. 很同意　B. 比较同意　C. 可否之间　D. 不大同意　E. 不同意

12. 我给自己定的计划常常因为主观原因不能如期完成。

A. 这种情况很多　B. 较多　C. 不多不少　D. 较少　E. 没有

13. 如果没有特殊原因，我能每天按时起床，不睡懒觉。

A. 很同意　B. 比较同意　C. 可否之间　D. 不大同意　E. 不同意

14. 计划应有一定的灵活性，如果完成计划有困难，随时可以改变或撤销它。

A. 很同意　B. 较同意　C. 无所谓　D. 不大同意　E. 反对

15. 在工作和娱乐发生冲突时，即使这种娱乐很有吸引力，我也会放弃它。

A. 经常如此　B. 较经常　C. 时有时无　D. 较少如此　E. 非如此

16. 学习或工作遇到困难时，最好的办法是立即向老师、同事或朋友求援。

A. 同意　B. 较同意　C. 无所谓　D. 不大同意　E. 反对

17. 在练长跑遇到生理反应，感觉跑不动时，我经常咬紧牙关，坚持到底。

A. 经常如此　B. 较常如此　C. 时有时无　D. 较少如此　E. 非如此

18. 我常因为读一本引人入胜的小说而不能按时睡觉。

A. 经常有　B. 较多　C. 时有时无　D. 较少　E. 没有

19. 我在做一件事之前，常能想到做与不做的好坏，因而能有目的地去做。

A. 经常如此　B. 较常如此　C. 时有时无　D. 较少如此　E. 非如此

20. 如果你对一件事情不感兴趣，那么不管它是什么事情，我的积极性都不高。

A. 经常如此　B. 较常如此　C. 时有时无　D. 较少如此　E. 非如此

七、请仔细、认真地观察，并按规定作答。

1. 某寓所发生一桩枪击案，如图 1－1 所示的是窗户上的玻璃被枪击后，留下的两个弹孔。你能分辨出哪个弹孔是先射的，哪个弹孔是后射的吗？（时间限制 2 分钟）

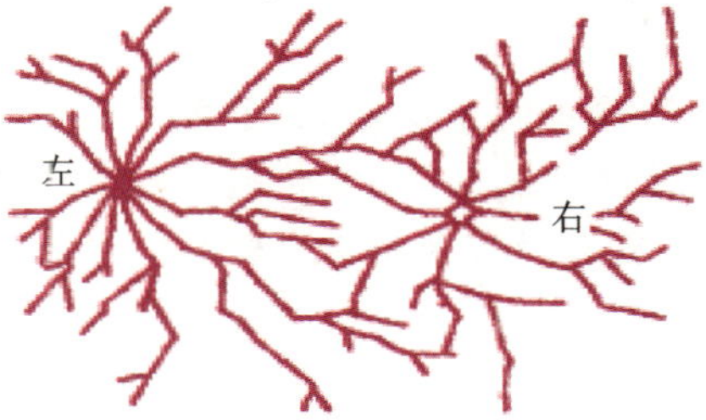

图 1－1　枪击玻璃

2. 杰克准备去旅行，出门前妻子帮他收拾整齐，准备好东西，他还照了一张相，如图 1－2 所示，在旅途中又照了一张，你能从照片中分出哪张是先照的吗？（时间限制 2 分钟）

图 1－2　自拍照

3. 如图 1－3 所示，请仔细观察一下，你会发现图中有一些情景不符合常理，请你在 1 分钟之内把它们找出来。

图 1－3　情景图

4. 训练场地及设施：实训教室、测试卷一张，学生自备笔一支。

5. 评分标准：

销售人员职业素质测试卷（三）参考答案

六、测评目标：意志力水平

分数说明：凡单号题，答案A的分数是5，答案B的分数是4，答案C的分数是3，答案D的分数是2，答案E的分数是1；凡双号题，答案A的分数是1，答案B的分数是2，答案C的分数是3，答案D的分数是4，答案E的分数是5。

诊断结果：

得分为81～100分：意志很坚强；

得分为61～80分：意志较坚强；

得分为41～60分：意志品质一般；

得分为21～40分：意志品质很弱。

七、测评目标：环境洞察力

1. 左边是先射的。做这样题的技巧是，最先射出的子弹周围玻璃的扩散没有受到阻碍，即没有断裂。

2. B先照。A中掉了一个扣子，在拍B时扣子还没有掉。

3. （1）烟筒里冒出的烟与风向相逆，不合理。（2）人与物体的影子与太阳的位置不相符，不合理。

诊断结果：

如果能完美地答出这三道题，证明环境洞察力相当棒；

如果能答对一至两道题，说明环境洞察力不错；

如果不能答对上述任何一道题，说明环境洞察力很差。

思考与实训

一、选择题

1. （　　）是在一定的经营环境中，采用适当的方法和技巧，宣传企业产品品牌、引导潜在顾客购买产品或服务、实现企业销售目标的工作人员。

A. 销售人员　　B. 消费顾问

C. 服务人员　　D. 市场开拓者

2. 销售人员的主要职责是（　　）。

A. 开拓市场　　B. 整理货品

C. 完成销售目标　　D. 实现企业利润

3. 下列（　　）是企业销售人员的作用。

A. 推广品牌形象　　B. 销售商品

C. 收集信息　　　　D. 提供服务

4. 营业员的工作内容包括（　　）。

A. 柜台卫生　　　　B. 陈列商品

C. 销售商品　　　　D. 商品包装

5. 下列（　　）是营业员工作中错误的心态。

A. 与企业同甘共苦　　　　B. 顾客是等来的

C. 掌握潮流资讯　　　　D. 有提成得好好干

二、判断题

1. 公平买卖、文明经商是商业道德规范的核心，也是营业员必须遵守的职业道德。（　　）

2. 营业员不但要熟悉销售商品的知识，还应了解公司的发展历程。（　　）

3. 营业员的立足点由销售为核心转变为以消费者为核心，不需要跟顾客讲商品的专业术语。（　　）

4. 营业员与顾客的关系：顾客既是上帝又是朋友。（　　）

5. 营业员的销售业绩不佳，通常是由产品和企业实力不佳造成。（　　）

三、案例分析题

赵女士在反季时购买了一件连衣裙，营业员明知道下裙摆不对称，却对赵女士隐瞒了这个问题，直到夏季赵女士能穿这件裙子时才发现，但已经过去5个月，超出了衣服的三包期，赵女士找到消协对此问题进行维权。最终，赵女士将裙子退货，该专柜辞退该营业员并对赵女士当面致歉，该专柜接受商场处罚。

项目二
2 准备工作

营业员的形象也代表了一个企业的形象。因此，对营业员上岗有特定的要求。同时，为了保证一天繁忙的销售工作顺利进行，减少顾客等候时间，提高售货效率，避免差错事故，营业员必须在营业前周到细致地做好准备工作。

案例导入

推销产品前，先推销自己

在西方经济发达国家，流传着这样一句话：没有卖不出去的商品，只有卖不出去商品的推销员。

推销人员要把商品卖给顾客，除了要掌握必要的推销技巧，熟知市场知识、产品知识、消费者知识外，更须做到：成功推销自己——让顾客在购买商品前，首先接纳推销员。

日本保险业泰斗原一平在27岁时进入日本明治保险公司，开始推销生涯。当时，他穷得连午餐都吃不起，并露宿公园。

有一天，他向一位老和尚推销保险，等他详细地说明之后，老和尚平静地说："听完你的介绍之后，丝毫引不起我投保的意愿。"

老和尚注视原一平良久，接着又说："人与人之间，像这样相对而坐的时候，一定要具备一种强烈吸引对方的魅力，如果你做不到这一点，将来就没什么前途可言了。"

原一平哑口无言，冷汗直流。

老和尚又说："年轻人，先努力推销自己吧！"

"推销自己？"

"是的，要推销产品，首先必须推销自己，先要让别人认可你，然后才是你的产品。"

老和尚的话给了原一平很大触动，从此，原一平开始努力推销自己，改善自己，大彻大悟，终于成为一代推销大师。只有让顾客认可了你，顾客才会接受你推销的商品。

任务1
整理仪容仪表

营业员的形象是企业形象不可分割、不可缺少的组成部分。营业员的仪容仪表会给顾客留下深刻的第一印象，对顾客心理变化起着重要作用，所以营业员要注意自身的仪表。只有注重仪容仪表，从个人形象上反映出良好的修养和蓬勃向上的生命力，才能给人以轻松愉快的美感，与人很好地沟通，得到他人的理解。

任务学习目标

1. 能够按照仪容准备的细目进行准备。
2. 能够按照服装准备的细目进行检查。
3. 能够调整自我精神状态，迎接工作。

任务描述

王丽丽是一名中职学校的应届毕业生，她通过面试获得了第一份正式工作。上班的第一天，她穿着公司发的工装，精心打扮了一番：卷曲的长发披在肩上，脸上化着淡淡的妆容，口红配合工装颜色选择了大红色，耳朵上戴着珍珠耳坠，衣服熨烫平整没有明显褶皱，脚上穿着黑色的皮鞋，自信满满地准备去柜台。这时，店长叫住了她，说她的装扮不符合公司规定。

动动脑? 同学们，你认为王丽丽的装扮哪里不合适？你能不能给王丽丽提出合理的建议呢？

码2-1 拜访客户前的准备

任务学习

仪容、仪表是一个人的精神面貌、内在素质的外在表现。随着社会的发展，人们为了树立良好的形象，越来越注意追求仪表美。人们以仪表风度、气质高雅的形象维护着个人的自尊，同时也体现出对他人的尊重。在人际交往中，如果衣冠不整、不修边幅，只能被他人认为是生活懒散、作风拖沓的人。

一、服装的准备

服装是仪容仪表中的一项重要内容。现代服装除了御寒、遮羞以外，还有其他的功能，如形体展现、性别识别、职业区分、情感表达等。服装是一种无声的语言。近些年，由于企业对形象塑造的注重，营业员在工作中都是统一着装，这样可以显出庄重与整洁，并表明营业员的责任感和可信度。

1. 营业员的着装应以干净、整齐、笔挺为宜。企业有工装的，必须按规范统一着装，不得穿规定以外的服装上岗。没有统一工装的，着装要庄重大方，不能随意穿着，不能穿过于艳丽的衣服或奇装异服。

2. 女营业员不能穿袒胸服、透明服、超短裙等。穿裙装时须配长筒袜。

3. 男营业员穿西装打领带时，要将衬衫的下摆束在裤腰里，领带要打结实。

4. 工装要保持干净整洁，经常换洗，不得有污迹，衣领、袖口等处不得有发黄、发灰、发黑等迹象，不要穿得皱皱巴巴、歪歪扭扭。非工作需要，不得将工装转借他人。

5. 衣服纽扣要扣好，不应有掉扣、不能挽起衣袖、卷裤腿、光脚丫穿鞋，不要把鞋当拖鞋穿。工作帽要佩戴端正。

6. 公司徽章与工号牌或证章须佩戴好，或者在对应柜台的规定位置放置统一式样的工号牌，正面向外，以利于领导和顾客监督。

7. 皮鞋保持干净油亮。男营业员穿黑色正装皮鞋；女营业员以黑色低跟及中跟皮鞋为佳，禁止穿拖鞋、胶鞋、布鞋等其他规定以外的鞋类上岗。袜子色泽以肉色为主。

8. 营业员在工作中不宜佩戴过多的点缀物。装饰物的佩戴应点到为止，美加美不等于美，浑身上下挂满装饰物，珠光宝气会给人一种庸俗之感。具体说：一般情况下，女营业员只允许佩戴一枚戒指、一条细项链、一对耳钉；男营业员只允许佩戴一枚婚戒。（1）不可佩戴垂下来或夸张的耳环；（2）项链不可露出工服外；（3）戒指要简单细小，不许戴手链；（4）双手只能戴一件饰物；（5）不可佩戴亮点头饰（见图2－1）。

图2－1

二、仪容的准备

用现代商业的观点来看，营业员淡妆上岗会给人一种美感。因为经过化妆后的容貌会显得精神饱满，而使顾客在接触营业员时产生好感。化妆虽有人工修饰的成分，但只要得体，就会通过化妆表现出自己容貌的优点，弥补自己的不足，不仅会使自己容光焕发、精神饱满，而且还会使自己心情愉快、增强自信。

1. 面容。营业员的仪容要整洁美观。要保持面部干净，及时修面；眼角不可留有分泌物。男性营业员不准留胡须，并且每天必须剃胡须。鼻孔清洁，经常修剪鼻毛，平视时鼻毛不能露于鼻孔外。如需戴眼镜，应保持镜片的清洁，不佩戴形状怪异的眼镜。

2. 个人卫生。营业员要注意个人清洁卫生，做到勤洗澡、勤换衣、勤理发、勤剪指甲，清除体臭。

3. 口腔。保持口气清新，保持牙齿清洁，避免留有食渍。上岗前不得吃葱、蒜、臭豆腐等带刺激异味的东西，不得饮酒及喝含有酒精的饮料，男士不得吸烟。

4. 头发。保持头发清洁，不油腻，无头屑，并梳理干净整齐。发型要保持整洁、美观。不染夸张发色。

（1）女营业员的发式。短发不过肩，做到前不遮眉，后不过肩，两侧不挡双耳；长发及肩最好束起，用发环盘起发髻，发夹固定在耳部中间位置，并佩戴统一深色头花。

（2）男营业员的发式。短发，不可留长发，不可剃光头，鬓角不可过长，侧面头发不盖耳，不触衣领，不过分修饰，避免给顾客以油头粉面的感觉。

4. 手部。双手要保持清洁，所有指甲应短而干净。不留长指甲和涂彩色指甲油。

5. 化妆。营业员梳妆打扮要朴素大方。女性营业员化妆以淡雅、自然的淡妆为宜，不要浓妆艳抹；口红颜色要自然、亮丽，以中性或暖色系列的颜色为佳，眼影颜色应与工装颜色协调，不得使用色彩夸张的口红和眼影。

三、精神的准备

每位营业员都应随时准备着，以满腔的热情投入工作，以积极友善、面带微笑、热情真诚的神态去迎接每一位顾客，营造一个轻松和谐、令人信赖、使人愉悦舒适的购物氛围。

1. 营业前要调整好自己的情绪。营业员在工作中的情绪会对顾客产生一定的诱导作用。好的情绪会让人感到心情舒畅，不好的情绪会对人产生消极的影响，所以，不要因自己的情绪变化、心理波动而对顾客产生负面影响。

2. 要以饱满的精神迎接顾客。营业员在工作前要调整好自己的精神状态，心胸宽阔些，要学会分解和淡化烦恼与不快，经常保持一种愉快向上的精神。

总之，营业员讲究服饰美是对本职工作严肃认真、充满热情的反映，也是对顾客表示尊重的体现，每个营业员都应当讲究仪表服饰美，不断提高自己的审美情趣和对工作、对集体的责任感。

知识拓展

饰品与气质的佩搭技巧

饰品包括项链、耳环、戒指、手链、手镯、脚链、手表、眼镜、丝巾、腰带、手套、包、胸花、袖扣、领带、领结、袋巾、帽子等等。

饰品搭配的原则就是确保一个主题，采用对比或衬托的搭配方法。对比的效果非常醒目和前卫，而衬托的效果比较协调和低调。

结合自身的气质，饰品的佩搭技巧如下：

1. 肤色红艳的人，可选用浅绿、墨绿等色的珠宝首饰，以衬托出活力。但不宜饰用大红、大紫或鲜蓝色的宝石，以免将脸色衬得发紫。

2. 黑肤色的人不宜佩戴白色或粉红色宝石，以免对比强烈，而使皮肤显得更黑。但饰用茶晶、黄玉等中间色调的宝石，可起到淡化皮肤的良好作用。

3. 肤色较白的人，可选择带宝石的金属首饰、珠首饰以及贝类雕刻首饰，这些首饰与洁白的肤色相配，有文静秀美之感。但若肤色过白，则不宜戴钻石首饰、水晶首饰，这会使肤色更显苍白。

4. 肤色略黄的人，选择白金首饰、白银首饰、象牙首饰是很恰当的，它们能增添使用者的优雅姿色；其他若选择绿色宝石的首饰，或者彩球首饰，也很有气质。但尽量不要选择红色或黄色的珠宝首饰，这会使肤色更趋深暗，从而失去韵味。

5. 肤色蜡黄的人，宜选择红色、橙色一类的首饰，用热烈的色彩来增进佩戴者的血气，以减少容易出现的病态感。

任务分析

王丽丽打扮很时尚，但不符合营业员的着装标准。她的主要问题有：长发不该随意披着，应该在脑后盘起，给人一种干净利落的感觉；耳朵上不该戴夸张奇特的耳钉或垂下来的耳环，可佩戴简单大方的耳钉；口红颜色不该涂得太鲜艳，妆容应该以淡妆为主，颜色以中性和暖色为佳。

任务实训

1. 训练名称：仪容仪表准备及检查。

2. 训练内容：以小组为单位，选择道具进行营业员仪容仪表形象设计，并进行自我评价和小组互评。

3. 训练时间：30 分钟。

4. 训练场地及设施：可供备选的装扮道具，如服装、鞋、首饰、化妆用品等，也可由学生准备适合的装扮道具。

5. 评分标准：如表 2－1 所示。

表 2－1　仪容仪表准备及检查评价表

评价内容	小组自评		小组互评		教师评价	
1. 工装是否干净、整洁、得体？	Yes	No	Yes	No	Yes	No
2. 装饰物是否简单、大方，与工装搭配和谐？	Yes	No	Yes	No	Yes	No
3. 发型梳妆是否规范？	Yes	No	Yes	No	Yes	No
4. 化妆是否淡雅、朴素、美观？	Yes	No	Yes	No	Yes	No
5. 精神状态是否积极饱满，让人感受到温馨、热情、真诚？	Yes	No	Yes	No	Yes	No
6. 整体仪容仪表设计是否有个性，能体现出营业员的独有气质？	Yes	No	Yes	No	Yes	No
成绩						

任务 2
准备商品

商品准备不足，会出现各种问题，最严重的就是缺货。缺货不仅会给企业带来经济损失，还会对品牌造成一定的负面影响。如果顾客无法购买到自己中意的商品，他就会转向购买其他品牌的商品，尤其是品牌替代性较强的商品，顾客的流失则更为严重，这样就大大降低该品牌商品的信誉度，使得其他竞争厂商有可乘之机。由此可见，营业前的商品准备是一项非常重要的工作。

任务学习目标

1. 能够按照商品准备的主要工作内容进行商品准备。
2. 能够按照商品质量检查的细目进行商品准备。
3. 灵活运用商品摆放方法进行商品准备。

任务描述

王丽丽上班的第一天，她穿着整齐的工装，微笑地站在柜台前，准备开始一天的工作。此时，她发现柜台中有的商品没有价签，有的商品花色不全，有的商品被弄脏了……

动动脑？ 同学们，王丽丽应怎样检查并整理柜台呢？

任务学习

商品货物经过前一天的销售之后，会出现空缺和不足，新进的商品也需要及时展示、推销。为了保证开业后的工作秩序，做到货物充足，保证销售，上货、补货工作应尽量在营业前完成。

一、商品准备的主要工作

1. 检查补足商品。经过前一天的销售，货架等处所陈列的商品会出现不丰满、不全或缺档的现象，营业员必须及时进行补货。要求店有柜有，出样齐全。

营业员首先要了解前一天的销售情况，统计缺货的品种、规格、花色等，掌握新进商品情况，根据当天任务要求，并依据往常货柜、货架的容量和往日的销售量，对货架上不足的商品或销售较快的商品及时补充、补足，如出现急缺货或断货，要及时作补货计划，填写提货单并及时提取所需货物。

2. 拆零分装商品。零售企业的特点是面对个体消费者，商品基本上是逐个售卖的。而零售企业批发进货，为了便于运输、搬运和储存，商品包装一般是成箱、成捆、成包进来的。进入销售环节，为了加快售货速度、方便拿取、节省顾客等候时间，营业前，应对大宗包装的商品进行拆分整理。有些需要拆整为零，而有些为了促销，又要搭配重组，重新捆绑，这项工作需要在营业前做好。特别是节假日和旺季销售时，更应注意提前做好充分准备。

3. 上架、摆放商品。营业员要在营业前将续补商品上柜上架摆放好。一般情况下，依往日摆放的样子，缺什么补什么，根据客户的需求和季节、市场情况，缺多少补多少，将续补商品摆放回“老地方”。但是，本着丰满、整洁、美观、大方及便于订货或选购的原则，对摆放不当者，应做合理的调整。

摆放的商品大体可分为：摆放样品、摆放交易商品和暂存待售商品三类。

摆放样品，专门用于摆放的商品样品相对比较少，它的作用是引起顾客注意，引导顾客购买，扩大商品销售。这种商品样品一般来讲主要是重点推销的商品，在摆放时应注意充分展示出商品全貌，突出展示商品的特点，使顾客对其产生美感，对于不同的商品应用不同的展示方法。在一定时期内进行更换，以保持展示效果，同时也使摆放样品保持一定的可售性。

摆放交易商品，一般置于柜台、货架可见位置，一方面起到展示、告知、吸引顾客的作用，另一方面又是交易品，其摆放应便于顾客选购，本着整洁、齐全、丰满、美观、定位等基本原则。

暂存待售商品，主要是除了柜台、货架摆放以外，用于随时销售的商品，其堆码应充分利用场地面积和设备的容积，科学分类摆放在便于拿取、搬运、盘点的地方。

对货架上摆放的商品归类、整理，做到整齐、丰满、美观大方，不得有空位。

检查、整理柜台及货架，不要放无用之物。货架上，各类商品要码放整齐。

4. 标明商品价签。交易商品要明码标价，有利于顾客参观、选购、监督，使顾客一目了然，同时它也可以帮助营业员熟悉各种商品的价格，便于在营业中准确而快捷地计算货款，避免卖错商品价格。

明码标价是国家物价管理部门对除个体商贩以外的所有商业企业的明确要求。商场里的价签，必须使用国家规定的统一价签，由商店的专职或兼职物价员按国家有关物价政策，标明、核算商品价格，填写价签上的各项内容。

营业员在营业前要认真检查：（1）商品价签是否齐全，有无缺漏；（2）新商品和调价的商品，要核对摆放的商品与价签所标的内容是否一致；（3）标签上的字符是否清晰易认；（4）货号、产地、规格、型号、款式、颜色、价格是否齐全，有无差错；（5）发现差错或漏项，要通知物价员及时纠正和补充；（6）将标签摆放在商品上，要保证有货有签，一货一签，货签对位，货价相符。

二、商品质量检查

在整理商品的同时，要认真检查商品质量。如发现破损、弄脏的商品，要及时剔除或处理。这是维护消费者利益，也是维护企业良好形象的重要工作，营业员必须认真做好，不得掉以轻心。

对搬运来的商品，营业员要认真仔细清点核对数量、规格、型号等，本着对消费者负责的精神，对商品质量进行最后把关。

检查商品质量应着重注意以下几个方面：

（1）检查商品的品种、等级、规格是否符合顾客的需要；

（2）检查商品的质量和价格是否相符；

（3）检查商品的使用功能是否状况良好；

（4）检查商品是否有损坏、变质及内在和外在质量问题；

（5）检查商品零部件、配件是否齐全；

（6）检查是否有不合格商品和假冒商品混入其中；

（7）检查商品是否以中文标明产品名称、产地、厂址、生产者、生产日期和有效期；

（8）对于有剧毒、易燃、易爆等危险品，检查是否存在没有标明有关标识和使用说明的情况。

三、商品摆放方法

商品摆放的主要方法有下述几种（这里只做简单介绍，详见项目四）：

1. 系列摆放法。一般按照商品种类、商品规格、商品花色品种的顺序分门别类摆放。

2. 重点摆放法。主要是根据商品销售变化情况，重点推销的商品摆放在突出位置上。

3. 连带摆放法。主要是根据顾客的购买和使用习惯，把有联系的商品摆放在一起。

4. 规范摆放法。主要是为了便于营业员拿取和盘点，按照相对固定的顺序摆放，一般不轻易调换，只做添加和续货，便于管理。

5. 近位摆放法。主要是对于畅销和交易次数多的商品，尽量摆放在距营业员站位较近的地方（距离营业员纵向 30～140cm，横向 180cm 左右的位置上），方便拿取。

知识拓展

一、商品摆放的技巧

1. 商品摆放要醒目，以便于消费者进行选购。在进行商品摆放时，要将商品分类归位，顺序摆放，以便消费者在不同的种类、型号、品质、价格之间进行挑选。所摆放的商品要货价对位，商品的包装及商标要摆在消费者易看到的位置。

2. 商品摆放要有量感并保持丰满。有时可以利用视觉误差，造成商品丰盛的感觉，如在斜着放置的水果柜台后放一面大镜子，看起来商品琳琅满目。销售后要随时整理、上货。这样既保持商品整齐、美观、丰满、醒目，又有利于直观地看出商品的销售量。

3. 商品摆放要尽可能将在使用上有连带性的商品摆放在一起。这样，既便于顾客购买，又便于商品保管。如随着消费习惯的变化，罐装啤酒可以与果汁饮料相伴为伍；鞋油、鞋刷、牙膏、牙刷可以摆放得近一些。

4. 商品摆放要充分显示其美观、质感，讲究艺术性。所摆放的商品要整洁、成行、成列，做到多而不乱，花色搭配齐全、协调、美观。调动、运用商品的色块、线条、图案及其相应角度和位置，恰当运用灯光、背景和陪衬物，缓和色调冲突，营造一个主题鲜明、摆布得体、格调适宜、和谐的商品摆放环境。这样的商品摆放能给顾客留下赏心悦目的印象，并能够吸引顾客的注意力。

5. 商品摆放要有节奏感。这里将“节奏”引申出时空的概念，运用于柜台、货架的商品摆放中来，是从理性的角度提示我们在构思、设计和实施商品摆放时要充分注意运用声乐中的抑扬顿挫的原理。商品摆放要疏密得当、错落有致、有张有弛。

二、商品摆放与销售额之间的关系

1. 商品摆放面积大小变化引起的销售额变化。对于相同的商品来说，店铺改变顾客能见到的商品摆放面，会使商品销售额发生变化。

摆放的商品越少，顾客见到的商品的可能性就越小，购买概率就越低，即使见到了，如果没有形成聚焦点，也不会形成购买冲动。

实践证明：货位由4个减少到2个，销售额减少48%；3个货位减少到1个货位，销售额减少68%。货位由2个增加到4个，销售额增加40%，并且某种商品的摆放面积与其市场占有率成正比。

2. 商品摆放高低变化引起销售额变化。商品摆放高低不同，会有不同的销售额。实践经验证明：在平视及伸手可及的高度商品售出概率约为50%；在头上及腰间高度，售出概率为30%；高或低于视线之外，售出可能性仅为15%。

3. 摆放时间变化引起的销售额变化。摆放时间的变化，也会引起销售额的变化。一项调查结果显示：店铺摆放的促销效果第一天为100%，第二天为90%，第三天降为80%，第四天为60%，第五天为35%，第六天仅为30%。可见，保持摆放新鲜感很有必要。

任务分析

王丽丽在正式营业前，及时检查并整理了柜台：（1）将没有价签的商品补齐价签，做到有货有签，一货一签，货签对位；（2）将柜台内的商品摆放整齐，将没用的杂物清理干净；（3）补足不全的商品型号，查漏补缺，做到整齐、丰满、美观大方、没有空位。

任务实训

1. 训练名称：商品准备及检查。
2. 训练内容：以小组为单位，对营业前的商品货柜进行整理。
3. 训练时间：30 分钟。
4. 训练场地及设施：实训场地可以选在学校实训超市，前一天销售用的商品货柜、供使用的商品、价格签等。
5. 评分标准：如表 2－2 所示。

表 2－2　　商品准备及检查评价表

评价内容	小组自评		小组互评		教师评价	
1. 货柜中的商品是否补足？	Yes	No	Yes	No	Yes	No
2. 补充的商品是否摆放恰当？	Yes	No	Yes	No	Yes	No
3. 商品摆放是否规范？	Yes	No	Yes	No	Yes	No
4. 商品价签是否一目了然、符合规定？	Yes	No	Yes	No	Yes	No
5. 商品质量检查是否认真仔细地清点核对数量、规格、型号？	Yes	No	Yes	No	Yes	No
成绩						

任务 3
准备用具

每个岗位都有不同的销售商品，因而营业员备齐与本岗位商品有关的销售用具，并摆放在适当或指定的位置上，方便自己随时取用，提高工作效率，这是营业之前必做的准备工作。

任务学习目标

1. 知道常用销售用具的种类。
2. 能够按照岗位所需，选择合适的销售用具。

任务描述

王丽丽在一家大型购物中心的某名牌女装专柜做销售人员。王丽丽的销售用具是这么准备的：根据以往的销售量，准备了手提袋；按照今天上架新品的数量，准备了衣架；衣服从库房拿出来时会有褶皱，准备了立式熨烫机；因为购物中心是统一收款，准备了计算器、售货小票和圆珠笔；将试衣间门上的试衣镜擦拭干净，并检查了试衣间里试衣凳、备用鞋及化妆镜；将上架新品的宣传画册摆放在柜台上；整理了办公桌里的小剪刀、针、线等小用具；将台面清理干净、整洁。

动动脑？ 同学们，想想看，王丽丽的销售用具准备得充分吗？还有没有需要准备的其他销售用具呢？

任务学习

营业员要在营业前将销售用具准备齐全，不要在营业时发现缺东少西，不要因缺少销售用具而让顾客等候，这样会影响正常的销售工作。

一、准备计价用具

常用的计价用具有电子收银机、电子计算器、算盘以及圆珠笔、复写纸、发货票、售货小票、条形码等，必须经常校验、检查。收银工作人员还应备好验钞机、零钱、收款专用章等，并校验好电子收银机。

1. 电子收银机简介。商业电子收银机如愿以偿地满足了全世界商店经营者的心愿，它在会计业务上的高准确性、销售统计上的高效率性、商品管理上的高适时性，使得商业经营者投资不大，但却可以迅速、准确、详细地掌握商品流通过程中的全部数据，使得经营者在市场调查、内部管理、决策咨询、雇员部门考评方面如虎添翼，并大规模地降低经营成本。

2. 电子计算器简介。电子计算器这一小小的程序机器实际上是从计算机中割裂出来的衍生品，它是拥有集成电路芯片、能进行数学运算的手持机器。因其简单的结构、方便快捷的操作模式，极大地方便了人们对于数字的整合运算。目前，已经被广泛应用于工程、学习、商业等日常生活中，是必备的办公用品之一（见图 2－2）。

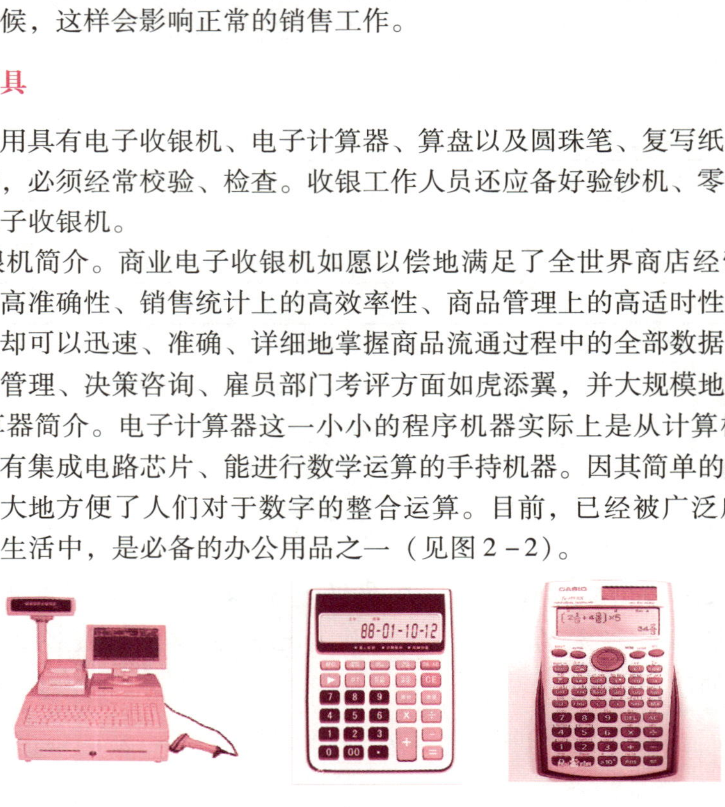

图 2－2

3. 条形码简介。条形码是由一组规则排列的条、空以及对应字符组成的标记。常见的条形码是由反射率相差很大的条和空排成的平行线图案。商品销售包装印制的条形码为

EAN 单元条形码（见图 2－3）。

图 2－3

二、准备测试用具

常用的有万用表、试电笔、电池、接线板、电源插座、钟表测量仪、墨水、试笔纸、试鞋椅、试帽镜、试衣镜等。仪器类用具要求准备齐全，并检查校验其灵敏度和精确度。试鞋椅、试帽镜、试衣镜要擦拭干净后放在适当位置。

1. 万用表简介。万用表又称为复用表、多用表、三用表、繁用表等，是电力电子等部门不可缺少的测量仪表，一般以测量电压、电流和电阻为主要目的。万用表按显示方式分为指针万用表和数字万用表，是一种多功能、多量程的测量仪表。一般万用表可测量直流电流、直流电压、交流电流、交流电压、电阻和音频电平等，有的还可以测交流电流、电容量、电感量及半导体的一些参数（如 β）等（见图 2－4）。

图 2－4

2. 试电笔简介。试电笔也叫测电笔，简称“电笔”，是一种电工工具，用来测试电线中是否带电。笔体中有一氖泡，测试时如果氖泡发光，说明导线有电，或者为通路的火线。试电笔中笔尖、笔尾为金属材料制成，笔杆为绝缘材料制成。使用试电笔时，一定要用手触及试电笔尾端的金属部分，否则，因带电体、试电笔、人体与大地没有形成回路，试电笔中的氖泡不会发光，造成误判，认为带电体不带电（见图 2－5）。

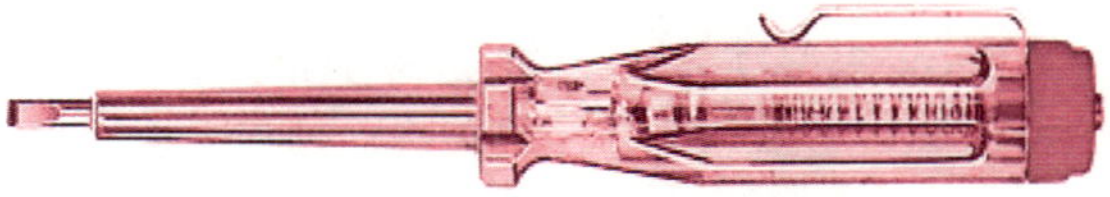

图 2－5

3. 钟表测量仪。钟表测量仪主要用于测试钟表用的石英晶体频率的精度及测量各类石英钟表、主机板、PDA、DSC、笔记本电脑时间准确度。测试钟表的日误差、月误差以及用 PPM 显示的钟表的误差。

三、准备计量用具

常用的计量用具有电子称、尺、剪、量杯、量筒等度量衡器，准备工作中要擦掉灰尘和污垢，并检查其灵敏度和准确性。常用的销售食品的用具有铲子、夹子、剪刀、勺等，必须按要求清洗、消毒。

1. 电子秤简介。电子秤属于衡器的一种，是利用胡克定律或力的杠杆平衡原理测定物体质量的工具。电子秤主要由承重系统（如秤盘、秤体）、传力转换系统（如杠杆传力系统、传感器）和示值系统（如刻度盘、电子显示仪表）三部分组成（见图 2－6）。

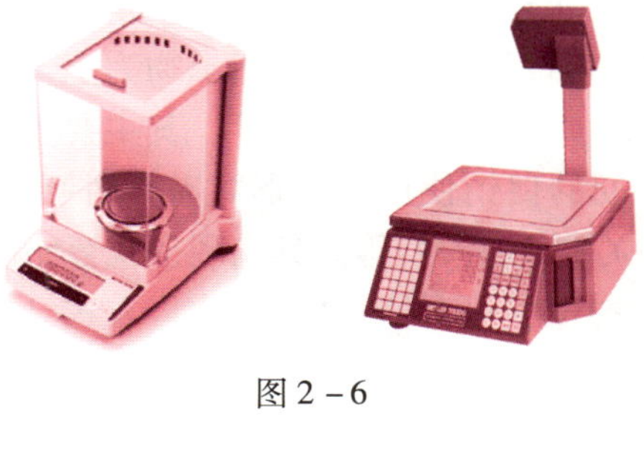

图 2－6

2. 量具简介。量杯、量筒等是用来量取液体的一种仪器。规格以所能量度的最大容量（ml）表示，常用的有 10ml、25ml、50ml、100ml、250ml、500ml、1000ml 等。商品销售中，常用于散装液体商品的测量，如酱油、食醋、豆油、酒类、香水等（见图 2－7）。

图 2－7

散装食品类商品，在销售中常用的工具有铲子、夹子、剪刀、勺等（见图 2－8）。

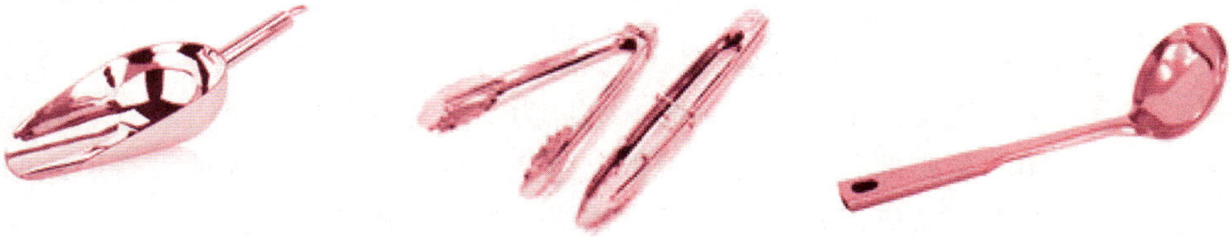

图 2－8

四、准备包扎用具

常用的有捆扎用的各种绳类、包装纸、包装盒、礼盒、手提袋和用于礼品包装的彩纸、彩带、刀、剪、单双面胶带等等。在进行包扎时，要注意大小适宜，安全可靠，同时，还要注意有利于环境保护。

五、准备宣传用具

宣传用具，在此是指与商品相关的广告宣传材料、产品说明书、产品介绍图片、模型等等。在上岗之前，应将其认真备齐，以供赠送或索取。

1. POP 简介。POP 意为“卖点广告”，又名“店头陈设”，本来是指商业销售中的一种店头促销工具，其形式不拘，但以摆设在店头的展示物为主，如吊牌、海报、小贴纸、纸货架、展示架、纸堆头、大招牌、实物模型、旗帜等。其主要商业用途是刺激引导消费和活跃卖场气氛。常用的 POP 为短期的促销使用，其形式有户外招牌、展板、橱窗海报、店内台牌、价目表、吊旗，甚至是立体卡通模型等。其表现形式夸张幽默，色彩强烈，能有效地吸引顾客的视点唤起购买欲，它作为一种低价高效的广告方式已被广泛应用（见图 2－9）。

图 2－9

2. DM 简介。DM 直译为“直接邮寄广告”或“直投杂志广告”，主要是通过邮寄、赠送等形式，将宣传品送到消费者手中、家里或公司所在地。除了用邮寄投递以外，还可以借助于其他媒介，如传真、杂志、电视、电话、电子邮件及直销网络、柜台散发、专人送达、来函索取、随商品包装发出等。

六、整理台面

在进行准备时，营业员必不可少所要进行的最后一项工作是将使用的台面清理整洁，并将准备的相关物品码放在具体位置。进行台面清理的基本要求是整齐、干净、方便工作。

码 2－2 快消行业名词解释

知识拓展

一、假币识别技术

假币是不法分子为了牟取暴利制造使用的仿制货币。收银人员在工作过程中会收取大量货币，为了避免在商品交易过程中错收假币，收银人员需熟练掌握识别假币技术。

鉴别人民币的真伪的方法可归纳为：一看、二摸、三听、四测。

1. 看（以 2019 年版第五套为例）。

（1）看光彩光变面额数字。在现行第五套人民币纸币防伪技术的基础上，新版 50 元、20 元、10 元纸币增加了光彩光变面额数字。光彩光变技术是国际印钞领域公认的先进防伪技术，易于公众识别。

2019 年版第五套人民币 50 元、20 元、10 元纸币票面中部印有光彩光变面额数字，改变钞票观察角度，面额数字颜色出现变化，并可见一条亮光带上下滚动。

（2）看光变镂空开窗安全线。光变镂空开窗安全线具有颜色变化和镂空文字特征，易于公众识别，是一项常用的公众防伪特征。

2019 年版 50 元纸币采用动感光变镂空开窗安全线，改变钞票观察角度，安全线颜色在红色和绿色之间变化，亮光带上下滚动；透光观察可见“50”。

2019 年版 20 元、10 元纸币采用光变镂空开窗安全线，与 2015 年版 100 元纸币类似，改变钞票观察角度，安全线颜色在红色和绿色之间变化；透光观察，20 元纸币可见“20”，10 元纸币可见“10”。

（3）看水印。2019 年版 50 元、20 元、10 元纸币明显提升了水印清晰度和层次效果。人像水印位于票面正面左侧的空白处，透光观察可见毛泽东头像。

人像水印清晰度明显提升，层次更加丰富。白水印位于票面正面横号码下方，透光观察可见水印面额数字。值得一提的是，新版 1 元纸币增加了白水印。

（4）看胶印对印图案。票面正面左下角和背面右下角均有面额数字的局部图案。透光观察，正背面图案组成一个完整的面额数字。

（5）看横竖双号码。2019 年版第五套人民币调整了左侧横号码式样，增添了竖号码，可以有效防范变造纸币。左侧横号码的冠字和前两位数字为暗红色，后六位数字为黑色。右侧竖号码冠字和数字均为蓝色（见图 2－10）。

图 2－10

图片来源：http：//www. sohu. com/a/335390372－120065637。

2. 摸。依靠手指触摸钞票的感觉来分辨人民币的真伪。人民币是采用特种原料，由专用钞造设备钞制的印钞专用纸张印制，其手感光滑、厚薄均匀，坚挺有韧性，且票面上的行名、盲文、国徽和主景图案一般采用凹版印刷工艺，用手轻轻触摸，有凹凸感，手感与摸普通纸感觉不一样。

3. 听。通过抖动使钞票发出声响，根据声音来判别人民币真伪。人民币是用专用特制纸张印制而成的，具有挺括、耐折、不易撕裂等特点，手持钞票用力抖动、手指轻弹或两手一张一弛轻轻对称拉动钞票，均能发出清脆响亮的声音。

4. 测。检测就是借助一些简单工具和专用仪器进行钞票真伪识别的方法。如借助放大镜来观察票面线条的清晰度，胶、凹印缩微文字等；用紫外灯光照射钞票，观察有色和无色荧光油墨印刷图案，纸张中不规则分布的黄、蓝两色荧光纤维；用磁性检测仪检测黑色横号码的磁性。

二、点钞技能

点钞是收银员的必修课，在结账或是提大钞的时候，可以减少顾客的等待时间，提高收银速度。

（一）点钞的方法

1. 单指单张点钞法。用一个手指一次点一张的方法叫单指单张点钞法。这种方法是点钞中最基本也是最常用的一种方法，使用范围较广，频率较高，适用于收款、付款和整点各种新旧大小钞票。这种点钞方法由于持票面小，能看到票面的3/4，容易发现假钞票及残破票，缺点是点一张记一个数，比较费力。

2. 单指多张点钞法。点钞时，一指同时点两张或两张以上的方法叫单指多张点钞法。点钞时记数简单省力，效率高。但也有缺点，就是在一指捻几张时，由于不能看到中间几张的全部票面，所以假钞和残破票不易发现。这种点钞法除了记数和清点外，其他均与单指单张点钞法相同。

3. 多指多张点钞法。多指多张点钞法是指：点钞时用小指、无名指、中指、食指依次捻下一张钞票，一次清点四张钞票的方法，也叫四指四张点钞法。这种点钞方法不仅省力、省脑，而且效率高。能够逐张识别假钞票和挑剔残破钞票。

4. 扇面式点钞法。把钞票捻成扇面状进行清点的方法叫扇面式点钞法。这种点钞方法速度快，是手工点钞中效率最高的一种。但它只适合清点新票币，不适用于清点新、旧、破混合钞票。

（二）扎把方法

点钞完毕后需要对所点钞票进行扎把，通常是100张捆扎成一把，分为缠绕式和扭结式两种方法。

1. 缠绕式。临柜收款采用此种方法，需使用牛皮纸腰条，其具体操作方法介绍如下：

（1）将点过的钞票100张墩齐。

（2）左手从长的方向拦腰握着钞票，使之成为瓦状（瓦状的幅度影响扎钞的松紧，在捆扎中幅度不能变）。

（3）右手握着腰条头将其从钞票的长的方向夹入钞票的中间（离一端1/3～1/4处）从凹面开始绕钞票两圈。

（4）在翻到钞票原度转角处将腰条向右折叠90度，将腰条头绕捆在钞票的腰条转两圈打结。

（5）整理钞票。

2. 扭结式。考核、比赛采用此种方法，需使用腰条，其具体操作方法介绍如下：

（1）将点过的钞票 100 张墩齐。

（2）左手握钞，使之成为瓦状。

（3）右手将腰条从钞票凸面放置，将两腰条头绕到凹面，左手食指、拇指分别按住腰条与钞票厚度交界处。

（4）右手拇指、食指夹住其中一端腰条头，中指、无名指夹住另一端腰条头，并合在一起，右手顺时针转 180°，左手逆时针转 180°，将拇指和食指夹住的那一头从腰条与钞票之间绕过、打结。

（5）整理钞票（见图 2－11）。

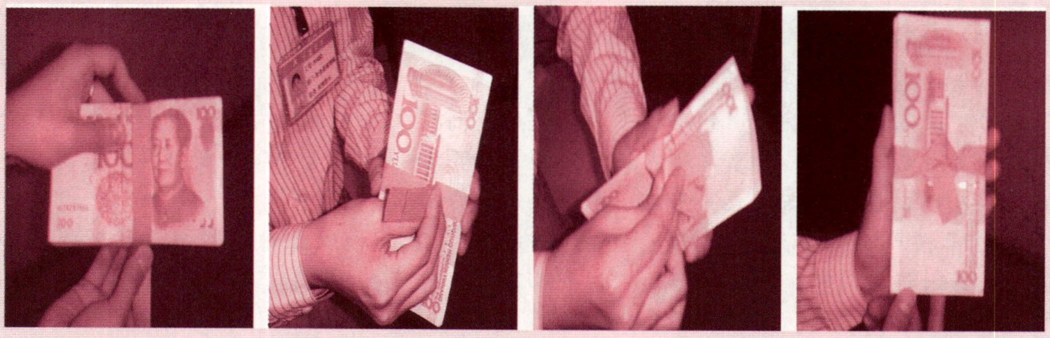

图 2－11

任务分析

王丽丽是个认真而又细心的营业员。根据销售岗位的实际需要，她不仅准备了常用的销售用具，如手提袋、衣架、宣传画册、售货小票、计算器、圆珠笔等，而且为了更好地提供服务，还为顾客特别周到地准备了针线、熨烫机等。

王丽丽的精心准备能够保证销售工作顺利进行，提高销售效率，还能够给顾客留下良好的印象，增强顾客品牌忠诚度，提升品牌形象和企业价值。可见，作为营业员，只有树立正确的服务理念，从点滴小事做起，处处为顾客着想，千方百计满足顾客的需要，才能把工作做好。

码 2－3　法律法规

任务实训

1. 训练名称：销售用具准备。
2. 训练内容：模拟特定销售工作岗位，设计销售用具准备方案。
3. 训练时间：30 分钟。
4. 训练场地及设施：可供选择的各种销售用具，也可由学生准备适合的销售用具。

5. 评分标准：如表 2－3 所示。

表 2－3　　　　销售用具准备评价表

评价内容	小组自评		小组互评		教师评价	
1. 销售用具是否符合销售需要？	Yes	No	Yes	No	Yes	No
2. 销售用具是否准备齐全？	Yes	No	Yes	No	Yes	No
3. 销售用具是否干净？	Yes	No	Yes	No	Yes	No
4. 销售用具是否好用？	Yes	No	Yes	No	Yes	No
5. 销售用具摆放是否方便取用？	Yes	No	Yes	No	Yes	No
6. 销售台面是否整洁？	Yes	No	Yes	No	Yes	No
成绩						

思考与实训

一、选择题

1. 一般情况下，女营业员只允许佩戴一枚戒指、一条细项链、一对耳钉；男营业员只允许佩戴（　　）。

A. 一枚婚戒　　B. 一条项链

C. 一对耳钉　　D. 一条手链

2. 为了保证开业后的工作秩序，做到货物充足，保证销售，上货、补货工作应尽量在（　　）完成。

A. 营业中　　B. 营业前

C. 营业后　　D. 营业全过程

3. 交易商品要（　　），营业员在营业前要检查：标签与商品要保证有货有签，一货一签，货签对位，货价相符。

A. 诚实守信　　B. 平等自愿

C. 公正合理　　D. 明码标价

4. 营业员要认真仔细清点核对销售商品的数量、规格、型号等，本着对消费者负责的精神，对（　　）进行最后把关。

A. 商品库存　　B. 商品价格

C. 商品质量　　D. 商品陈列

5. （　　）主要是根据顾客的购买和使用习惯，把有联系的商品摆放在一起。

A. 重点摆放法　　B. 规范摆放法

C. 近位摆放法　　D. 连带摆放法

6. 收银工作人员应备好验钞机、零钱、收款专用章等，并校验好（　　）。

A. 万用表　　B. 电子收银机

C. 电子秤　　　　D. 试电笔

二、判断题

1. 营业员的着装要求：企业有工装的必须按规范统一着装；没有统一工装的可以随意穿着。（　　）

2. 营业员讲究服饰美是对本职工作严肃认真、充满热情的反映，也是对顾客表示尊重的体现。（　　）

3. 摆放的商品大体可分为：摆放样品、摆放交易商品和暂存待售商品三类，其原则是丰满、整洁、美观、大方及便于订货或选购。（　　）

4. 电子收银机是可以进行数学运算的手持机器，因其简单的结构，方便快捷的操作模式，极大地方便了人们对于数字的整合运算。（　　）

5. POP 意为“卖点广告”，又名“店头陈设”，主要是通过邮寄、赠送等形式，将宣传品送到消费者手中、家里或公司所在地。（　　）

6. DM 意为“直接邮寄广告”或“直投杂志广告”，主要商业用途是刺激引导消费和活跃卖场气氛。（　　）

三、案例分析题

待机状态指的是营业员在顾客还没有上门之前的等待活动。经常听营业员抱怨说：“我宁愿忙一点也不愿闲下来，因为一闲下来，我反而不知道做点什么才好。”这句话说明了营业员待机的困难，也反映了有些营业员不懂得如何利用待机时间。遇到这种情况，值班经理及领班与其对营业员说“你们不要在上班时间聊天”等，还不如叫营业员在待机时间里做些应该做的事情，诸如整理商品，为下一次销售工作做准备等等。因为这样做，营业员的注意力仍然在商品上，所以顾客一到，他就可以马上进入角色了。请问，作为营业员在待机时，哪些行为是错误的？

项目三
3 设计布局与陈列商品

店面的布局与商品的陈列对顾客的心理有很大的影响，通过对店面及商品别具匠心的设计、组合、排列，会营造出一种温馨、浪漫的特有气氛，增强商店的吸引力和竞争力，从而促进销售增加经济效益。因此，营业员应熟练掌握店面布局与商品陈列艺术。

案例导入

商品巧陈列，销量大不同

某商场服装店，店长在早会上对销售人员说："冬装已经全面上新了，请大家打起精神。这时候卖出一件冬装，无论从店内销售业绩还是你个人收入提成上，都比你卖出五六件夏装要合适得多！"

小张是今年新到店的营业员，她听着店长的话，看着店里的这些新到的羽绒服，黯然神伤。店里目前标价最高的羽绒服5880元，最便宜的1299元，2000元到3000元以内的居多，每天只要能卖出去一件或两件，已经相当于之前出10单的业绩。但是，说实话，这些衣服是真贵呀，顾客虽都说喜欢，但真要她一下子掏几千块钱买一件衣服，怕也是不容易的……

小张一直深陷这个矛盾中不能自拔，直到看到接下来的一幕。

她看见店内陈列师正在对几件羽绒服做陈列调整，前后不到30分钟，店内面貌焕然一新。不一会儿，店里来了一位客人，看年龄不大，应该20多岁。但是令小张没想到的是，这位顾客试穿了几款后，不到20分钟，就拿着一件2999元的羽绒服去结账！

小张怀疑地问了句：不再想想吗？顾客说，我看它挂那里实在太好看了，一喜欢就买了吧！小张大喜！简直不可思议，人似乎还在睡梦中，顾客早已结完账走人了。

更让她惊讶的是，不到半天，店里一共销出去了8件羽绒服。而前一天上午，一件也没卖出去。

客人离开后，小张追着陈列师问，一问才知道，看似简单的商品陈列，原来有那么多技巧。可真是商品巧陈列，销量大不同。

码3-1 巧布局大生存

任务1
设计店面布局

合理的店面布局应该经过详细的调查、准确的分析、精心的策划，让顾客感觉环境舒适、查找便利、购取方便，并能使顾客经过大部分的销售区域，看到更多的商品，从而达到顾客满意、扩大销售的目的。

任务学习目标

1. 理解设计店面布局的原则。
2. 能够调整不合理店面布局。

任务描述

纵观各地的百货商场，绝大多数都有着相同的楼层布局，即化妆品或金银首饰品摆放在一楼，如图3-1所示，男装放在较高楼层或顶楼。这种商品的布局模式似乎成了经营者与消费者之间的一种默契。其实，这种商品布局是经营者经过调查分析，研究得出的商品布局的最优组合。有学者对广州的七家大型百货商场做过调查，将化妆品放在一楼的有七家商场，将男装放在三楼以上的有五家商场，将男装放在二楼的只有两家商场。

动动脑？ 同学们，想想看，为什么经营者要将化妆品放在一楼销售呢？

任务学习

布局就是规划，店面布局是通过精心设计规划使店面统一、美观。合理的布局可以提高店面的空间使用率，也可以让顾客舒心地购物，在视觉上给顾客安慰与认可，合理美观的店面布局不仅可以在顾客心中留下深刻的印象，还可以提高店面的营业效率。

图 3－1

一、店面布局的基本原则

1. 方便顾客、便于操作。商店是通过销售活动为消费者服务、实现商品价值的场所。每天把巨额的商品川流不息地送到消费者手中，是商店经营活动的特点。店面的布局，应从方便消费者购物出发，结合企业自身特点，把“顾客就是上帝”的口号落在实处。为顾客创造舒畅、愉快的购物环境。同时，为企业员工创造一个有利于身心健康、减轻劳动强度的劳动环境。

2. 研究消费心理、注意客流方向。消费者购买活动的消费心理全过程一般可分为认识过程、情感过程、意志过程和选择过程。消费者在完成消费的全过程中，对商店的类比，对商品的选择，对商品造型、规格、色彩、商标、包装、价格等方面的追求，则更加强烈。因此，商店在消费者千变万化的购买行为中，掌握顾客的心理特征和心理要求，提高对消费心理的适应度。店内布置或商品分布，既要照顾到习惯型顾客愿意光顾，又要考虑到首次进店的消费者应具有的吸引力。商品分布不仅能对冲动型的顾客产生良好的影响，而且还要促成情感型的顾客实现购买行为。根据顾客心理变化，商店布局注意客流方向和顾客行进方向，从浅入深、由近及远沿顺时针方向进行商店整体布局。

3. 立足现代管理、掌握消费信息。随着人类社会经济的发展和人们生活水平的提高，商店设施的现代化、商店规模的大型化、商业集团的聚集化，已越来越被世人所关注。因此商业布局要有超前意识，立足于现代化科学管理手段的运用。在商店新建、改建或扩建中，诸如空调、音响、报警、电梯、电脑、条形码新设施和设备，应提前预留。商店设施和设备的现代化标准的确定，取决于商店对消费信息的了解和掌握，它包括对消费者心理的分析、商品更新换代的速度、商业同行之间的竞争局面，以及商业政策的变化趋势。

4. 美化商店外观、协调店内布局。商店的外观，是对消费者感观印象的第一客观物体，其外观造型不同，会引起顾客对经营者的不同情绪感受，并由此激发起购买心理的变化。商店外观造型协调美，是建筑物的内在美和外在美的统一，是自然美和人工美的协调一致产生的美的形式。未来商店应成为愉快的购物空间、获得知识的空间和健身娱乐的空间。因此，商店外观造型，应表现环境优美、心情舒畅、购物便利的协调美感上。在方便消费者购物行为的前提下，协调店内柜台、通道、货架、壁面、灯光、音响、监控等设备，实现科学化布局，达到理想的布局效果。

二、不同业态的店面布局

（一）商场布局

大型商场购物的顾客来源较广，流动性比例大，购物目的比较明确，主要是金银首饰、服装、电器、化妆品等。商场在店面的装修及店堂内的布置、设备设施、灯光照明等方面讲究豪华、气派，商品结构、品类、档次、价格及选购的方式等方面与其他零售企业都不尽相同，现代化的大型商场都努力为顾客营造一种高雅舒适的购物环境，有的商场更是配套了休闲、娱乐、餐饮等综合性一站式服务设施。

码 3－2　布局调整提高销售额

1. 商品摆放的位置科学合理，要充分考虑商品的利润和人们的购买规律。如图 3－2 所示。百货商场 1 至 3 层的黄金区块，让给了诱导性商品、季节性商品、时尚类商品，诸如化妆品、淑女装、名表等，通过精心的展示和宣传吸引消费者购买。商场各层营业布局的规划一般应遵循以下原则：一楼营业厅应保证客流的畅通，适宜布置购买时选择商品时间较短的轻便商品；二、三楼气氛要稳重，适宜销售购买时选择时间较长、价格较高而出售量最大的商品；四、五楼营业厅可分别布置多种专业性柜台；六楼以上营业厅则可以销售需要大面积存放的商品；地下经营面积一般用来开办超市。

图 3－2

2. 人行通道的设计宽度适中、光线适度，要尽可能方便顾客查找、挑选。营业厅内顾客通道的宽度是根据商场的经营定位、商品的种类、性质、顾客人流和数量来确定。一般商店的主通道宽度为 1～4.5 米，副通道的宽度在 0.6～2.1 米之间。主通道宽阔、明亮，令人感觉很自由轻松，无压抑感，可以尽情地挑选购物，不会造成顾客的拥挤混乱而产生购物不适感，或由于通道过于宽敞给人冷清的感觉。用灯光照明，可按照设计者的意图使用光线，设计出一种柔和、舒适的购物环境，使顾客在购物过程中精神饱满、心情愉悦。采用基础照明，能达到一定的方向指引作用，能使整体看起来更整洁合理的设置照度也是很有必要的，照度过强会导致人们的视觉产生疲劳。灯光的布置不应平均使用，可采用定向照明、集束照明、彩色照明等方法，把灯光重点集中射向各种商品，这样既可以使商品更加鲜艳夺目，又可以引导顾客观赏和选购，激发顾客的购买欲望。商场的灯光不宜过亮或过暗，灯光过亮，会使人感到紧张、刺眼；灯光过暗，会使人感到沉闷、压抑。

3. 休息场所的设置舒适整洁，要使疲劳的顾客得以小憩。商场的规模越大，顾客停留的时间就越长。设置休息厅，体现出商场对顾客的关心与礼貌，使顾客感到亲切与温馨。休息厅中备有桌椅，可以出售饮料、食品，提供诸如代存已购商品等项服务。还可以陈列宣传商场历史、荣誉、服务宗旨等资料，增强顾客对企业的好感。顾客可以在这里稍事休息，整理购买的物品，解除疲劳，有的顾客会因此而增加在商场的逗留时间，这对商场经营是有利的。集游乐和购物于一体，是现代化商场的一个重要特点。购物不再是一种辛苦的劳动，而将成为一种惬意的享受。

4. 收银的位置醒目易行，不能造成拥堵，对附近的商品销售也不能造成不良影响。收款台应设在所售商品货位的西侧，其色彩与形式与周围柜台既要有明显区别，又要和谐统一，位置可略高于货位，以便于顾客找到。收款台数量要适当，并采用先进设施和收款方式，以减少顾客等候时间，给顾客提供方便。

（二）超市布局

1. 根据商品性质进行布局。商品根据其性质、特点不同可以分成三大类：方便商品、选购商品、特殊商品。特点如表 3－1 所示。

表 3－1

类别	购买频率	价位	购买习惯	外部作用时间	地位
方便商品	高	低	冲动	短	缺之不可
选购商品	较低	较高	计划	较长	重要
特殊商品	非常低	非常高	考虑再三	先品货后价格	重要、量小

按照商品性质进行布局：

（1）方便商品——放在最明显、最易速购的位置，如卖场前端、入口处、收银台旁等，便利顾客购买以及达到促销目的。

（2）选购商品——相对集中摆放在商店宽敞或走道宽度较大、光线较强的地方，以便消费者在从容观察中产生购买欲望。

（3）特殊商品——可以放置在店内最远的、环境比较优雅、客流量较少的地方，设立专门出售点，以显示商品的高雅、名贵和特殊，满足消费者的心理需要，如名酒、家电等。

2. 按照顾客习惯进行布局。一般来说，顾客进门的走动有以下习惯：

（1）不愿走回头路，不愿走到店内的角落里，不愿到光线幽暗的地方，喜欢曲折弯路，有出口马上要出去。

（2）大多数人习惯用右手拿取右边的东西，但到达一个新的区域首先往左边看，因此，一般都在消费者的左边陈列促销产品，将利润高的商品陈列在右边。

（3）消费者有先向两边走动的习惯，因此两边的商品陈列宜特别讲究。

（4）消费者流动方向多半是逆时针方向，因此，一些购买频率较高的商品可以摆布在逆时针方向的入口处，而一些挑选性强的商品则可以摆放在离此较远处。

（5）商店中商品位置应按消费者购买商品的正常心理趋向做出规划。这样既能方便顾客购买，又可以刺激顾客消费冲动，引导有利于商家的消费心理。

3. 按商品获利大小进行布局。在进行商品布局时，事先对商品的盈利程度进行了分析，然后将获利较高的商品摆放在商店最好的位置上，以促其销售，而将获利较低的商品摆放在较次的位置。

不过，也有例外。为了扶持或加强不太赚钱的部门商品，商店也会考虑将这些商品放置于最好的地点；还有一些商店将新产品放置在最佳位置，以便引起顾客注意；还有些商店为让顾客形成良好的第一印象而将外表美观的商品放置入口处。

4. 配合其他促销策略进行布局。超市通常将最吸引人的特价商品放置在入口处特设的第一组陈列架上。其余的特价商品则分散陈列在店内各处，务求使顾客走完商场一周，才能全部看到推出的商品。同时可根据市场情况和季节变化、经营规模和经营方向的变动等主客观条件，适当加以调整。

（三）便利店商品布局原则

合理的商店空间配置、独到的商品货位布局可以创造舒适的购物环境，能够诱导顾客增加购买数量，提高顾客对于商店的认同感。便利店与其他零售业态比较，表现出自己独特的布局特点：

码3－3　便利店布局技巧

1. 便利店为了便于固定顾客购物方便，故应保证商品的大类的摆放上尽量不变。

2. 门店的特价商品堆头展示应醒目，堆头不宜过大、过杂，以免影响堆头效果，降低门店的单位销售额。

3. 店铺的走道设置在80～90厘米之间，便于顾客行走，又不浪费货架空间。

4. 货架的高度应当照顾到众多的家庭妇女的需要，中心货架不应高于165厘米，最好不要超过6层。

5. 一般便利店由于店面小，顾客购物速度较快，所以可以不强求顾客存包，以便于节省顾客的购物时间。

6. 根据门店的高峰期合理安排商品的布局，可将客流量大的商品部与客流量小的商品部组合起来相邻摆放，借以缓解客流量过于集中的压力，并可诱发顾客对后者的连带浏览，增加购买的机会。

7. 注意对端头货架的利用，因为这是门店的黄金点，顾客在这些地方的驻足时间最长，应摆设一些高毛利的畅销商品。

8. 针对消费群体易接受新事物、消费力强劲和追求时尚的特点，因此在商品的选择上要注重创新与更新，结合时尚主旋律。

9. 选择货位还应考虑是否方便搬运卸货，如体积笨重、销售量大、续货频繁的商品应尽量设置在储存场所附近。

知识拓展

磁石卖场点理论

所谓磁石就是指卖场中最吸引顾客注意力的商品。运用磁石卖场点理论就是在对商品进行布局时，在各个吸引顾客注意力的地方陈列合适的商品来诱导顾客逛完整个卖场，如表3－2所示。

表 3－2 零售商场磁石商品类型

磁石类型	陈列位置	商品类型
第一磁石	主通道两侧	①销售量大的商品 ②购买频率高的商品 ③主力商品
第二磁石	主通道末端	①最新的商品 ②具有季节感的商品 ③明亮华丽的商品 ④观感强的商品
第三磁石	货架端头	①特价商品 ②高利润商品 ③季节性商品 ④购买频率高的商品 ⑤促销商品 ⑥端架商品
第四磁石	副通道的两侧	①热门商品 ②特意大量陈列品 ③广告宣传商品 ④廉价品 ⑤单项商品
第五磁石	收银区前面中间卖场	①节假日大型展销品 ②特卖非固定商品 ③堆头商品

任务分析

女性消费者容易发生冲动性购买，所以将化妆品放在一楼显眼的位置，可以最大限度地刺激消费者的购买欲望，有效地提高商品的销售量。这就是商品布局的巧妙运用。

任务实训

1. 训练名称：商品布局设计。
2. 训练内容：设计商品布局方案，根据商品布局的原则和方法进行布局。
3. 训练时间：30 分钟。
4. 训练场地及设施：供布局用的场地、货架、各种商品（各种款式男女鞋）、鞋架、装饰物、收银台等设备。
5. 评分标准：如表 3－3 所示。

表 3－3 商品布局质量结果评价表

评价内容	小组自评		小组互评		教师评价	
商品摆放位置科学合理	Yes	No	Yes	No	Yes	No
通道设计宽度适中	Yes	No	Yes	No	Yes	No
顾客查找是否方便	Yes	No	Yes	No	Yes	No
休息场所设置是否得当	Yes	No	Yes	No	Yes	No
收银位置醒目易行	Yes	No	Yes	No	Yes	No
成绩						

任务2
陈列鞋类商品

陈列是吸引顾客在柜台前驻留的重要因素之一，也是营业员开展销售工作最基本的条件。一个精彩的、整洁的柜台陈列能够制造出一种强烈的震撼力；而一个平庸的、杂乱无章的陈列则会使顾客对柜台感到索然无趣，甚至会赶跑他们。

以视感良好的陈列来留住顾客的心，这是柜台销售的第一步工作。虽然很多企业都有自己的设计人员去进行店铺和专柜的陈列设计，但作为柜台的核心人物，营业员掌握相关的陈列知识也是非常必要的。

码3－4　店铺陈列示例

任务学习目标

1. 能够按照鞋类的陈列一般准则进行陈列。
2. 灵活运用陈列方法组合进行鞋类陈列。
3. 能够进行鲜明的主题陈列设计。

任务描述

王东是一名中职学校的应届毕业生，他的第一份工作是在当地的一家大型现代购物中心做某名牌皮鞋专柜的销售人员。近期，王东接到上级的通知，要对今年夏季的新品凉鞋进行展台陈列，小王的展台陈列如图3－3所示。今天，上级领导来检查，对新品凉鞋的展台陈列不满意，要求小王重新陈列。

动动脑？ 同学们，想想看，为什么领导不满意王东的商品陈列呢？请你来帮助王东重新设计一下吧！

图3－3　图片来源 http：//zxt040418. blog. 163. com/

任务学习

出色的商品陈列如同无声语言，它通过集中完全地展示商品特点，提升商品价值感，提升顾客进店率，提升店铺档次及形象，来实现与顾客的沟通，以此向顾客传达产品的信息、服务理念和品牌文化，达到促进商品销售以及树立品牌形象的目的。

一、鞋类商品陈列的一般准则

鞋品陈列的优劣决定着顾客对店铺的第一印象，使卖场整体看上去整齐、美观，这是卖场陈列的基本要求。同时，陈列还要富于变化，不同陈列方式相互对照效果的好与坏，在一定程度上左右着商品的销售数量。鞋品陈列的一般准则有：

1. 鞋面无灰尘，保持出样鞋款外观完好，去除鞋内纸团和胶纸，保证鞋内、鞋底干净、整洁。检查皮质、饰品，确保出样鞋款无质量问题。

2. 满帮鞋、靴类产品，需要适当填充，使鞋身饱满挺括，填充物不可外露（见图3－4）。

图3－4　图片来源：郑州布谷鞋业发展有限公司陈列规范

缚有鞋带的鞋，将鞋带整齐穿叉好，鞋带尾端置于鞋内。有标识吊牌的鞋，将标牌整理在鞋内，标牌不可外露，不可撕去（见图3－5）。

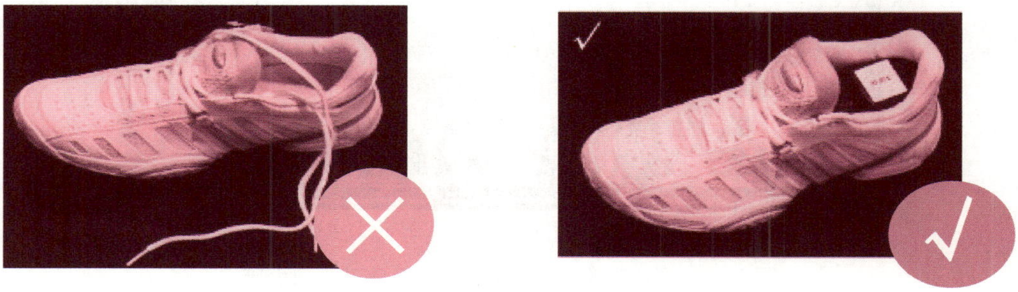

图3－5　图片来源：WWW. BAIDU. COM

3. 全场鞋类货品出样鞋款必须一致，即：根据商场要求，统一陈列样鞋左脚或右脚，切勿左右混放，造成视觉混乱（见图3－6）。

图 3－6 图片来源：宾度 J. BENATO 终端陈列手册

4. 以行业习惯，在尺码齐全的情况下，女鞋出样为 36/37 码，男鞋出样为 40/41 码，有助于商品美感表达；如果尺码不全，坚持较小尺码出样原则。

5. 尽量定量定位陈列，做到随售随补，保持陈列的形状，时刻维护货架的整齐，以便于营业员拿放、盘点和商场的管理，方便顾客选购。

6. 单组展架陈列应同一类型、同一风格或同一元素的鞋子；男鞋、女鞋不可混放于同一主货架或展示架上。

7. 成组摆放出样鞋款时，两只鞋子间距应留一只手指位（1.5cm），鞋头与展架的边距应留一只手指位（1.5cm），并且鞋头相互对齐。组与组的间距则要根据展架的具体长度和摆放的组数适当选择（见图 3－7、图 3－8）。

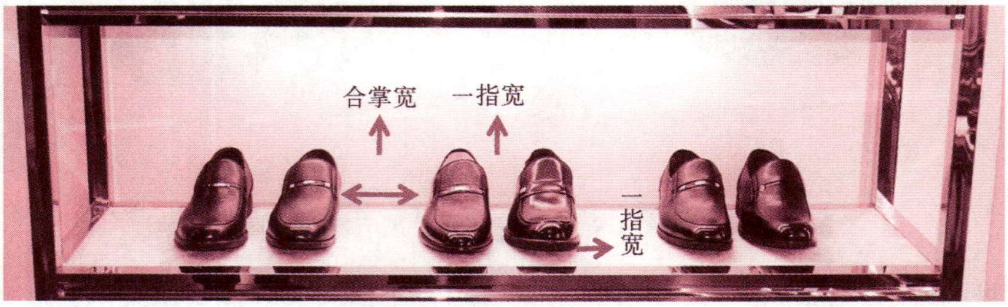

图 3－7 图片来源：宾度 J. BENATO 终端陈列手册

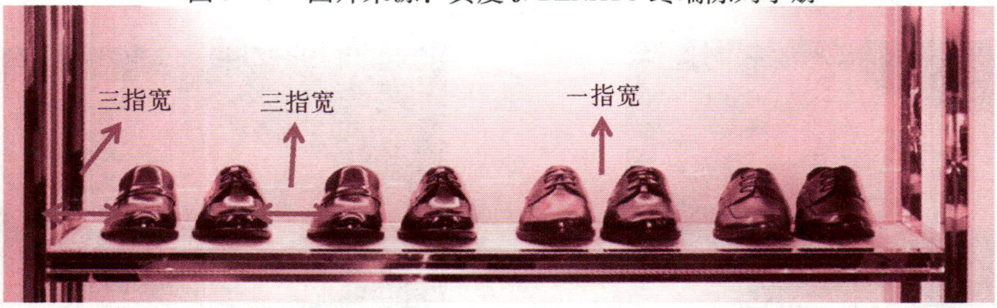

图 3－8 图片来源：宾度 J. BENATO 终端陈列手册

8. 每一货架上的出样鞋款，一般按价格由高至低的顺序，从上至下陈列（第一层除外）。

9. 货品与装饰品同时摆放时，一定要突出货品，避免装饰物过多喧宾夺主。

10. 所有款式必须出样，保证库有柜有（公司通知暂不售卖的款号除外）。

二、鞋类商品陈列的方法与技巧

服装鞋帽寄托了人们对美的追求，优雅舒适的购物环境可以唤起顾客的购物欲，得体的店面设计会吸引源源不断的顾客，而恰如其分的陈列则会极大地调动顾客的情绪。

（一）常用的陈列方法

1. 一只鞋。

一只鞋的摆放有三种形式（见图3－9）。

A.水平用鞋架垫高摆放

B.鞋头向下摆放

C.鞋头向上摆放

图3－9

2. 两只鞋。

A. 用鞋架将单只或两只样鞋的鞋跟或鞋头垫高，交叉成八字状（需突出商品的设计特色，见图3－10）。

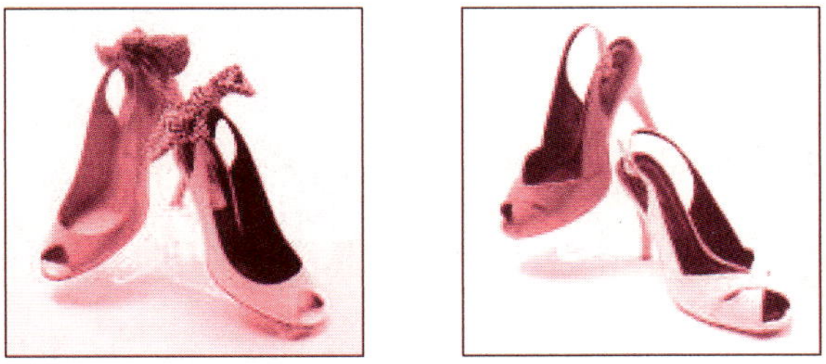

图3－10

图3－11

B. 两只鞋前后、左右平行成一对，针对商品的特色使用鞋架垫高鞋跟、鞋头或内侧的样鞋（见图3－11）。

3. 三只鞋。

A. 三只鞋款鞋跟或鞋头并拢，以扇形展开（见图3－12）。

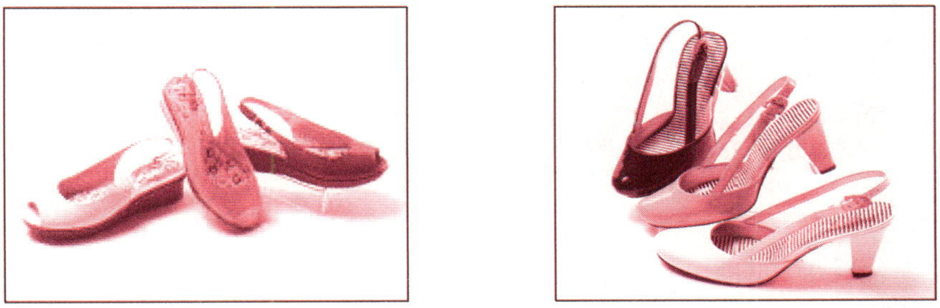

图3－12

B. 鞋款摆放成“△”形，中间为最高点，两侧为最低点（见图 3－13）。

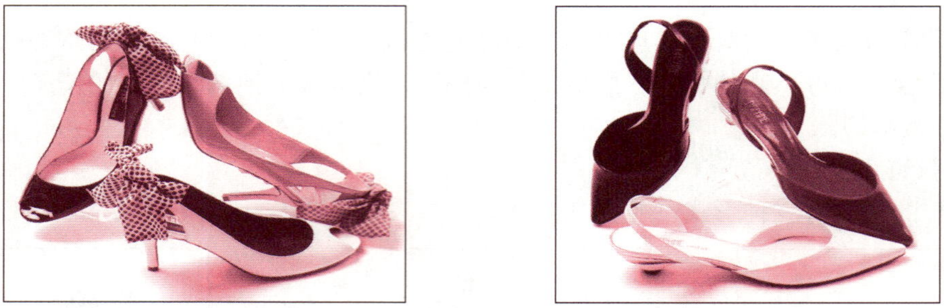

图 3－13

C. 摆放成“L”形，一侧鞋款为最高点，另一侧为最低点（见图 3－14）。

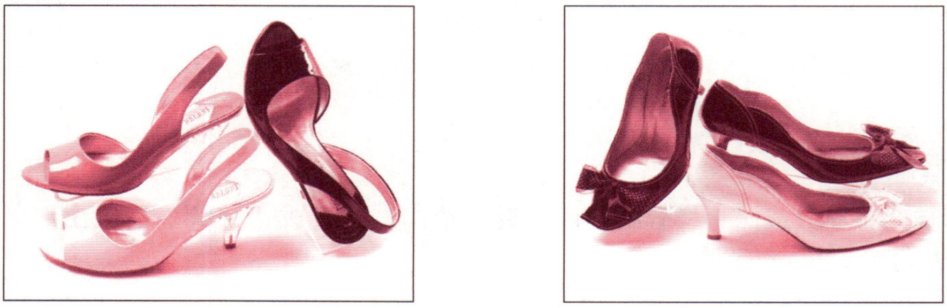

图 3－14

4. 出样鞋款在 5 种以上时，主要采用以下的陈列位置（见图 3－15）。

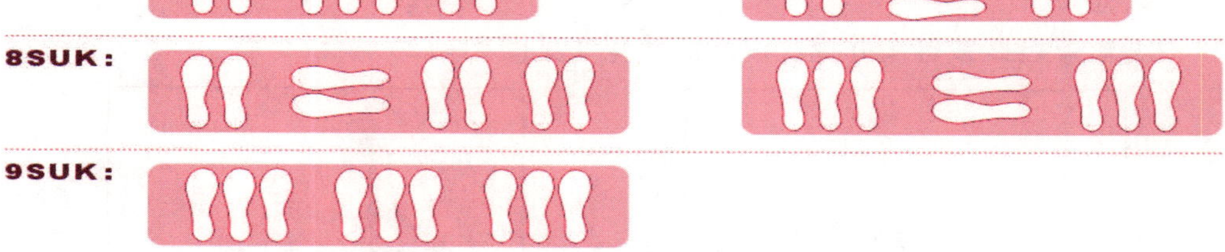

图 3－15

（二）常用的陈列技巧

随着消费者购买需求的改变，鞋子的款式要推陈出新，陈列方式应方便顾客浏览或拿取，突出特色产品或主营产品。

1. 醒目突出的陈列技巧。陈列商品的主要目的是介绍商品，吸引顾客注意力，刺激其购买欲望，所以要将各种系列商品的最佳卖点展示给顾客。根据商品本身的特点灵活选择展示部位、展示位置。一般情况下，是将鞋外侧及正面作为展示面。

例如，鞋品的亮点多在鞋外侧或正面，将商品最美的一面展示给消费者（见图 3－16）。

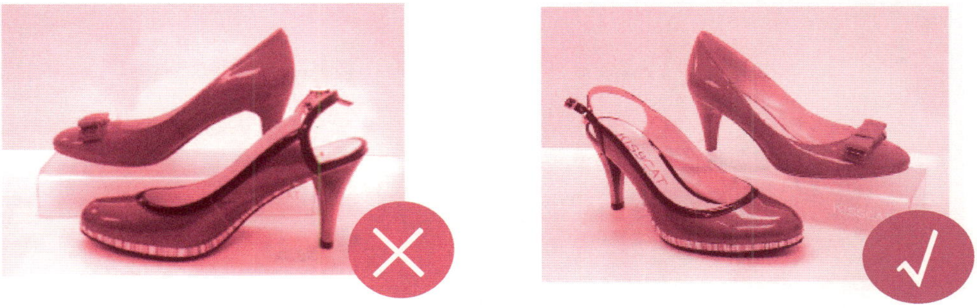

图 3－16　图片来源：郑州布谷鞋业发展有限公司陈列规范

例如，鞋品的鞋跟和鞋腰是这款鞋子的卖点，那么就要将它的这一特点展示出来（见图 3－17）。再例如，可以将鞋一正一反地摆放，使顾客既看到它的正面式样，又看到它的底面用料（见图 3－18）。

图 3－17　图片来源：WWW. BAIDU. COM

图 3－18

2. 丰富充实的陈列技巧。在商品陈列中，数量多而大的东西会不自觉地吸引顾客的注意力，而数量少而小的东西，一般不会引人注目。商品可按照系列、颜色、规格的优先顺序展示，要想充分展示货品数量，刺激顾客的视觉，有时就可以利用视觉误差，以使顾客在心理上产生货品丰盛的感觉，使商品看起来琳琅满目（见图 3－19）。

图 3－19

春夏季商品的陈列应尽量按鞋跟的高低自上而下陈列，每一层货架鞋跟高度应保持一致。越往下层出样的鞋品应尽可能向层板外边缘靠齐（见图3－20）。

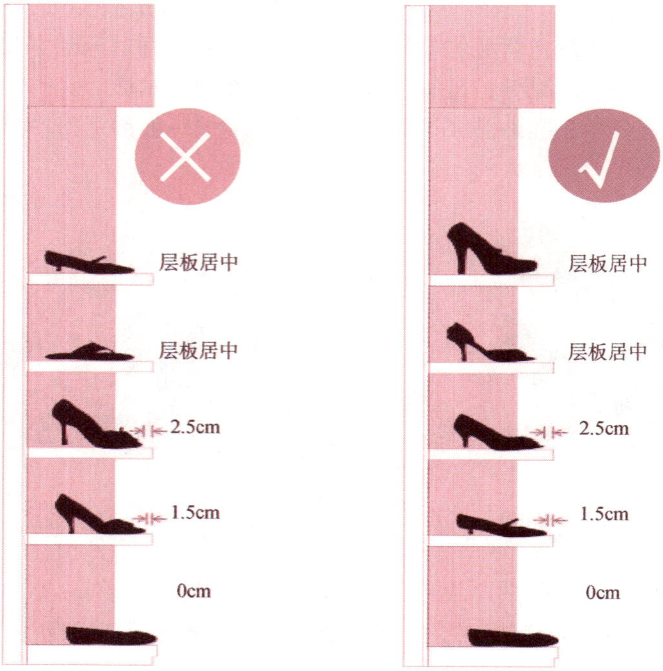

图3－20　图片来源：郑州布谷鞋业发展有限公司陈列规范

另外，定期调整货品摆位，也可以令顾客增加新鲜感，一般为1～2星期一次。定期更换左、右鞋板，防止因灯光长时间照射产生色差或皮纹，以避免残次商品的出现。

3. 艺术美感的陈列技巧。商品的陈列摆放应遵循一定的审美原则。根据不同的商品采用不同的陈列方法，充分展示商品的美感、质感，力求把营业场所布置得层次分明、重点突出、色彩协调、琳琅满目。如颜色的搭配要和谐、空间分割要有层次感、货架的高度应符合人体动作习惯等。同时，根据鞋子设计风格选用相符合的物件，辅助陈列出商品特色，从而烘托出设计师的意念（见图3－21）。

图3－21　图片来源：红蜻蜓2008年秋冬季橱窗陈列方案

同系列商品应尽量陈列在同一单元区位，同一元素（同一故事主题）商品应尽量陈列在同一层板。各个品种可按款式分组，按一定的顺序井井有条地进行排列，体现商品的层次感，切忌杂乱无章。例如，围绕某一既定主题进行的陈列，如新品推荐主题、节日特惠主题、产品促销主题等（见图 3－22）。

图 3－22　图片来源：WWW. BAIDU. COM

同款商品颜色应由明入暗、由浅入深摆放。有序的色彩使整个卖场主题鲜明，展现出强烈的冲击力，易于消费者识别与挑选。同一色系的鞋子搭配放在一起会给人很舒服的感觉，对比色的鞋子搭配在一起，要注意冷暖色的穿插，冷暖搭配要有节奏感，例如，春夏季陈列冷色系产品，秋冬季陈列暖色系列产品；用冷色来烘托暖色，暗色与亮色结合，能突出亮点产品（见图 3－23）。

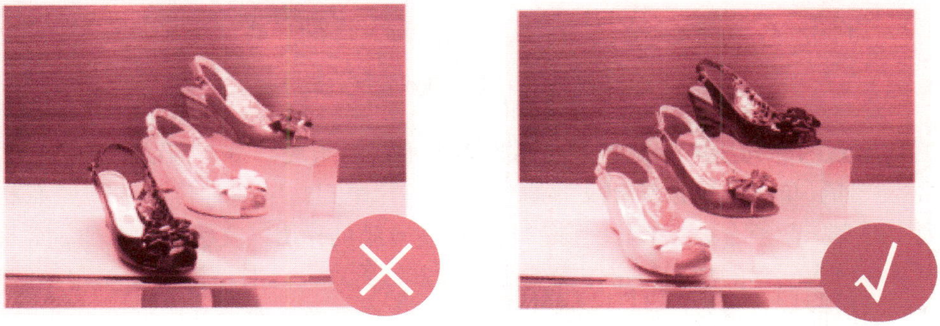

图 3－23　图片来源：郑州布谷鞋业发展有限公司陈列规范

同一系列鞋款应集中摆放，颜色要按由浅至深的顺序，两侧由外向内摆放，正面由左至右摆放。每一层板上的鞋款，要按“中空→浅口→深口”的顺序，两侧由外向内摆放，正面由左至右摆放。每一货架上的鞋款，要按高跟至低跟的顺序逐层由上而下摆放。每一层板上的靴款，要按从矮靴筒至高靴筒的顺序，两侧由外向内摆放，正面由左至右摆放（见图 3－24）。

图 3－24 图片来源：郑州布谷鞋业发展有限公司陈列规范

靴类商品宜陈列在货架较高位置，尤其是长靴款；靴类的展示应按靴筒的长度从货架的最上层开始往下层陈列；靴款置于货架下层位置，商品的优势被遮挡，只能看到靴口内的填塞物，这是靴款陈列的大忌；将靴款置于货架上层位置，方能展示商品的亮点（见图 3－25）。

图 3－25 图片来源：郑州布谷鞋业发展有限公司陈列规范

4. 真实客观的陈列技巧。文字是商品陈列中重要的组成部分，商品的商标、名牌、品名、规格、产地、价格及用途等用文字真实表达，并做到文字的宣传与陈列的商品协调统一。陈列中的文字必须言简意赅，对陈列具有画龙点睛的作用，文字活泼风趣，对来往顾客有引人注意、诱人问津的功能。字体要端庄、大方、美观，针对不同商品要用不同的字体，文字配合必须以商品为主。例如，陈列儿童鞋子时，要适合儿童天真活泼的心理特点，采用合适的字体，使陈列产生更加活泼、诱人的效果。

知识拓展

一、商品陈列与人体工程学的神奇关系

鞋子的摆放，应以为消费者的观察、触摸、选购提供最大便利为基准，使顾客的感官不受任何阻拦，以激发其购买动机。

如何确定摆放高度呢？一般情况下，消费者走进商店，经常会无意识地环视陈列鞋

子。通常，无意识的展望高度是仰视0.5～0.8米。平视的鞋子最容易让人清晰感知，在1米的距离内，视觉范围平均宽度为1.6米；在2米的距离内，视觉范围达3.3米；在5米的距离内，视觉范围达8.2米；到8米的距离内，视觉范围就扩大到16.4米。因此，鞋子摆放高度要根据消费者的视线、视角来考虑，摆放高度应以0.3～1.9米为宜（见图3－26）。

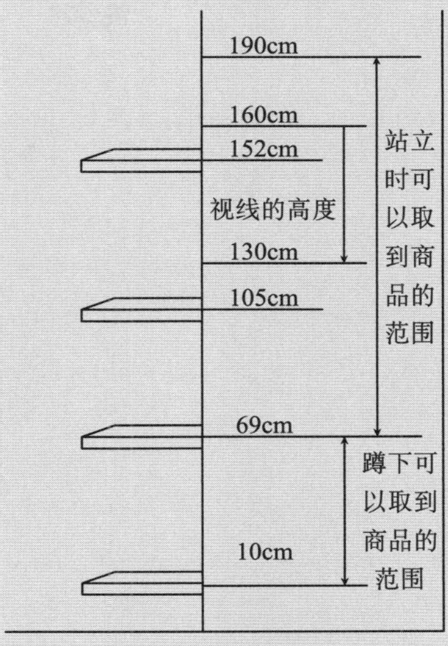

图3－26

第一隔层：为1.52米的高度，属易看不易拿的位置，因此我们把它作为氛围空间进行陈列。如将包与鞋（男鞋以浅色或非黑色、女鞋以亮丽的时尚高跟鞋为主）搭配进行组合陈列，可采用阶梯形鞋架与高脚架进行支撑陈列。

第二隔层：为1.05米的高度，是易看易选易拿的最佳位置，建议摆放当季主推或畅销鞋款作为重点陈列。鞋子（女鞋以中、坡跟鞋为主）摆放应错落有序，可适当放置鞋架突出展示，如“L”形鞋架或阶梯形鞋架。

第三隔层：第三隔层仅次于第二隔层，同样属易看易选易拿的较好位置，同样建议摆放主推产品，鞋子（女鞋以平跟鞋为主）组合平放在货架即可。

第四隔层：第四隔层是只有弯腰才能看到、拿到的位置，建议摆放普通款、次新款。鞋子（女鞋以平跟鞋）一律平放组合。

二、商品陈列与色彩的神奇关系

当我们看到色彩时心理会产生感觉，这种感觉一般难以用言语形容，我们称之为印象，也就是色彩意象。

（1）红色色彩意象：一般用来传达活力、积极、热诚、温暖、前进等企业形象与企业精神。在鞋业品牌陈列中红色陈列使用的几率很高，尤其是在节日陈列和专题陈列当中使用最多。

大红——桃红——石榴红——玫瑰红

（2）橙色色彩意象：一般会用于店铺的内部装修与灯光上。一般用来传达明亮活泼有动感的特性。

鲜橙——橘橙——朱橙——香吉士

（3）黄色色彩意象：轻松活泼，在运动休闲鞋样中陈列使用较广，其表现容易使消费者产生购买的冲动，在灯光使用上也是最能体现鞋样品质的一种色彩。

大黄——柠檬黄——柳丁黄——米黄

（4）绿色色彩意象：绿色有纯正、清爽、理想、希望、生长的意思，一般用在鞋店的道具上，能对陈列起到非常关键的衬托作用；店铺的环境也是主要靠绿色来改善与体现的。

大绿——翠绿——橄榄绿——墨绿

(5) 蓝色色彩意象：由于蓝色沉稳的特性，具有理智、准确的意象，在商业设计陈列中强调科技效率的商品或企业形象大多选用蓝色，另外蓝色也代表忧郁。

大蓝——天蓝——水蓝——深蓝

(6) 紫色色彩意象：具有强烈的女性化性格，在陈列色中，紫色受到相当限制。

大紫——贵族紫——葡萄酒紫——深紫

(7) 褐色色彩意象：通常用来表现原始材料的质感，如麻、木材、竹片、软木等，或用来表达某些商品原料的色泽，或强调格调古雅的企业形象或品牌形象。

茶色——可可色——麦芽色——原木色

(8) 白色色彩意象：在陈列中，白色具有高级科技的意象，通常需和其他颜色搭配，白色给人以寒冷严峻的感觉，所以在使用白色时，通常会掺一些其他的色彩，如牙白、米白、乳白、苹果白。

(9) 黑色色彩意象：在陈列中黑色有高贵、稳重、科技的意象。黑色庄严的色彩意象也常用在一些特殊场合的室间设计，鞋样产品大多用黑色来塑造高贵的形象，黑色是永远的流行色。

(10) 灰色色彩意象：灰色具有柔和高雅的意象，而且属于中间性格，男女皆能接受，也是流行的颜色。

大灰——老鼠灰——深灰——蓝灰

任务分析

从图 3-1 中，我们很难看出到底哪款凉鞋是本季的主打商品。因为在凉鞋展台上，最显眼的不是凉鞋而是红色的 POP。这里的视觉焦点应该是三个椭圆形的展台，可是作为主角的凉鞋色彩单调，摆放凌乱无序，再加上展台高度较低，很难给顾客留下深刻印象，反而旁边的两块红色 POP 抢占了风头。总体来看，王东的出样鞋款，陈列无系列区分，货品凌乱无美感，季节区分不明显，无主题，陈列导致卖场货品不丰富，没有有效提升产品的价值感及卖场形象。

任务实训

1. 训练名称：知名鞋品现场陈列设计。
2. 训练内容：设计商品陈列方案，根据鞋类商品陈列的准则和方法、技巧进行陈列。
3. 训练时间：30 分钟。
4. 训练场地及设施：供陈列用的场地、货架，各种商品（各种款式男女皮鞋）、装饰物等设备。
5. 评分标准：如表 3-4 所示。

表3－4　　商品陈列质量结果评价表

评价内容	小组自评		小组互评		教师评价	
1. 陈列位置是否位于热卖点，即柜台的醒目位置？	Yes	No	Yes	No	Yes	No
2. 陈列的商品是否干净整洁，不带有尘土、污渍？	Yes	No	Yes	No	Yes	No
3. 陈列商品旁是否有清楚、简单地标识商品销售信息的物品，比如价格牌、说明书等？	Yes	No	Yes	No	Yes	No
4. 产品是否能让顾客快速看到所需商品，便于拿取？	Yes	No	Yes	No	Yes	No
5. 色彩搭配是否柔和、协调、让人眼前一亮？	Yes	No	Yes	No	Yes	No
6. 是否经常更新陈列形式，使陈列具有新鲜感和魅力？	Yes	No	Yes	No	Yes	No
7. 样品陈列设计是否有鲜明的主题，能强化商品的特色？	Yes	No	Yes	No	Yes	No
8. 陈列是否稳固？	Yes	No	Yes	No	Yes	No
9. 是否便于补货？	Yes	No	Yes	No	Yes	No
10. 商品陈列是否丰富充实？	Yes	No	Yes	No	Yes	No
11. 是否妥善运用了陈列辅助器材？	Yes	No	Yes	No	Yes	No
成绩						

任务3
陈列服装类商品

近年来随着人们生活水平的逐步提高，现代消费者购买服装，并非仅仅为了购买服装的实用功能和效用，也并非只是为了取得服装的使用权，而是更希望通过购买服装获得一系列心理满足和愉悦感。独特的服装设计可以满足人们的这种情感需求，卖场服装的陈列设计也同样可以激发人们的这种情感。

整洁、规范、合理、和谐、具有时尚风格的服装陈列可以展示品牌形象，展现品牌风格定位，吸引客流，提高销售额。

码3－5　服装陈列示例

任务学习目标

1. 学会用简单的陈列方式进行陈列。
2. 灵活运用陈列方式组合。
3. 能够进行卖场整体陈列提升服装品牌形象。

任务描述

浙江有一家女装专卖店，原来月销售额7000元，后来在专业策划师的指导下，进行了合理的卖场陈列布置，一个月后，销售额直线上升，达到20000元。这可算是通过适当的店面陈列提高销售额的典型例子。一般说来，通过精致的店面陈列和布局后，可以使月销售额提高10%～40%。由此可见，店面陈列在服装营销中占据着重要地位。

动动脑？ 同学们，请看一看，图3－27就是这家店未进行专业陈列布置前的一个展台，你看出问题了吗？你能帮着改一改吗？

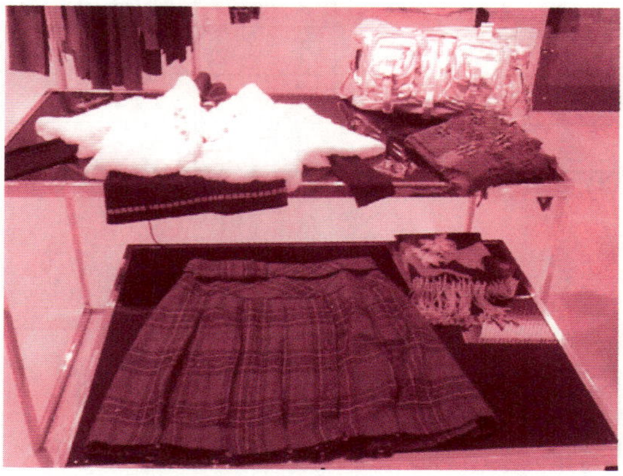

图3－27

任务学习

服装陈列是以服装为主题，利用不同服装的款式、颜色、面料、特性等，通过综合运用艺术手法展示出来，突出货品的特色及卖点以吸引顾客的注意，提高和加强顾客对商品的进一步了解、记忆和信赖的程度，从而最大限度地引起购买欲望。

一、服装陈列的基本准则

1. 卖场保持整洁，场地干净、清洁，服装货架无灰尘、无货物堆放、挂装平整、灯光明亮。

2. 陈列服装要熨烫整齐，并保持清洁。
3. 陈列服装清除别针、夹子和线头，纽扣、拉链或腰带应全部就位。
4. 所有服装吊牌不能露在外面。
5. 卖场不能有空置货架。
6. 服装必须按系列集中摆放。
7. 新货及主推款选择最醒目位置。图 3－28 中暗纹下为主推款。

图 3－28

8. 卖场的服装每周做一次位置的调整。

二、服装的基本陈列形式陈列规范

（一）服装挂装陈列规范

挂装陈列方式是利用衣架悬挂服装，达到展示服装的目的。按照服装的方向不同，可以分为正挂及侧挂。

1. 衣裤架的使用规范。

（1）挂钩的方向开口朝左，LOGO 向前，吊牌不得外露（见图 3－29）。

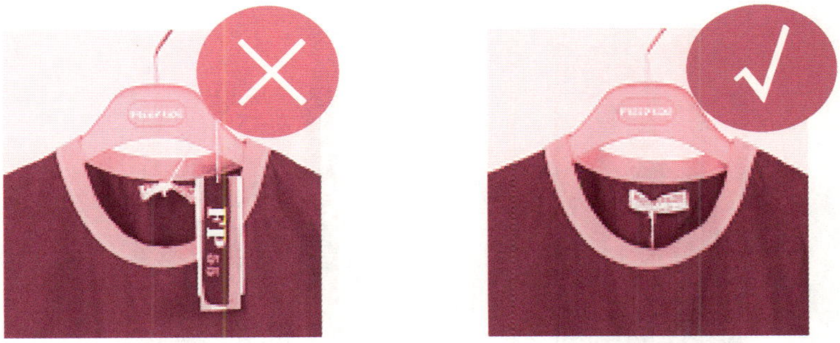

图 3－29

（2）易滑落的衣服，可用橡皮筋将两边固定，不能把吊牌挂在衣架上。

（3）衣服必须由下往上撑起避免变形（见图 3－30）。

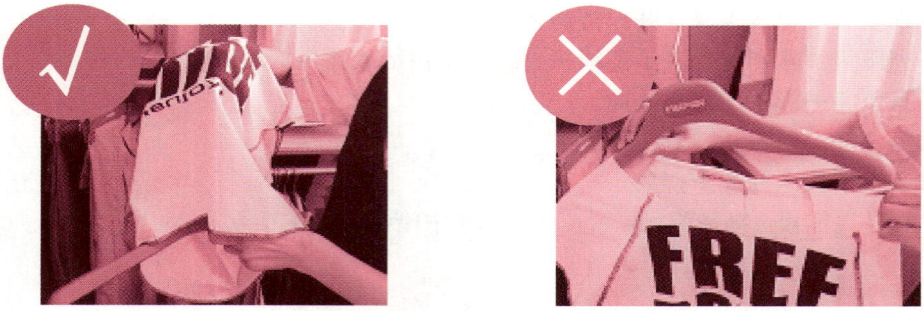

图 3－30

（4）按服装类别选择不同类型的衣架。

2. 正挂陈列规范。正挂陈列以服装的款式来吸引顾客的注意，一般出样为畅销款、高价值款或者尺码齐全的款式。常用于卖场的墙面陈列。

（1）同一个正挂里放同种不同色的货品。

（2）一般挂 3～6 件，4 件为宜（见图 3－31）。

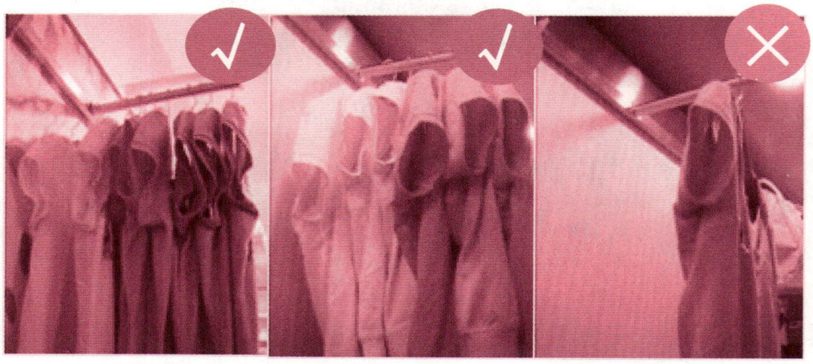

图 3－31

（3）尺码由前到后，依次为：女装：M－S－L－XL；男装：L－S－M－XL。

（4）同系列的上装与下装搭配（见图 3－32）。

图 3－32

3. 侧挂陈列规范。侧挂陈列以颜色的明暗程度变化和款式层次变化来吸引顾客注意。通常利用侧挂配合正挂进行墙面陈列，也可用于卖场中岛架陈列。

（1）衣架裤架上的服装款式应统一，挂钩一律朝里，以便保持整齐和方便顾客取放（见图 3 – 33）。

图 3 – 33

（2）服装的正面一般朝左方，由左至右依序陈列，因为顾客用右手取商品较多（见图 3 – 34）。

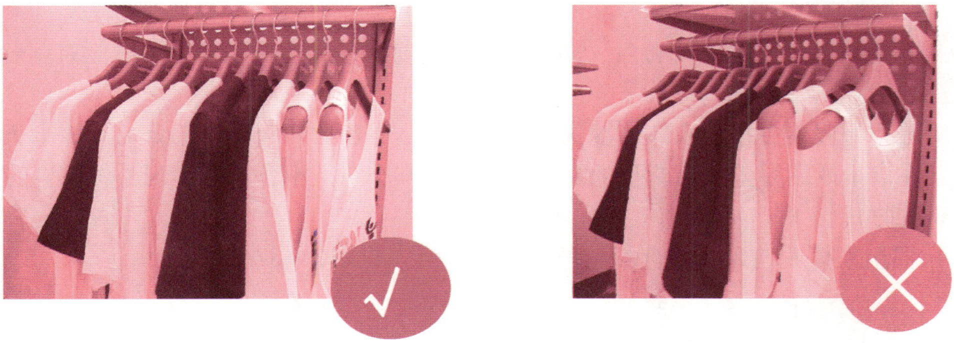

图 3 – 34

（3）相对最后一件衣服要面向顾客。

（4）注意色彩的协调（见图 3 – 35）。

图 3 – 35

（5）尺码由前到后，由小到大。

（6）不能太空也不能太挤（通常用手把衣服推向一边时，服装紧密排列后以约留出 1/3 的位置比较适宜）。

（二）服装叠装陈列规范

叠装陈列是通过有序的服装折叠，强调整体协调，轮廓突出，把商品在流水台或高架的平台上展示出来。通常用于陈列休闲类及规则服装陈列（见图 3－36）。

图 3－36

（1）拆除包装，夏季 8～12 件，冬季 4～6 件为宜。

（2）两叠货品间距为 10～15 厘米为宜。

（3）尺码应由上到下，由小到大（S—M—L—XL）。

（4）吊牌不要露出，应放在衣服内。

（5）区域内颜色由上到下，由前到后，由浅到深。

（6）将畅销款式或颜色的货品放置在黄金地段（即易看见、易拿处）。

（7）放置与货品相关联的陪衬品在其周围，以便附加推销。

（8）当某款缺色，可用类似款同色货品垫在下面暂时替代。

（9）可经常调换货品陈列位置，防止滞销，同时也使顾客有新鲜感，感觉有新款。

（三）人模陈列规范

人模陈列将服装更接近人体穿着状态进行展示，服装的细节可以充分地展示出来。人模陈列通常在店铺的橱窗里或店堂里的显眼位置上，本季重点推荐或能体现品牌风格的服装常用人模陈列方式。

（1）同组人模着装风格、色彩应采用相同系列（见图 3－37）。

图 3－37

（2）除特殊设计外，人模的上下身均不能裸露。
（3）配有四肢的人模，展示时应安装四肢。
（4）不要在人模上张贴非装饰性的价格牌等物品（见图3－38）。

图3－38

（5）模特的摆放需根据店铺的实际位置作调整，尽量朝向客人过来的方向。
（6）多个模特同时摆放时，应错落有致，尽量表现得动态、生活化一些（见图3－39）。

图3－39

三、卖场服装的陈列

（一）橱窗服装陈列

橱窗是一个与顾客沟通的重要途径，是品牌产品陈列窗口及吸引顾客进入店铺参观的关键。有特色的橱窗可推动广告宣传及商品宣传。

橱窗陈列注意问题：

（1）色系明确，每组色系不超过3个（见图3－40）。

（2）配饰搭配丰富，灯光在模特胸部位置（见图3－41）。

（3）靠近橱窗的店内货品陈列，应与橱窗陈列的货品是同一组或同色系（见图3－42）。

（4）橱窗内模特组合风格要统一，要有主题性。

图3－40

图3－41

图3－42

（二）展台陈列

展台一般放置在卖场入口及过道，展台陈列可以呼应橱窗陈列推广主题货品；展台陈列还可以大量陈列减价促销商品。展台陈列分为三种形式：

（1）以主题组合系列陈列，以搭配的形式陈列，如：手袋、配饰（见图3－43）。

（2）按同款不同色陈列，货品颜色组合要与邻近的货品有关联性（见图3－44）。

（3）折扣活动展台可摆放同类不同色的货品，按颜色的规律摆满展台，但要整齐，使展台陈列能带出打折的气氛（见图3－45）。

图3－43

图3－44

图3－45

展台陈列应注意的问题：

（1）货品应尽量丰满，叠放陈列形式多样。

（2）展台货品居中，左右对称。

（3）展台货品颜色方面不能超过 3 个颜色，最好是同款不同色的陈列在一起。

（4）展台不能整套上下身搭配陈列在一起。

（三）墙面陈列

服装卖场的墙面陈列是卖场陈列的主要陈列空间。墙面陈列利用服装的正挂、侧挂与层板的叠装或配饰实现陈列。应注意的问题：（1）墙面整体协调统一；（2）通常采用“上正下侧”方式；（3）适当加入造型陈列，增加艺术感。

（四）中岛架陈列

中岛架陈列通常以辅助陈列形式出现。中岛架通常陈列与相邻的墙面摆放不下的同一系统服装、参加相同的活动、相同折扣的货品。中岛架陈列中应注意：（1）始终保持货品的正面面对顾客；（2）注意货架与通道方便顾客购物。

知识拓展

服装是一门制造美丽的产业，卖场里的陈列规划同样要给人以一种美感。运用服装陈列的基本形式，营业员可以将卖场布置得整洁、规范、合理、和谐；但要想打造出时尚、个性的美感，还需学会色彩陈列技巧。

1. 服装色系陈列技巧（见表 3－5）。色系陈列的原则一般以一杆货架以一个中心色配加两个基本色为主，如米色＋咖啡＋驼色，其中以米色为中心色，咖啡和驼色衬托米色。但需注意：两个基本色为相近色。

表 3－5

色系形式	渐变式	跳跃式	彩虹式
图例			
说明	运用同一色系不同深浅的产品组合服装陈列，富有层次感。如由浅至深，由深至浅，如：白色→米色→咖啡色。	适用于商品系列化、组合性较强的商品。可以运用产品的深→浅→深→浅间隔服装陈列。	适用于颜色较多、风格活泼、年轻的品牌，可以将货品依照彩虹的颜色组合服装陈列。

2. 服装配色陈列技巧（见表3－6）。

表3－6

配色形式	相近色	对比色	同类色	强烈色配合
图例				
说明	两个颜色之间比较相配，如米色和白色、红色和橙色等（较柔和）。	两色之间有强烈的对比，此陈列手法会产生较大的视觉冲击，如白＋黑，红＋绿等。	两色属于同一类颜色，只是深浅、明暗不同，如玫红与深红。	即两个相隔较远的颜色搭配，也称对比色搭配。

任务分析

从图3－27中，我们可以看到展台是以主题组合系列陈列一组货品，并加上相应的配饰。显然在图中我们看不出陈列的主题，因为上下装产品的风格不协调，上装的皮草高贵、华丽，而下装的裙子就显得很可爱、俏皮；展台又摆放了过多的货品，所摆放的货品既没有结合主题去陪衬，也不能带出展台的展示作用。

更改后的陈列展台应如图3－46所示。上下展台风格一致，配饰适当，体现服装的高贵华丽的风格。

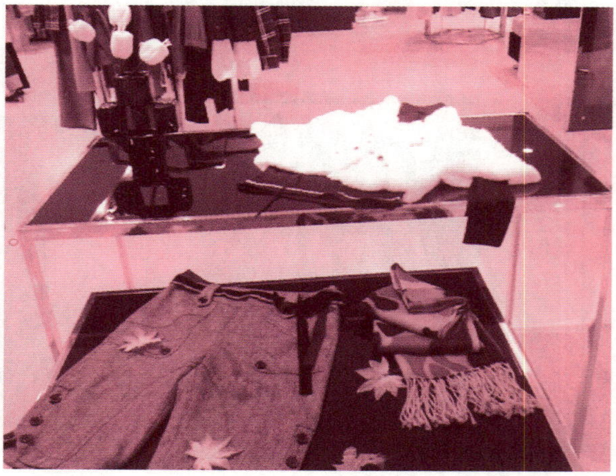

图3－46

任务实训

1. 训练名称：服装陈列。
2. 训练内容：设计服装陈列方案。
3. 训练时间：30 分钟。
4. 训练场地及设施：供陈列用的场地、人模、展台、中岛架、衣架、各种服装、装饰物等。
5. 评分标准：如表 3-7 所示。

表 3-7 服装陈列质量结果评价表

评价内容	小组自评		小组互评		教师评价	
1. 陈列的服装是否干净整洁，不带有尘土、污渍？	Yes	No	Yes	No	Yes	No
2. 衣架使用是否规范？	Yes	No	Yes	No	Yes	No
3. 展台的叠装陈列是否规范？	Yes	No	Yes	No	Yes	No
4. 人模服饰搭配是否合理？	Yes	No	Yes	No	Yes	No
5. 人模陈列是否有主题含义？	Yes	No	Yes	No	Yes	No
成绩						

任务 4
陈列家电类商品

调查结果显示：有 70% 的顾客去商场不知道要买什么（目前在一些大城市，非计划购买率已超过 70%），随机购买者占多数，而且这一比重在逐渐增加；顾客一般在售点平均逗留时间为 15 分钟，50% 以上的消费者是在 5 秒钟内决定是否购买的，顾客在每一商品前的驻足时间不会超过 2 秒钟。能否在 2 秒钟的时间内吸引顾客注意力，是能否实现销售的关键。

从消费者行为调查的结论中，我们了解到一个讯息：在所有影响顾客购物的要素中，商品的陈列是一个非常重要的指标。优化、合理、简洁的产品陈列能刺激顾客实施购买行为的冲动情绪和欲望，在较短的时间内将产品的功能与特点充分展示给顾客，吸引顾客层层深入了解产品。

任务学习目标

1. 熟记家电商品陈列的一般准则。
2. 利用陈列的一般原则检查家电商品的陈列。
3. 运用家电商品的陈列方法、技巧进行家电商品陈列。

任务描述

王东是一名中职学校的应届毕业生，他是名牌手机专柜的销售人员。近期，他对本季度的新品手机进行展台陈列，小王的展台陈列如图 3 - 47 所示。今天，上级过来检查，对新品手机的展台陈列不满意，要求小王重新陈列。

动动脑? 同学们，你能发现王东的手机陈列展台有什么错误吗?

图 3 - 47

任务学习

商品陈列的目的就是要让商品在柜台和展架上充分显示自己，最大限度地引起顾客的购买欲望，商品的陈列技术是非常关键的。

一、家电商品陈列的一般原则

1. 制冷电器的陈列原则。包括家用冰箱、冷饮机等。以地台陈列为例，冰箱以容量由小到大，同容量里价格由低到高，价格以主通道为基准，如图 3 - 48（1）。

2. 空调器的陈列原则。包括空调器、电扇、换气扇、冷热风器、空气去湿器等。以空调为例，先按品牌区分，挂机陈列时由上到下按照制冷量大小和价格陈列，同系列不同制冷量的挂机放置多个货价卡，如图 3 - 48（2）。以电扇为例，不分品牌，按扇种陈列，再分电扇尺寸，由小到大以主通道为基准，价格由低到高，纵向陈列，如图 3 - 48（3）。吊扇需用行架陈列。

3. 清洁电器的陈列原则。包括洗衣机、干衣机、电熨斗、吸尘器、地板打蜡机等。以洗衣机为例，按品牌以地台陈列，每个品牌再按洗涤公斤由小到大顺序陈列，价格以主通道为基准，由低到高，如图 3 - 48（4）。电熨斗、吸尘器等不分品牌，按功能区分，同功能陈列以主通道为基准，价格由低到高，纵向陈列，如图 3 - 48（5）。

(1)

(2)

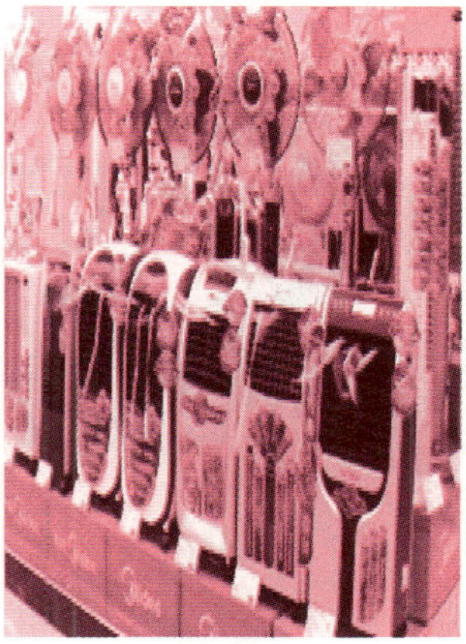

(3)

(4)

(5)

图3－48

4. 厨房电器的陈列原则。包括电灶、微波炉、电磁灶、电烤箱、电饭锅、洗碟机、电热水器、食物加工机等。

微波炉不分品牌，陈列先按升数陈列，然后在同升数里以功能区分，纵向陈列，以主通道为基准走价格带。紫砂煲、火锅、电饭煲、电脑煲、电水壶、电开瓶、搅拌机、料理机、豆浆机等，不分品牌，按升数、功能或容量大小，以主通道为基准价格由低到高，纵向陈列，如图3－49（1）。

煤气灶、抽油烟机分中式、欧式，欧式煤气灶以形象陈列，如嵌入式煤气灶正上方配欧式抽油烟机，价格以主通道为基准，由低到高。中式煤气灶以单灶、双灶区分陈列，同系列灶不分品牌，以主通道为基准价格。抽油烟机以功率区分，由小到大，价格由低到高，陈列同煤气灶一样不分品牌按功率以主通道为基准走价格带，纵向陈列，如图3－49（2）。

热水器分燃气、电热水器。陈列以品牌区分，品牌内再区分电热水器、天然气、液化气。电热水器按升数、功能纵向陈列，以主通道为基准走价格带。同样式不同升数可以在样机上放置多张价卡。燃气热水器陈列同电热水器一样，需区分开气种，如图3－49（3）。

(1)　(2)　(3)

图 3－49　图片来源 WWW. BAIDU. COM

5. 电暖器具的陈列原则。包括电热毯、电热被、水热毯、电热服、空间加热器。电暖器不分品牌，按材料分为两种：PTC、卤素管，陈列为 PTC 电暖器、台式、立式、挂壁式暖风机、台式暖风机、台式卤素电暖器、立式卤素电暖器、带干衣架的暖风机等，以主通道为基准，价格由低到高，纵向陈列，如图 3－50（1）。

6. 整容保健电器的陈列原则。包括电吹风如图 3－50（2）、电动剃须刀如图 3－50（3）、整发器、超声波洗面器、电动按摩器。

以电吹风为例，不分品牌按功率大小由小到大，以主通道为基准，价格由低到高，纵向陈列。

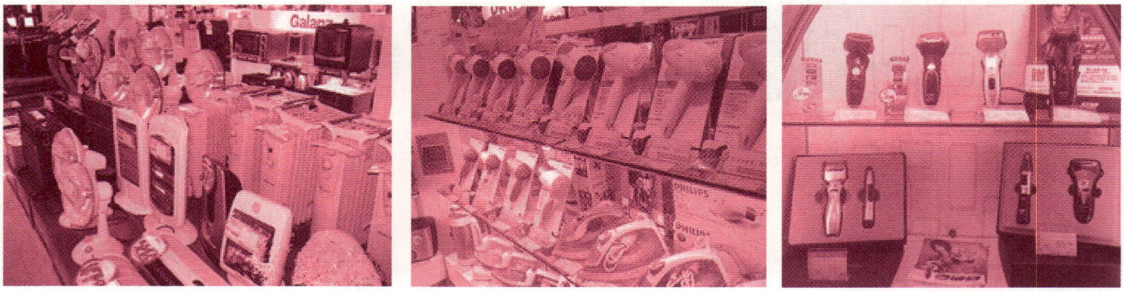

(1)　(2)　(3)

图 3－50

7. 声像电器的陈列原则。包括微型投影仪、电视机、数码相机、摄像机、组合音响等。

电视按品牌区分，再由门店自行确定陈列品牌顺序，每个品牌按电视尺寸大小、高清、数字高清等依次陈列，并且要求所有电视播放统一画面，如图 3－51。

数码相机先按品牌区分，再按像素由低到高，纵向陈列。

图 3－51

8. 其他电器的陈列原则。以打印机为例，先按功能区分，在同类机型里按价格带纵向依次陈列，如图3－52。

图3－52

二、家电商品陈列的方法

商品的陈列要有感染力，要引起顾客的兴趣。要注意突出本地区顾客层的商品品种、季节性商品品种、主题性商品品种，用各种各样的陈列方式，平面的、立体的、全方位展现商品的魅力，最大限度地运用录像、模型、宣传板等，使商品与顾客对话。

对于家电商品来说，主要有生动化陈列和多方位演示两个方法。

1. 生动化陈列方法。生动化陈列是指产品在展台、POP等陈列辅助物料的装饰下巧妙摆放，从而充分显示出产品的形象、功能与卖点等特点。如陈列时，人气机型（富有竞争力且比较吸引人的机型）要恰当地与主推机型呼应；按照促销主题的需要设计主题陈列，如“五一”临近可围绕婚庆对产品陈列进行包装；现在比较流行的还有生活提案式陈列，充分展示出时尚化的生活需要，如图3－53所示。

搞好生动化陈列，应注意以下几点：首先是要求摆放的样机是干净完好的产品；其次要求样机的摆放讲究艺术性，一般是按大小的顺序来排列摆放或对称的方式来摆放（即中间摆放比较大的样机，两边依次摆放比较小的样机）。按大小顺序来摆放给人一种整齐有序的感觉，按对称的方式来摆放比较符合国人的生活习惯。总之，样机在终端摆放出来以后，要感觉很整齐，不能层次不齐或给人感觉很乱；要让消费者看了样机摆放后，第一时间感觉很舒服。

2. 多方位演示方法。美国有句广告格言“卖牛排的关键是卖炸牛排的滋滋声”，这正是讲产品演示的重要性。多方位演示常用的原则有“能动则动起来，能体验就体验一下，有语音图像就播放出来”。如加湿器，在演示柜上不停地喷出湿气如仙境一样；豆浆机，在柜台上摆着制作好的喷香豆浆，顾客可以随意品尝，如图3－54所示；电热水器，通过电视机进行展示，顾客可以边听促销员讲解，边在电视上看到更全面的操作演示，同时电视的播放还能吸引更多的消费者驻足咨询产品。

图3－53

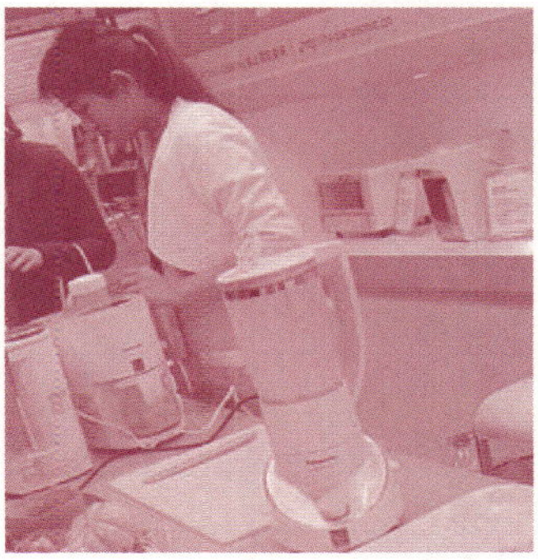

图3－54

知识拓展

一、家电的分类

家用电器的分类方法在世界上尚未统一。

在国外通常把家电分为4类：白色家电、黑色家电、米色家电和新兴的绿色家电。白色家电是指可以替代人们进行家务劳动的产品，包括洗衣机、冰箱等，或者是为人们提供更高生活环境质量的产品，比如空调、电暖器；黑色家电是指可提供娱乐的产品，比如：DVD播放机、彩电、音响、游戏机、摄像机、照相机、电视游戏机、家庭影院、电话、电话应答机等；米色家电是指电脑信息产品；绿色家电，是指在质量合格的前提下，可以高效使用且节约能源的产品，绿色家电在使用过程中不对人体和周围环境造成伤害，在报废后还可以回收利用的家电产品。

二、家用电器的放置环境

（1）注意高温环境。高温的环境会使家用电器的绝缘材料加速老化，而绝缘材料一旦损坏，即可引起漏电、短路，从而导致人身触电，甚至引发火灾事故。

（2）注意潮湿环境。不应将洗衣机长时间放在卫生间内，也不要把家用电器放在花盆及鱼缸附近，还要注意不要在家用电器上放置装有液体的容器，更不得用湿布带电擦洗或用水冲洗电器设备。

（3）注意腐蚀环境。家电的外壳及绝缘材料受到化学物质的长期侵蚀，会缩短使用寿命。所以电冰箱、洗衣机等家用电器不宜放置在腐蚀性及污染性较严重的厨房内，以免受到煤气、液化石油气或油烟的侵蚀。

（4）注意安全环境。家用电器一般都应摆放在安全、平稳的地方，千万不要放置在有振动、易撞击的过道处。若放置的地方不安全，一不小心使家用电器遭到剧烈的振动和猛烈的撞击，会使螺丝松动、焊点脱落、电气及机械等零部件移位，甚至会造成家电外壳凹陷开裂、零部件错位、导线断裂等损坏。

三、家电安全使用年限参考如表3－8

表3－8

家电种类	使用年限	家电种类	使用年限
彩色电视机	8～10年	个人电脑	6年
电热水器	8年	电风扇	10年
空调器	8～10年	燃气灶	8年
电熨斗	9年	洗衣机	8年
电子钟	8年	电吹风	4年
电热毯	8年	微波炉	10年
电饭煲	10年	电动剃须刀	4年
电冰箱	12～16年	吸尘器	8年

任务分析

王东学习并掌握了该品牌手机的陈列细则，具体如下：

（一）柜台陈列细则，如图 3－55

1. 柜台内外干净整洁，柜内光线明亮。
2. 柜台内外所有陈列品需保证完好，无破损。
3. 柜台内、柜台上禁止摆放杂乱物品。
4. 柜台内禁止出现其他品牌的任何物料。

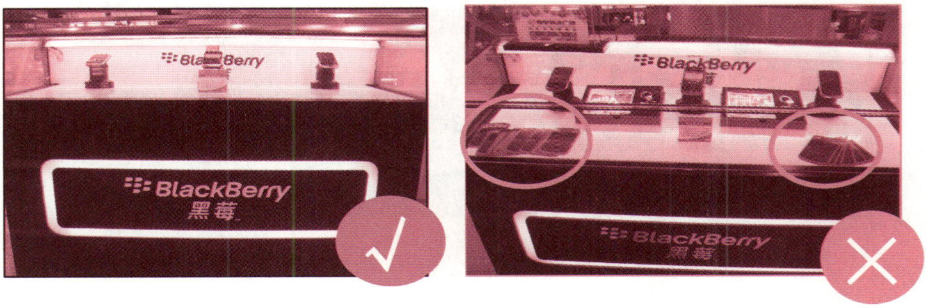

图 3－55

（二）机模陈列细则，如图 3－56

1. 机模需整洁且完好无损。
2. 必须陈列正在销售产品的机模。
3. 不能陈列按键脱落、机壳或屏幕损坏的机模。
4. 在柜台内/上陈列机模时，必须使用 Blackberry 机托，不能将机模直接摆放在柜台内/上。
5. 机模的陈列位置符合当期的产品陈列规范。
6. 机托上必须陈列机模，不能空置。

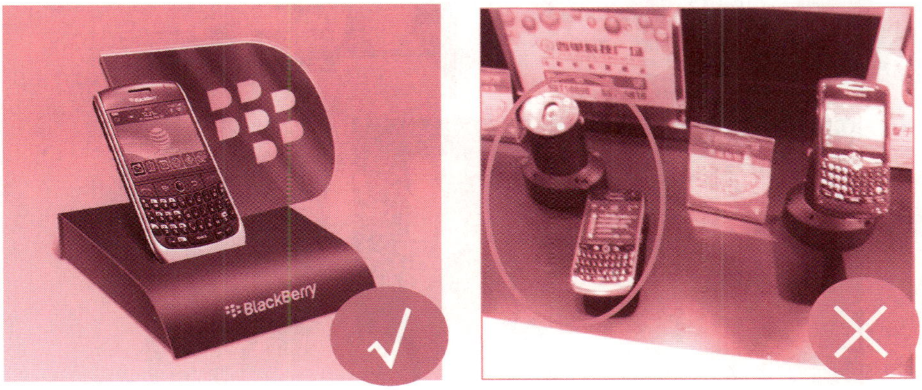

图 3－56

（三）价签陈列细则，如图 3－57

1. 价签完好，信息清晰。
2. 机模和价签对应摆放。
3. 不能出现有机模没价签，或有价签没机模的情况。
4. 同一机型不同颜色的机模可共享一个价签。
5. 价签不能被压在机模下面而且看不清价格。

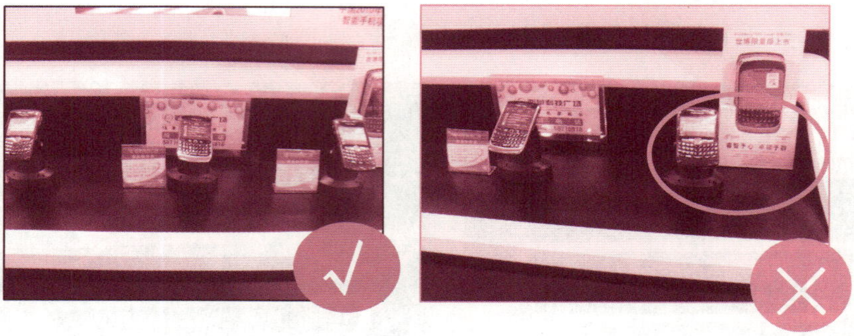

图 3－57

（四）宣传品（折页/折页架）陈列细则，如图 3－58

1. 折页应放在折页架中。
2. 没有折页架，可陈列在柜台上边侧，但应放整齐。
3. 折页不得散乱置于柜台内外或放进柜台内陈列。
4. 折页要及时补充，折页架不能空置。
5. 不得将其他品牌折页放到 Blackberry 折页架内。
6. 自制的 POP 和单页不能陈列在折页架内。

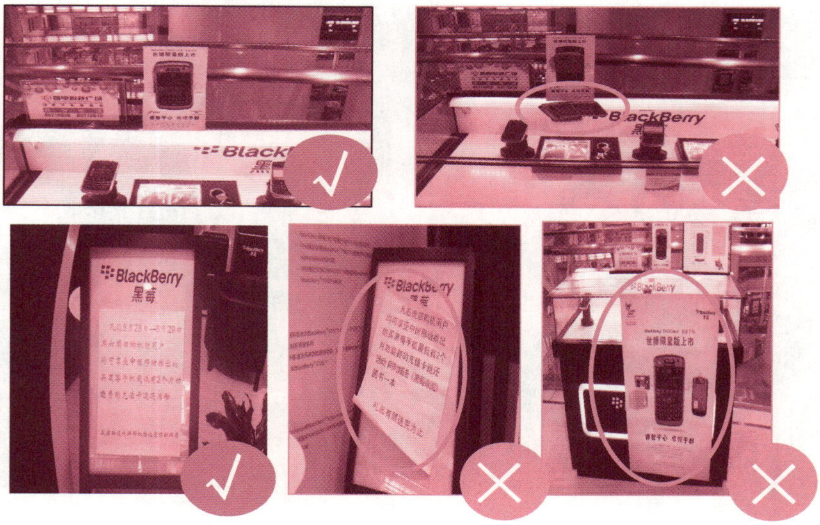

图 3－58

任务实训

1. 训练名称：家电商品的陈列。

2. 训练内容：考查当地知名商场家电类商品的陈列，结合所学的家电商品陈列的原则和方法、技巧进行评价。

3. 训练时间：45 分钟。

4. 考查内容项目标准：如表 3－9。

表 3－9　　考查内容项目表

考查内容	个人考察		卖场评价		感受及收获
1. 冰箱以立升数呈水平陈列？	Yes	No	Yes	No	
2. 洗衣机从双缸到单缸到滚桶以公斤数呈水平陈列？	Yes	No	Yes	No	
3. 微波炉按从标准到带烧烤按立升大小陈列？	Yes	No	Yes	No	
4. 熨斗按从普通到蒸汽陈列？	Yes	No	Yes	No	
5. 饮水机按从台式到立式陈列？	Yes	No	Yes	No	
5. 电视机按从 21 英寸到 25 英寸到 29 英寸到 34 英寸到投影到等离子到液晶呈水平陈列，以价格呈垂直波浪陈列？	Yes	No	Yes	No	

任务 5
陈列食品类商品

俗话说“民以食为天”，足以见得食品在人们生活中的重要位置。食品的销售额也是各大卖场销售额的重要组成部分。如何满足消费者需求，如何引领食品消费也就成为了各大卖场的主要问题之一。卖场的食品陈列是对食品的展示，卖场管理应重视食品陈列，以促进食品销售。

任务学习目标

1. 严格按照食品陈列准则进行陈列。
2. 学会运用货架陈列。
3. 能够按照堆头陈列规范进行堆头食品陈列。

任务描述

经常逛商场的人会发现，商场食品摆放会有很多“潜规则”。

食品摆放“潜规则”一：利润大的商品摆放在与消费者视线持平的地方
食品摆放“潜规则”二：新鲜的食品往后摆，旧的食品往前摆
食品摆放“潜规则”三：随机大量散放的食品，价格较便宜

动动脑？ 同学们，请想一想，食品的摆放为什么会有这样的“潜规则”呢？你在商场里还发现了哪些“潜规则”？（图 3－59）

图 3－59

任务学习

商品陈列有一定的原则及规范，每类商品的陈列原则都有其自身特点。作为超市中的重头戏——食品商品，更是有着自己的陈列原则及规范。

一、食品商品陈列的一般准则

1. 卫生安全准则。食品陈列的场所、设备应当保持清洁，定期清扫，无积尘、无食品残渣，无霉斑、鼠迹、苍蝇、蟑螂，不得存放有毒、有害物品（如：杀鼠剂、杀虫剂、洗涤剂、消毒剂等）及个人生活用品。

2. 先进先出准则。食品类商品对于保质期的要求非常严格，在补充商品时应依照先进先出的原则来进行。补货时把里面的商品先拿出来，检查一下，如果保质期和待上架的一样，且货架和商品都干净，就直接上货，否则，商品拿下来，清洁后，把新商品补充在里面，然后把原来的商品放在外面。尤其是生鲜、冷冻冷藏等保质期较短的食品更要注意先进先出。

3. 标识准则。

（1）商品标识正面要面向顾客，如图 3－60。

（2）商品与价签一一对应，价签信息全面，更新及时准确。

（3）加工打包食品签信息应包括生产日期及保质期。

图 3－60

4. 分类陈列相关联系准则。经营场所内经营的食品种类繁多，进行食品陈列时要按不同类别分类陈列。如大体可分为：饮品、保健品、休闲食品、烟酒类、粮油类等。

但在分类陈列过程中要考虑商品的关联性，要充分体现商品在消费者使用或消费时的连带性。应陈列在通道的两侧，或陈列在同一通道、同一方向、同一侧的不同组货架上，而不应陈列在同一组双面货架的两侧。

二、卖场食品陈列规范

（一）包装食品区商品陈列规范

1. 货架商品陈列规范。货架陈列是食品陈列的主要方式，要取得良好陈列的效果，需按照货架规范进行陈列。

（1）分段陈列，如图 3－61。

A. 上段。货架上好的陈列位置被称为“上段”，一般是指与顾客的视线高度相平的地方，高度在 130～145cm 之间；陈列一些推荐的商品和自有品牌商品，有时也可陈列一些有意培养的商品，这一陈列位置也叫黄金段。在此段成人消费者看到或拿到陈列商品最为容易，商品流转速度也最快，一般陈列高利润商品、自有品牌商品、独家代理或经销的商品。不能用来陈列低毛利或无毛利的商品，否则对商场是一个大的损失。

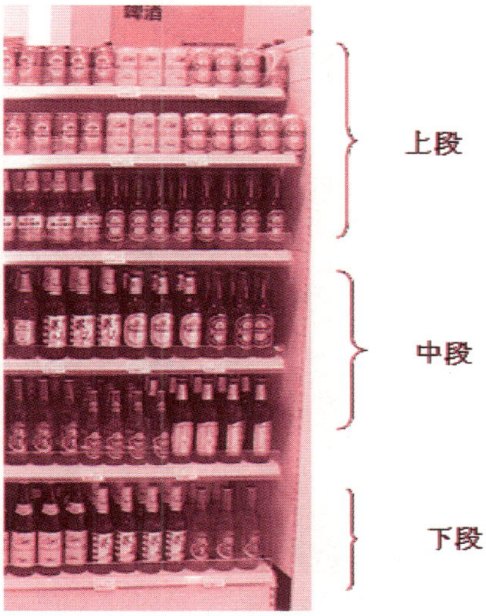

图 3－61

B. 中段。货架次好的陈列位置被称为“中段”，使之与普通消费者腰的高度齐平的地方，高度在 80～90cm 之间，这一段主要用来陈列低利润率的商品，也可陈列一些由于顾客需要而不得不经营的补缺商品。这一段主要用来招徕和吸引顾客，使顾客产生“由此及彼”购买黄金段商品的效果。

C. 下段。货架不好的陈列位置被称为“下段”，是指货架 80～10cm 的位置。下段是商场货架的最底层，这一位置主要陈列体积大、重量较重、易破碎、毛利低，但周转较快的商品，例如瓷罐装的豆腐乳、瓶装酱腌菜等，也可以陈列一些消费者品牌忠诚度高、单位价值较低的商品。

（2）丰满、美观陈列。

A. 前进补缺。一般情况下，商品占据的空间应占所分配的陈列空间的 1/2，前端商品销售后，应及时将后端商品陈列在前端。如出现断货时，可用同类商品中的畅销商品（或陈列位左右邻近的商品）补充缺货位，如图 3－62。

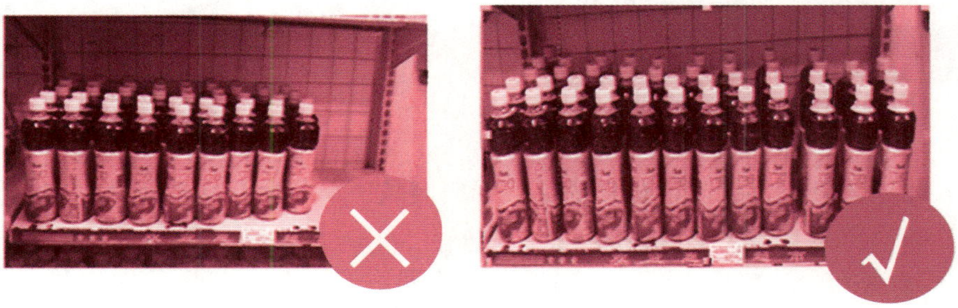

图 3－62

B. 形色搭配。相邻商品之间颜色、形状、大小反差不应过大；纵向陈列的商品上下之间的颜色反差不应过大。一般由暖至冷色过渡（冷暖交替陈列应注意配色的和谐）。

（3）显而易见陈列。

A. 每一种商品不能被其他商品挡住视线。

B. 货架下层不易看清的陈列商品，可以倾斜式陈列。

C. 朝向一致、分界成线：同种商品的各陈列面朝向应一致。相邻两种商品之间的分界线应一目了然，严禁交叉混放；陈列商品的前端及左右的分界处应成直线，如图3－63。

图3－63

（4）垂直陈列。相同品牌的货品，应按类别垂直陈列，使不同品牌商品享受的货架段位的平均利益。垂直陈列时，单品基本面宽度不小于21厘米，如图3－64。

2. 堆头商品陈列规范。堆头陈列是指在卖场的货架两侧、主通道、入口处、收银机旁等人流数量较多的位置摆放产品的方式。其有利于增加商品的出现频率，提高顾客对产品的认知度，从而提高商品的销售量，如图3－65。

图3－64

图3－65

（1）堆头陈列商品要求。促销商品；畅销商品；季节性商品；新品；供应商买断商品。

（2）堆头陈列规范。

A. 堆头陈列商品数量要充足。端架商品陈列后巡视左、右两旁及正面，呈现出丰满的量感，如图3－66。

图 3－66

B. 用商品测量层板的高度再作调整（由下至上），商品不可与层板有缝隙，以顾客拿取商品的方便性为标准，如图 3－67。

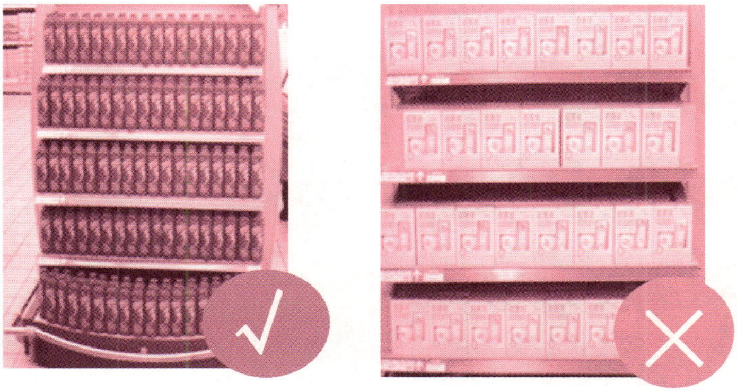

图 3－67

C. 堆头陈列前要先书写 POP，书写要规范。

D. 堆头陈列空排面不能超过 3 分钟以上。

E. 营业高峰期间不能更换堆头陈列商品。

F. 每平方米堆头立体陈列不超过 6 种，平面陈列不超过两种。

码 3－6　蔬果陈列十大原则

（二）生鲜熟食区各种商品的陈列规范

1. 水果蔬菜的陈列规范。

（1）水果蔬菜的所有单品的陈列必须是“侧正面”整齐排列，把其颜色最漂亮的一面统一朝向顾客。蔬菜陈列时，叶菜部分是根部朝下、叶部朝上；果菜部分是头部（根蒂部）朝上、尾部朝下。

（2）商品一纵行梯形陈列，根据商品进货量确定纵行的宽度，如图 3－68。

（3）架陈列面与地面应有 60°以上的角度。

图 3－68

（4）特价促销商品要堆头和大面积陈列，且 POP 等宣传告示与之对应。

（5）对于新商品和特价促销商品等需要向顾客展示其内在品质的商品，应将其切开包装进行展示，同时切成小块给顾客试吃。

（6）高档且易损坏商品需要包装后进行陈列销售，绝大部分陈列于冷藏保鲜柜中，销售量不大的商品，要适当控制陈列面和陈列量。如图 3－69。

图 3－69

（7）要随时注意陈列商品的保养，对坏货要及时撤离货架。

2. 鲜肉的陈列规范。

（1）鲜肉商品以保鲜碟打包形式陈列的，斜侧立陈列于 0℃冷藏柜中销售，如图 3－70；以悬挂方式陈列展示的，要准备手套给顾客挑选时用，并同时可以将边猪悬挂在销售区内展示。

（2）禽类与猪、牛、羊肉之间需用分隔板隔开。

图 3－70

（3）按顾客行走的路线分品类陈列，建议依次为汤配、禽类、牛羊肉、猪肉，最后为腊味。

（4）冻品类，如禽类、翅膀、凤爪及内脏等商品，除了包装陈列外，可散装陈列于冰鲜台上。

3. 鱼的陈列规范。

（1）活鲜鱼的陈列规范。

A. 水池里的水必须保持清澈。

B. 水池里的水必须保持循环、过滤、打氧。

C. 水池里的商品必须保证是活的。

D. 可以使用旋转式价格牌固定在鱼缸上标识价格。

E. 各种活鲜必须按品类特性进行陈列，如：咸淡水鱼分开，四大家鱼与鲈鱼、桂花鱼、河虾等分开，鲈鱼与河虾分开，活鱼与贝壳类分开，贝壳类分咸淡水等等。

（2）冰鲜鱼的陈列规范。

A. 必须按品类进行归类陈列。

B. 价格牌可以插到冰里面，必须与每一种商品进行对应。

C. 要求动感化陈列，鱼体斜侧立于冰面上，腹部藏于冰里面（黄花鱼除外）；细小鱼体则做圆形的花样陈列。

4. 熟食的陈列规范。

（1）每个陈列盘中只能陈列一种商品。

（2）卤水、凉拌菜需要点缀芫荽、青葱等绿色调料。

（3）为了保证卫生，尽量避免使用敞开式的陈列方法。

5. 面包房的陈列要求。

（1）按西式、中式、面包、蛋糕等大类用分隔板隔开，集中陈列。

（2）要求一个商品一纵行梯形陈列，根据商品生产量确定纵行的宽度。

（3）散装食品应该放在较低的陈列位置，且置于有机玻璃的面包罩里。

（4）特价促销商品用促销车或不锈钢层架，结合 POP 宣传告示做陈列销售。

（5）为了保证卫生，不可使用敞开式的陈列方法陈列热卖商品。

知识拓展

一、包装食品陈列具体要求

1. 液体。

碳酸：先依据口味再根据品牌陈列。货架上层陈列听装，下层陈列瓶装。货架最高两层陈列听装，中间一层陈列听装六连包，下层陈列瓶装及家庭装。此陈列是依据商品的规格大小陈列，基于安全因素，大规格应陈列货架底层，同时方便顾客拿取。

果汁：依据口味再根据品牌陈列。果汁陈列重点突出颜色搭配，同口味商品陈列一起在色调上更协调，更能吸引顾客眼球。

牛奶：在陈列时按小分类陈列（依据纯牛奶、花色奶、果奶、其他牛奶、配置奶陈列），在此原则上再按品牌陈列。货架的下库存区陈列整件商品，以 250ML 规格牛奶 3 件为高度（果奶、其他牛奶、配置奶无下库存区）。备注：三角包用斜口笼陈列在配置奶货架下层。

豆奶：豆奶陈列在牛奶区域的配置奶后面。

健康饮料：按功能归类纵向陈列，陈列在茶饮料后面。

龟灵膏：建议陈列在日配课冷柜上。

水：按品牌纵向陈列。小规格陈列在货架的上层，500～600ML 规格陈列在货架的黄金位置。考虑到方便顾客整件购买，下库存区陈列 500～600ML 规格整件商品，以两件水的高度为标准。上库存区陈列 250～350ML 规格整件商品。由于目前部分小分类厂家功能单一，暂未达到按小分类陈列的标准。

茶饮料：按口味陈列（依据绿茶、红茶、花茶、凉茶陈列）。货架上两层陈列利乐包依次为 350ML 瓶装、500ML 瓶装、家庭装。

罐头饮料：依据规格大小陈列，上层陈列小规格下层陈列大规格。

2. 保健品。就目前而言，为突出厂家的品牌性，保健品陈列将依据品牌陈列。

奶粉：先按年龄段再按品牌来陈列，依次为婴儿奶粉、儿童奶粉、学生奶粉、成人奶粉、老年奶粉。听装陈列在货架的上三层，下面陈列袋装奶粉。

茶叶：根据包装分礼盒和普通包装陈列。其中普通包装依据功能分类陈列，依次为绿茶、花茶、乌龙茶、红茶纵向陈列。依据消费习惯礼盒茶叶靠近保健品陈列。

方便冲调类：依据小分类陈列（分：燕麦片、麦片、豆奶粉、方便粥类、糊类、核桃粉、咖啡、果珍等陈列次序可依据各卖场情况来进行陈列）。礼盒根据季节变化调整陈列，旺季与包装分开陈列、淡季陈列在货架的最下层。

蜂蜜：依据方便冲调陈列模式陈列。

儿童食品：跟儿童奶粉相关联陈列，依据品牌陈列。

3. 休闲食品。

甜味饼干：依据小分类、规格、形状来做陈列。

咸味饼干：依据品牌做陈列。

家庭装饼干：依据商品包装来陈列。

点心：依据小分类进行纵向陈列。依次为沙琪玛、派、蛋糕、酥类、蛋卷、煎饼、小糕点等。

硬糖、软糖：先按包装再依据口味来陈列。陈列道具建议采用挂钩。

香口胶：先按包装再依据品牌来陈列。袋装香口胶建议采用挂钩陈列，瓶装香口胶用层板陈列。

巧克力：按品牌陈列。排块装建议采用专用陈列道具。

肉干：先按小分类再按厂家陈列。依次为牛肉干、牛肉粒、卤味肉干、猪肉干、肉松、鱼干类。陈列道具建议采用挂钩。

熟食：依据消费者的消费习惯建议以品牌进行纵向陈列。陈列道具建议用挂钩。

蜜饯：依据小分类再按包装来陈列。袋装和瓶装分开陈列，依次为梅子、姜、蜜枣、酸枣糕、地瓜干、山楂、葡萄干、橄榄/芒果等。建议袋装蜜饯采用挂钩陈列，瓶装蜜饯采用层板陈列。

核果：依据小分类再按包装来陈列。袋装和瓶装分开陈列。分类陈列依次为瓜子、花生、开心果、松子、杏仁、豆类、核仁等。袋装核果类商品建议采用网层板陈列，瓶装核果类商品采用层板陈列。

果冻布丁：依据包装再按品牌陈列。最下层陈列大袋装，上面以杯装、软包装（吸吸冻）纵向陈列为主。

膨化食品：依据品牌、包装来陈列。听装与袋装分开陈列。袋装陈列建议采用网层板，瓶装陈列采用普通层板。

4. 烟酒类。

白酒：按小分类再依据品牌陈列。小分类为简装白酒、礼盒装白酒。礼盒装白酒依据品牌进行陈列，简装白酒依据规格进行陈列，货架上层陈列小规格白酒，下层陈列桶装白酒。

葡萄酒：根据消费者的消费习惯按品牌进行陈列。

保健酒：按品牌再依据规格陈列。

啤酒：按品牌纵向陈列。货架上层陈列听装，下面陈列瓶装。

洋酒：考虑到洋酒的单价较高与顾客惯有的消费习惯建议陈列在烟柜。

5. 粮油类。

面粉：建议采用斜口笼陈列。

面条：依据包装再按品牌陈列。袋装与桶装分开陈列。陈列道具建议陈列层板。

面食：依据包装再按品牌陈列。袋装、五包入、容器面分开陈列。袋装和五包入建议采用网层板陈列，容器面采用层板陈列。

6. 其他。按品牌再按规格陈列。货架上层陈列小规格下层陈列大规格。

由于油类品牌效应较强，建议按品牌区分陈列。货架上层陈列小规格，大规格居中下陈列。

米应与油陈列在一起，米最好陈列在木制的货架上，单品不宜过多，按规格品牌陈列即可。针对高档米建议用货架陈列。

调味品应与罐头食品类陈列在一起，按包装的形状及小分类区分陈列。袋装与瓶装分开陈列。袋装调味品用斜口铁笼陈列外，其余都用层板陈列。

袋装调味品依据分类、品牌采用纵向陈列。袋装调味粉建议采用专用陈列道具，其他可采用斜口笼陈列。

南北干货：按小分类再按品牌纵向陈列，采用层板陈列。

任务分析

通过学习，我们知道了商场食品摆放的这些“潜规则”是非常有道理的。

“‘潜规则’一：利润大的商品摆放在与消费者视线持平的地方”是按货架陈列中的分段陈列规范进行的陈列。

“‘潜规则’二：新鲜的食品往后摆，旧的食品往前摆”是食品陈列基本准则的先进先出原则。

“‘潜规则’三：随机大量散放的食品，价格较便宜”堆头陈列进行陈列，而这种适用于特价促销商品的陈列。

任务实训

1. 训练名称：食品陈列。
2. 训练内容：超市食品陈列。
3. 训练时间：30 分钟。

4. 训练场地及设施：实训超市货架、笼车各种食品等。
5. 评分标准：如表3－10所示。

表3－10　商品陈列质量结果评价表

评价内容	小组自评		小组互评		教师评价	
1. 陈列的食品是否干净整洁？	Yes	No	Yes	No	Yes	No
2. 陈列设备是否干净？	Yes	No	Yes	No	Yes	No
3. 商品陈列是否做到先进先出？	Yes	No	Yes	No	Yes	No
4. 货架陈列是否符合陈列规范？	Yes	No	Yes	No	Yes	No
5. 堆头陈列是否符合陈列规范？	Yes	No	Yes	No	Yes	No
成绩						

任务6
陈列百货类商品

在各种类型的卖场中，除了服装、鞋品、食品、家电外，还有种类繁多的商品，如化妆品、家纺、厨具、文化用品、箱包等，这些商品的陈列我们统称为百货商品陈列。百货商品陈列或简单、或复杂、或规律、或唯美，但万变不离其宗的是其最终目的——销售。

任务学习目标

1. 严格按照陈列原则进行陈列。
2. 学会运用陈列方法。
3. 能够运用陈列技巧进行陈列。

任务描述

宜家家居，一家来自瑞典的家具及家居用品零售商，在全世界39个国家和地区拥有253家商场，127800名员工。作为一个成长速度惊人的家具（居）行业成功典范，其布局陈列方式不仅获得了许多顾客的认可，更是宜家跨越不同消费习惯和消费文化环境获得成功的“秘密武器”。宜家拥有自己的设计团队，流水线产品在他们的陈列之下组成了一个个具有购买诱惑力的样板间。它们的魔力在于，消费者买了宜家的沙发之后，就中了毒一样每季关注产品手册上推陈出新的沙发套；或者为了省事，干脆照搬一个样板间回家。但是那些买回去的基本款单品，比如一个衣柜——你会不会觉得没有陈列的时候那么炫？

动动脑？ 同学们，请看图想一想，宜家家居的商品单独出现为什么会没在店中那么炫？

任务学习

科学与专业的商品陈列，可以赋予商品生命与活力，帮助经营者塑造良好的商店形象，增强商店的竞争力和吸引力，刺激顾客的购买欲望，方便并诱导消费者选购到满意的商品，从而达到满足消费需求、扩大商品销售、提高经济效益的目的。

一、百货商品陈列的一般原则

商品陈列形式多种多样，不同的商品陈列形式更是千差万别，但无论什么商品，在陈列过程中都要遵循以下原则：

1. 科学性原则。科学性是指在商品陈列时要使类别的整体布局合理化、科学化。

（1）陈列的时候要把关联性强的商品陈列在一起。如服装和布匹、鞋和帽、脸盆和口杯等，以方便顾客选购。

（2）陈列的时候要把互相排斥的商品分开陈列。如化妆品和食品，酸性商品和碱性商品等，若陈列在一起可能会发生反应影响商品的质量。

（3）根据商品的形状、体积、特性选择适当的陈列方法及陈列位置。如贵重的商品放在陈列柜内。

（4）能定量定位的商品，都要尽量定量定位陈列。做到随售随补，保持陈列的形状，以便于营业员拿放、盘点和商场的管理，方便顾客选购。

2. 典型性原则。典型性是指在商品陈列时要选择具有代表性的、典型的商品陈列。商店里经营的商品成千上万种，受柜台橱窗的限制不可能所有的商品件件都和顾客见面，这就要求把那些能反映商品和柜组经营特点的商品陈列出来，使顾客一眼就能看出这个柜组重点销售的商品。

3. 系统性原则。系统性是指在商品陈列时将商品按照一定的顺序、类别进行陈列。因为商店里经营的商品种类繁多、复杂，在陈列商品时必须按一定的顺序井井有条地进行排列，切忌杂乱无章。

4. 季节性原则。季节性是指在商品陈列时将应季商品和过季商品按照不同的购买需求进行陈列。凡是应季商品应尽量摆放在醒目的位置上，多占用一些面积，通过吊、挂、摆等各种形式，吸引顾客注意，从而扩大销售。而对于那些过季或淡季的商品，则要适当压缩所占用面积。

5. 艺术性原则。艺术性是指根据不同的商品采用不同的陈列方法，充分展示商品的美感、质感，力求把营业场所布置得层次分明，重点突出，色彩协调，琳琅满目。为增加陈列的艺术性也需考虑色彩的搭配、文字的配合、灯光的运用。

码 3－7　极具创意的陈列展示空间设计

二、百货商品陈列方法与技巧

商品陈列有两种性质：一是供人浏览的陈列；二是让人产生购买欲望的陈列。这种划分方法是根据顾客的心理变化过程而设置的。顾客购买商品的心理变化过程如下：注视——→感兴趣——→联想——→产生欲望——→比较权衡——→信任——→决定行动——→满足。这一系列的心理变化过程中有两个阶段是非常重要的，一是“感兴趣”，这直接关系到顾客是否进店，是否接触商品；另一个是“比较权衡”，此阶段顾客可通过对同类商品的比较决定是否购买。在进行百货商品陈列时，通过不同的陈列方法及其组合吸引消费者使其“感兴趣”，通过陈列的技巧使消费者进行“比较权衡”进而实现销售。

（一）百货的陈列方法

1. 线状陈列法。以货架、柜台各层的展览空间为基础，将商品排列成一条平行线。可采用垂直、竖立、平卧、倾斜、平等的排列形式，视商品形状和摆放货位空间的大小，将商品有顺序地排成直线。这种陈列方法能统一、直观、真实、整齐地表现出展品的丰富内容，使顾客一目了然，具有强烈的感染力如图 3－71（1）所示。

2. 层叠堆积陈列。堆叠是将商品逐个叠积起来，使其高度增加、体积增大，从而突出陈列品的形象。堆叠的具体方法有三种：一是直接堆叠，如瓷碗可运用重心平衡理论，向上一层一层地堆叠成一定的形状，如图 3－71（2）；二是组合堆叠，盒装、听装的商品可采取由底层向上逐层递减的方式，堆成“山”字形或其他形状，如图 3－71（3）；三是衬垫堆叠，如底大口小的商品可在堆叠的每一层加放一块玻璃垫板，将陈列商品堆叠成所设想的形状。

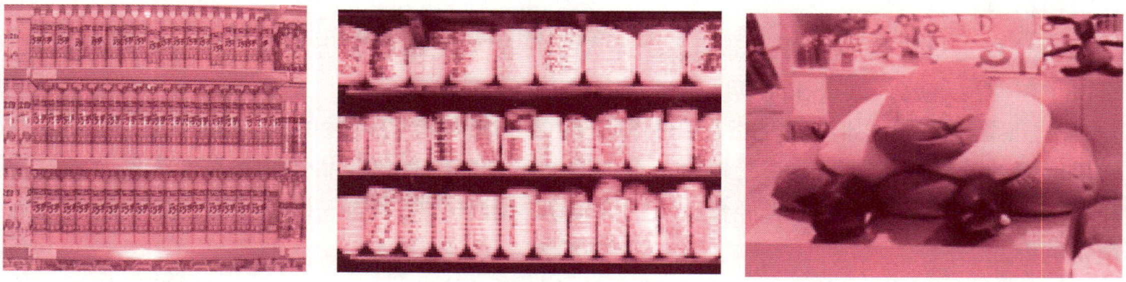

(1) (2) (3)

图 3－71

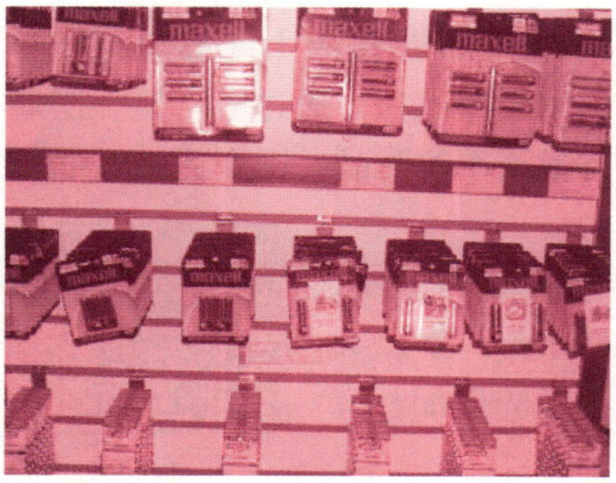

图 3－72

3. 挂式陈列。将小商品用挂钩吊挂起来的陈列方法，多于立柱或 N 架处陈列日用或食品的小商品。如图 3－72。在悬挂时应注意上下左右之间的距离，以不影响货架陈列商品的视线为宜。橱窗和样品橱的悬挂陈列也是一种主要的陈列方法。如，纺织品可悬挂在橱顶上的一个或几个悬挂点上，使其自然呈现飘逸感，若要显示挺括感，则可进行折线处理后在其尾端用钉子固定。也可悬挂一张网，将陈列样品、装饰品、POP 及一些刚性的中小件商品布置在网上。

4. 钉折法陈列。将柔性商品折成某种平面的图形，然后用大头针固定在色板或配有画面的色板上的陈列方式，如图 3－73。

5. 阶梯式陈列。将小型的商品摆在前面，大型商品摆在后面；将较便宜的商品摆在前面，较贵的商品摆在后面；将暗色系的商品摆在前面，明亮色系的商品摆在后面；季节性商品、流行商品及新商品摆在前面，一般商品摆在后面。这种陈列方法的层次感非常强。

6. 配套陈列法。将关联商品组合成一体的系列化陈列。如将成套家具加上布艺品、家用电器、小摆设、装饰画、插花等，组合在同一个展览空间内，提高顾客的想象力，如图 3－74 宜家家居的商品陈列。

7. 其他陈列。如充分利用道具进行陈列、把各种商品进行组合陈列展示、扇形陈列等形式，如图 3－75。

图 3－73

图 3－74

图 3－75

（二）百货陈列技巧

1. 按种类分类陈列技巧。大多数商超在进行推销陈列时，都是按照商品的种类分类的。如卖手提包的专柜可将商品分成男用公事包、女用时装包、皮夹、购物袋等几个部分，如图 3－76。

图 3－76

2. 按材料分类陈列技巧。这种分类方式在器皿类柜组比较常用，如将碗杯分成陶器、瓷器、漆器、银器、塑料制品等。虽然器皿商品几乎都按材料分类，但顾客在购买时却往往不受这种陈列方式的影响，这是因为大多数顾客在购买这类商品时都是在计划范围内选购，材料只不过是一个参考因素，主要还要看价格和实用程度，如图 3－77。

图 3－77

3. 按用途分类技巧。按用途分类最显著的例子就是家庭用品类，如厨房用具、客厅摆饰、浴室用品、卧室用具、家用电器等。有些商超甚至还对大分类进一步细分，如厨房用具又分为洗涤用品、煮炖用品、刀切用品等。这种分类陈列的方式对顾客来说非常方便，因为他们购买商品是为了获得某一用途的商品以满足某一需要，而能满足此需要的商品有很多。比如，照明用具都可以满足顾客照明的需要，而照明用具又分为日光灯、白炽灯、台灯、吊灯、新型节能灯，如果商超能按这些照明灯具的用途分类，再将其集中在一起介绍给顾客，就能促使顾客较快地做出购买决定。

4. 按对象分类技巧。这是根据不同顾客的需要而进行的分类。如服装柜组按对象可将服装分为老年服装、中年服装、青年服装、儿童服装；玩具柜组可把玩具分成幼儿玩具、学龄儿童玩具。

5. 按价格分类技巧。这种按价格分类的方式多用在礼品及廉价商品上。因为顾客在购买礼物送人时，事先都会有个预算，如果商超将礼品按不同的价格档次依序陈列，就会极大地方便顾客的比较选择。

码 3－8　家乐福的商品陈列

知识拓展

药品陈列是药品分类管理要求的主要体现，规范合理的摆放有利于零售药店加强处方药与非处方药的分类管理，减少因放置混乱而错拿药品等事件的发生。药店摆放药品应遵循以下七条原则。

1. 特殊药品特殊管理原则

有二类精神药品经营资格的药店，应设立专柜存放精神药品，不能与其他药品混同摆放，不要放在特别醒目的位置，并做到专人管理、专册登记，以保证存放安全。

2. 药品与非药品分开原则

非药品应在药柜之外摆放，不应与药品混放，更不能摆在药品的中间。有经营避孕药具等家庭常用医疗器械资格的药店，应设置医疗器械专柜。

3. 处方药集中陈列原则

鉴于目前处方药属于“双轨制”管理阶段，对必须持处方购买的药品应集中摆放，并制作明显标识，以提示消费者购买时出示处方。

4. 外用、易串味药单放原则

为防止药品成分相互影响，应将外用和易串味药品单独摆放，并相对分开。

5. 按用途分类原则

为方便消费者选购和经营者取药，药店应按用途分类摆放药品，如内科用药、伤科用药等。

6. 按功能放置原则

在分类摆放的基础上，药店要再按功能分类放置药品，如内科用药可分为呼吸内科用药、消化内科药、神经内科用药、心血管内科用药等。

7. 非处方药突出原则

在以上原则下，药店在摆放药品时，要把非处方药摆在最醒目的位置，并尽可能地突出乙类处方药，以方便消费者选择购买，提高消费者的自我保健、自我药疗能力。

任务分析

通过学习，我们知道商品陈列是在一定的原则指导下运用陈列方法及技巧完成的，目的是展示商品促进销售。宜家家居拥有专业的设计团队，流水线产品在他们的陈列之下组成了一个个具有购买诱惑力的样板间，将样板间内商品的最适合状态展示出来。所以才会出现当消费者购买单一商品后，会有些“失落”。

宜家家居的陈列符合科学性、典型性、系统性、艺术性的陈列原则，运用多种陈列方法及技巧进行商品陈列，吸引消费者，完成销售。

任务实训

1. 训练名称：商品陈列设计。
2. 训练内容：设计商品陈列方案，根据商品陈列的原则和方法进行布局。
3. 训练时间：30 分钟。
4. 训练场地及设施：供陈列用的场地、货架、各种商品、装饰物等设备。
5. 评分标准：如表 3－11 所示。

表 3－11 商品陈列质量结果评价表

评价内容	小组自评		小组互评		教师评价	
1. 关联性强的商品是否陈列在一起	Yes	No	Yes	No	Yes	No
2. 互相排斥的商品是否分开陈列	Yes	No	Yes	No	Yes	No
3. 陈列有序，井井有条	Yes	No	Yes	No	Yes	No
4. 应季、主打商品摆放在醒目的位置	Yes	No	Yes	No	Yes	No
5. 陈列方法选择是否恰当	Yes	No	Yes	No	Yes	No
成绩						

思考与实训

一、选择题

1. 在货架的黄金段位置，应该陈列（　　），以加强销售效果。
A. 低毛利商品　　B. 平销商品
C. 自有品牌商品　　D. 淡季商品

2. 在货架的中段位置所陈列的商品主要发挥（　　）的作用。
A. 加快商品周转　　B. 招徕顾客
C. 增加销售量　　D. 增大销售收益

3. 货架下段位置适合陈列（　　）的商品。
A. 体积较大　　B. 体积较小
C. 周转慢　　D. 毛利高

4. 鞋类商品常用的陈列技巧包括（　　）。
A. 醒目突出陈列　　B. 丰富充实陈列
C. 艺术美感陈列　　D. 真实客观陈列

5. 卖场服装陈列的方法有（　　）。
A. 橱窗陈列　　B. 展台陈列
C. 墙面陈列　　D. 中岛陈列

6. 家电商品的陈列技巧（　　）。
A. 丰富丰满　　B. 展示商品美
C. 一目了然　　D. 容易挑选

7. 卖场货架商品陈列规范（　　）。
A. 分段陈列　　B. 丰满美观
C. 显而易见　　D. 垂直陈列

8. 商品要尽量（　　）陈列，做到随售随补，保持陈列的形状，时刻维护货架的整齐。以便于营业员拿放、盘点和商场的管理，方便顾客选购。

A. 定量定位　　B. 最大化

C. 在醒目位置　　D. 分段

二、判断题

1. 化工原料中的酸性商品和碱性商品要分开陈列。（　　）

2. 过季商品要尽量摆放在醒目位置，以加强促销。（　　）

3. 淡季商品要多占用一些陈列面积，以加强促销。（　　）

4. 以行业习惯，在尺码齐全的情况下，女鞋出样为36/37码，男鞋出样为40/41码，有助于商品美感表达；如果尺码不全，坚持较大尺码出样原则。（　　）

5. 单组展架陈列应同一类型或同一风格或同一元素的鞋子；男鞋、女鞋可以混放于同一主货架或展示架上。（　　）

6. 侧挂陈列以颜色的明暗程度变化和款式层次变化来吸引顾客注意。（　　）

7. 生动化陈列是指产品在展台、POP等陈列辅助物料的装饰下巧妙摆放，从而充分显示出产品的形象、功能与卖点等特点。（　　）

8. 采用关联陈列，就是把相同原材料的商品摆放在一起。（　　）

三、辨析选择题

在商场中经常会看到照相机旁边放置胶卷，香皂旁边陈列皂盒，剃须刀架旁摆放剃须泡沫，牙膏旁边放置牙刷等，这样的陈列方法通常叫作（　　）。

A. 系统性陈列　　B. 艺术性陈列

C. 关联性陈列　　D. 比较挑选陈列

四、案例分析题

一名中职学生在实习期间由于疏忽，把每天清晨只需3瓶酸奶的订货单多打了一个零，变成30瓶，按规定损失由实习生承担。怎样才能把酸奶卖出去呢？实习生冥思苦想，把装酸奶的冷饮柜移到盒饭销售柜旁，又制作了一个POP，写上“酸奶有助于健康”。第二天早晨，30瓶酸奶不仅销售一空，而且出现了断货现象，戏剧性的实践带来了新的销售增长点。

根据案例分析实习生成功的原因是什么？

项目四 4 接待服务

接待，是一定的社会组织对来访者所进行的迎接、接洽和招待活动，是社会组织间人员相互交往的方式。而在社会消费活动中，为消费者的消费行为提供协助和便利而进行的工作，就叫接待服务。营业员的接待服务是决定商店经营好坏的重要因素。

码4－1　从“鱼肉”到“上帝”

案例导入

善接待，促销售

一个乡下来的年轻人去应聘城里“世界最大”的“应有尽有”百货公司的销售员。老板问他：“你以前做过销售员吗？”他回答说：“我以前是村里挨家挨户推销的小贩子。”老板喜欢他的机灵：“你明天可以来上班了。”

一天的时间对这个乡下来的穷小子来说太长了，而且还有些难熬。但是年轻人还是熬到了5点，差不多该下班了。

老板来了，问他说：“你今天做了几单买卖？”

“一单。”年轻人回答说。

“只有一单？”老板很吃惊地说：“我们这儿的销售员一天基本上可以完成20～30单生意呢。你卖了多少钱？”

“30万美元，”年轻人回答道。

“你怎么卖到那么多钱的？”目瞪口呆、半晌才回过神来的老板问道。

“是这样的，”乡下来的年轻人说，“一个男士进来买东西，我先卖给他一个小号的鱼钩，然后是中号的鱼钩，最后大号的鱼钩。接着，我卖给他小号的鱼线，中号的鱼线，最后是大号的鱼线。我问他上哪儿钓鱼，他说海边。我建议他买条船，所以我带他到卖船的专柜，卖给他长20英尺有两个发动机的纵帆船。然后他说他的大众牌汽车可能拖不动这么大的船。我于是带他去汽车销售区，卖给他一辆丰田新款豪华型‘巡洋舰’。”

老板后退两步，几乎难以置信地惊叹：“一个顾客仅仅来买个鱼钩，你就能卖给他这么多东西!?”

这个案例生动地告诉我们：顾客的潜在需求是一个很大的市场，只要销售人员能够像故事中的年轻人那样，做好接待服务，循循善诱、努力开发，帮助顾客发掘内心深处的需求、不断在顾客心中建立新的目标，可以达到事半功倍、意想不到的效果。

任务1
接待儿童顾客

儿童不只是成人世界的附庸，他们也是真正的消费者，而且他们比其他任何细分市场都可能有更大的市场潜力。儿童消费市场规模极其巨大，中国儿童市场年消费额达几千亿元人民币。同时，儿童对家庭消费影响力接近60%，而且越来越大。只有让更多的孩子和家庭满意，企业才会获得更多的利润。

任务学习目标

1. 了解儿童顾客消费心理特征，概括出接待儿童顾客的一般准则。
2. 能够使用技巧进行系统的接待方案设计。

任务描述

与青年、中年、老年顾客相比较，儿童顾客是一个特殊的消费群体。儿童作为一个消费群体的存在方式是很特殊的，即其没有经济收入，所有消费都依赖长辈，是名副其实的“完全消费者”。虽然儿童在消费上处处受制于父母等长辈，但儿童却是一个生机勃勃、有着巨大潜力的消费群体。儿童在现代家庭的消费结构中有着举足轻重的地位。研究儿童的消费心理特点，可以帮助企业更好地进行儿童用品的设计、生产，实行广告、文化、情感等营销策略，以更好地满足儿童消费者的需要。

动动脑? 同学们，说说看针对儿童顾客的接待服务应从哪些方面着手会事半功倍呢?

任务学习

一、儿童顾客的消费群体特点

少年儿童群体是指年龄 0～14 周岁的人群。近年来，“二孩”政策的放开，我国少年儿童占总人口的比例呈逐渐上升的趋势，这一群体在消费总支出中的比重不断升。究其原因，主要是儿童顾客已成为大多数家庭的主要开支负担。

1. 从市场规模上看。儿童顾客是个规模不断扩大的市场。随着人们生活水平的逐步提高，加上人们普遍对孩子存在“不亏待”的心理，使得儿童顾客的市场规模逐年扩大。

2. 从购买力上看。儿童顾客普遍没有也不具备自主取得收入的能力，其收入来源多依赖于父母及其他长辈，而且在购买消费品方面缺乏自主权，多服从于父母的决策，因此，购买力受到很大的制约。

3. 从购买欲望上看。由于儿童在心智发育上并不完善，所以对金钱没什么概念，而且不在乎所买消费品的实用性，更多的是出于一种好奇、从众的心理，因此儿童在有资金支持的情况下购买欲望会很强烈。

4. 从购买习惯上看。由于少年儿童的购买能力还没有完全独立，在购买商品时，往往缺少自己的主见，因此，他们表现出很大的依赖性，而且年龄越小，依赖性越大。他们只知道要这样购买商品，而不考虑为什么要如此购买。绝大多数儿童会在老师或父母的建议下购买学习或生活用品。

5. 从消费活动的地位上看。儿童处于家庭组织中的最底层，对消费活动没有话语权和自主权，大多数情况下必须服从于父母或者老师的决策，在消费活动中处于被动地位。

二、儿童顾客的消费心理

儿童顾客的消费心理特征主要表现在以下几个方面：

1. 购买表现出直观性。一般来说，儿童认识事物都是由直观因素引起，在消费活动中对商品服务的兴趣主要来自外观因素的影响，容易被商品的外观、色彩、造型以及声响等吸引。这一特点在低龄儿童中尤为突出。

2. 具有很强的模仿性和从众性。一般而言，儿童的自我意识水平较低，对自己的心理活动、行为的认识与调节能力都处于低级水平，他们对自己、他人以及外界事物的认识往往以别人的行为、思想作为指导，本身缺乏独立的判断分析能力，因此在消费心理上表现出很大的模仿性、从众性。

3. 极易受情绪波动的影响。本身儿童的情绪就极其不稳定，加上缺乏主见，容易受他人影响，所以儿童的消费活动很容易因为情绪的突然变化而受到影响，很容易因为自身不稳定的情绪而对某一商品的评价、兴趣、购买欲望产生变化。

4. 选择商品的模糊性。由于儿童顾客群体的认知水平有限，缺乏消费购物经验，加之他们在公共场合表现比较胆怯，自尊心强，因此儿童在购买活动中常常反映出左顾右盼、犹豫不决、捉摸不定的心理。

5. 求新、求奇、求知、好玩。随着年龄的增大，儿童群体所表现出来的自我意识越来越强，消费心理也会逐步带有“社会性”，其购买行为受求新、求奇、求知、好玩等情感因素的支配越来越强，而相应的生理性需要则逐步减弱。

三、儿童顾客的接待技巧

1. 要抓住重点，家长是关键。俗话说：“擒贼先擒王”。儿童顾客是在消费活动中最缺乏自主权和决策权的群体，他们的消费活动大多是和父母结伴进行的，在消费中处于从属地位。因此，接待好儿童顾客的父母及家人是针对儿童顾客消费活动能够顺利进行的关键。

2. 要花多心思在外观宣传上。前面已经说到，儿童顾客的消费心理特点具有直观性，产品或服务的外在性特点更能成为吸引他们完成消费活动的因素，因此不必担心内涵的不足，因为他们并不关心这些。

3. 多运用文化手段。儿童相对于成人较为缺乏对个性差异化的追求，更多的是模仿。但他们跟其他人群一样都喜欢新鲜感，因此可以采用趣味游戏、文艺表演、文体竞赛、讲故事等文化手段来吸引儿童顾客的眼球，而且更能取得家长们的支持。

四、如何判断儿童顾客的购买意图

1. 消费活动由儿童顾客单独进行时。一般来说，儿童顾客都会把最真挚的情感反映在表面，而且他们购买的目的性很强，只是他们对品牌及种类不甚了解，因而产生踌躇心理。所以对于儿童顾客单独进行的购买活动，其购买意图是明确的，但他们会因缺乏有效的参考而无所适从。

2. 消费活动由儿童顾客及其家长共同进行时。前面已经说到，儿童顾客的消费活动大多由家长结伴而行，当出现这种情况时，家长在整个购买活动是起决定性作用的，因此必须对儿童顾客的家长特别是父母察言观色，通过听取其家长的意见以及观察家长神情的变化来确定是否有购买意图。

五、了解顾客意图后接待顾客的方法

1. 目的明确的顾客。点名要购买某种商品。这类顾客是有目的而来的，售货员应第一时间接待他们，并应尽快地把商品包装好送给顾客。如有连带购买的情况，则要尽快向顾客推荐出合适的产品。

2. 观望的顾客。儿童顾客在购买活动中时常犹豫不决，对于这类顾客，售货员不必急于打招呼，等待适当时机再说。

3. 希望和售货员商量后购买的顾客。这类顾客进商店后会四处张望，好像要找售货员打听什么似的，这时售货员要主动打招呼。

知识拓展

什么是市场细分?

市场细分的概念是美国市场学家温德尔·史密斯（Wendell R. Smith）于1956年提出来的。自从“二战”后，商品市场逐渐从卖方市场转为买方市场，因此企业必须改变旧的营销思想和营销战略，市场细分概念应运而生。一般来说，市场细分的类型有两种：

1. 完全市场细分

所谓完全细分就是将市场中的每一位消费者都单独构成一独立的子市场，企业根据每位消费者的不同需求为其生产不同的产品，如今天很热门的“订制营销”。由于这种做法成本对于企业而言极高，因此只有一些小规模的、消费者数量极少的市场才能进行完全细分，如飞机制造业。

2. 无市场细分

假设市场中的每一位消费者的需求都是完全相同的，或者是企业有意忽略消费者彼此之间需求的差异性，而不对市场进行细分，这就是无市场细分。

就消费者市场而言，细分变量，归纳起来主要有地理环境因素、人口统计因素、消费心理因素、消费行为因素、消费受益因素等。就有了地理细分、人口细分、心理细分、行为细分、受益细分这五种市场细分的基本形式。

任务分析

儿童的购买行为受求新、求奇、求知、好玩等情感因素的支配，接待儿童顾客时，能够引起儿童的好奇心，销售就成功了一半。其次，还要从儿童的家长入手，介绍产品或服务的安全性、益智性等特点，让家长对儿童产品或服务放心，接待好儿童顾客的家长是针对儿童顾客消费活动能够顺利进行的关键。此外，接待人员还要耐心对待儿童及其家长，耐心介绍产品或服务。

任务实训

1. 训练名称：儿童顾客接待服务方案设计。
2. 训练内容：选择一个行业或商业活动进行设计接待服务方案，根据儿童顾客的消费特点以及相应可使用的技巧进行设计。
3. 训练时间：30分钟。
4. 训练场地及设施：供小组讨论用的场地（教室）、桌椅、纸张、笔。
5. 评分标准：如表4－1所示。

表 4－1　商品陈列质量结果评价表

评价内容	小组自评		小组互评		教师评价	
1. 儿童顾客的消费特点是否在其中有所体现？	Yes	No	Yes	No	Yes	No
2. 设计方案是否符合规范？	Yes	No	Yes	No	Yes	No
3. 是否运用一定的技巧？	Yes	No	Yes	No	Yes	No
4. 方案是否详细？	Yes	No	Yes	No	Yes	No
5. 是否有较多的错漏？	Yes	No	Yes	No	Yes	No
成绩						

任务 2
接待青年顾客

近年来，青年一族显示出了极强的购买力，青年顾客已成为对市场具有巨大影响力的群体之一。因此，企业如何能够受青年顾客的青睐，成为市场上制胜的法宝之一。作为青年一族的学生，而且又是读商科专业的学生，掌握青年顾客的各种消费心理就显得尤为重要。

任务学习目标

1. 了解青年顾客消费心理特征，概括出接待青年顾客的一般准则。
2. 能够使用技巧进行系统的接待方案设计。

任务描述

青年顾客是我们市场消费群体中的主流，他们具有强烈的生活美感，对商品的价格表现得比较淡漠，往往是一味地追求品牌、时尚、新颖、流行，消费具有明显的冲动性，易受外部因素影响，易受广告宣传的影响，也是二次消费最多的群体。

动动脑？ 同学们，说说看，青年顾客的消费特征是什么？又要如何去接待他们？

任务学习

一、青年顾客的消费群体特点

青年人就是指由少年向中年过渡时期的人群。随着时代的变化和发展，人类的需求也越来越大，追求的东西也越来越多。以前的经济现状已经不能满足现代人的需求了。所以，随着经济的飞速发展，人类的消费观念、消费心理也变了，特别是青少年的消费观念以及消费心理变化最大。他们跟随着时代的脚步、时代的潮流走。

1. 从市场规模上看。青年顾客人数众多，是一支庞大的消费力量，所以青年顾客拥有相当大的市场规模。

2. 从购买潜力上看。青年顾客具有很强的购买潜力。青年顾客作为有较强自主意识的消费者，已拥有独立购买商品的能力。尤其是参加工作以后、拥有工作收入的青年顾客，由于负担大大减轻，独立性更强，购买力也有了很大的提高。因此，青年顾客具有很强的购买潜力。

3. 从购买欲望上看。青年人有很强的购买欲望。青年人对新奇的事情都有强烈的好奇心，而且又喜欢追求时尚，对自己感觉爱不释手的东西会毫不犹豫地购买。

4. 从购买习惯上看。青年顾客一般热衷于新鲜时尚的东西，所以对这些东西他们会给予很大的关注，并有很大的可能会成为自己的消费习惯，如电子产品、服饰等。

5. 从购买行为上看。青年顾客的购买行为甚至会产生扩散性，对其他各类的顾客或消费者都会产生深刻的影响。他的购买意愿大多出自家庭的尊重，年轻的父母以独特的消费理念和消费方式影响下一代的行为，甚至是影响他们的长辈。

二、青年顾客的消费心理

青年顾客的消费心理特征主要表现在以下几个方面：

1. 追求时尚，表现个性。青年人思维活跃，富于幻想，勇于创新，渴求新知，追求新潮，积极向上。这些心理特征反映在消费心理方面就是追求新颖与市场，力图站在时代的最前沿，引领消费的新潮流，以体现鲜明的时代特征。他们经常对新产品拥有极大的热情，喜欢更换品牌来感受不同的体验，他们往往是新产品和新消费方式的发起者和推广者。

2. 彰显个性，表现自我。处于青春时期的消费者自我意识迅速增强。他们追求个性独立，希望形成在别人眼中的“完美形象”。反映在消费心理上，就是愿意表现自我个性与追求，非常喜欢个性化的产品，有时甚至会将自己所购买的产品同自己的理想、职业、兴趣爱好、时代特征、自己所崇拜的偶像联系在一起，并试图在消费活动中充分表现自我。

3. 崇尚品牌与名牌。青年的智力发达，有较高的文化知识水平，接触的信息广，社交活动多，并且总希望在群体中体现自身的地位和价值。随着自我意识的发展和机能的成熟，青年人追求仪表和个性美，表现自我、展示自我的欲望日益强烈。反映在消费心理方面，青年人特别注重产品的品牌和档次。在他们眼中，名牌就是代表信心、高贵、地位和成功。因此，青年人在购物时，在要求产品性能好、价格适中的情况下，还对产品的品牌要求越来越高。有关调查数据显示，近一半的青年顾客认为“要买就买名牌”。

4. 情感胜于理智，冲动性强。青年顾客处于少年到成年的过渡阶段，思想倾向、兴趣爱好等还不完全稳定，行动易受情感的支配。反映在消费心理方面，青年顾客易受客观环境的影响，情感变化剧烈，经常引发冲动性的购买行为。同时，直观的思维也使得他们往往忽略了综合选择的必要，款式、颜色、形状和价格都可以单独成为青年顾客购买的理由，这也是冲动购买的表现。

三、青年顾客的接待技巧

1. 尽量详细地对产品进行介绍，特别注重品牌效应。他们几乎不需要你费尽口舌和心力，只要产品是他们看中的，所需付的钞票不会多于当时他们钱包中的所有，他们都会毫不犹豫地购买。接待员需要付出的只是尽量详细地对品牌的知名度和独特性加以介绍，因为青年顾客都对知名品牌抱有好感。

2. 要给予他们更多的尊重和重视。特别需要注意的是，要给予这个年龄段顾客以足够的尊重和重视。因为他们是相当敏感的，如果你的眼神中有对他们些许的嘲讽，或是为讨好职场佳人而冷落他们，都会刺伤他们的自尊心，更不用说让他们在你的店中消费了。

3. 使产品的时尚个性感显示出来。青年顾客追求个性独立，喜欢个性化和时尚新潮的产品，接待人员可以把产品这些方面的优点放大，让他们感觉到拥有某种产品会使自己受到关注，这样他们会毫不犹豫地做出决定。

4. 避免过分热情和言语啰嗦。青年顾客通常生活节奏都较快，再加上年纪轻的关系，不喜欢听长篇累牍的介绍或推销，所以应尽量避免因过分热情或啰嗦而引起顾客的反感。

四、了解顾客意图后接待顾客的方法

1. 希望很快买到商品的顾客。指名要购买某种商品。这类顾客是为了买某种商品有目的而来的，售货员应迅速地接待他们，并应尽快地把商品包装好送给顾客。

2. 观望的顾客。顾客对这个商店抱怀疑态度，不知这个商店究竟如何，他一边观看橱窗一边犹犹豫豫地走进货场。对于这类顾客，售货员不必急于打招呼，等待适当时机再说。

3. 无意购买的顾客。进店没有购买的意思，看看有什么合适的再说。这类顾客看到中意的商品后眼神就变了，这时候售货员就要主动打招呼。

4. 连带购买的顾客。顾客急于想连带购买其他商品，因此售货员应注视着顾客或跟随顾客，以促其连带购买。

5. 希望和售货员商量后购买的顾客。顾客进商店后各处看，好像要找售货员打听什么似的。这时售货员要主动打招呼，并说："您来了，您想买点什么?"

6. 想自己挑选的顾客。有的顾客自己愿意专心一意地挑选商品，不愿让别人招呼自己挑选商品。对于这样的顾客，售货员注视着顾客就行了。

7. 下不了决心的顾客。有的顾客踌躇不决，下不了购买的决心。他们觉得"买嘛，也可以"，但心里又想"也许以后会赶上更好一些的商品呢!"对于这样的顾客，售货员应该积极地从旁建议，推荐商品。

知识拓展

什么是客户服务?

如果给客户服务下一个定义的话，那么就是为了能够使企业与客户之间形成一种难忘的互动（愉悦亲密、很愉快的互动）企业所能做的一切工作。每一位客户从进入你这家公司，就开始享受你的服务，到最终他带来新的客户，在这整个过程中，全公司所能做的一切工作都叫作客户服务工作（售前、售中、售后）。

任务分析

综上所述，青年顾客的消费特征为：（1）对消费时尚敏感，喜欢购买新颖时髦商品；（2）购买具有明显的冲动性；（3）购买动机易受外部因素影响，不太考虑价格因素；（4）购买力强，是新产品的第一批购买者。所以我们要迎合此类顾客的求新、求奇、求美的心理进行介绍，尽量向他们推荐产品的流行性、前卫性，并强调新产品的新特点、新功能、新用途。必须给予他们应有的尊重，切勿打击该群体的自尊心或对其有嘲讽的行为，这样会使他们拂袖而去。

码 4－2　10 个超值的服务案例，顾客是这样被感动的

任务实训

1. 训练名称：青年顾客接待服务方案设计。
2. 训练内容：选择一个行业或商业活动进行设计接待服务方案，根据青年顾客的消费特点以及相应可使用的技巧进行设计。
3. 训练时间：30 分钟。
4. 训练场地及设施：供小组讨论用的场地（教室）、桌椅、纸张、笔。
5. 评分标准：如表 4－2 所示。

表 4－2　　青年顾客接待服务方案设计评价表

评价内容	小组自评		小组互评		教师评价	
1. 青年顾客的消费特点是否在其中有所体现?	Yes	No	Yes	No	Yes	No
2. 设计方案是否符合规范?	Yes	No	Yes	No	Yes	No
3. 是否运用一定的技巧?	Yes	No	Yes	No	Yes	No
4. 方案是否详细?	Yes	No	Yes	No	Yes	No
5. 是否有较多的错漏?	Yes	No	Yes	No	Yes	No
成绩						

任务 3
接待中年顾客

中年顾客一般指年龄在青年和退休年龄之间的消费者。中年人的心理已经相当成熟，个性表现比较稳定，他们不再像青年人那样爱冲动，爱感情用事，而是能够有条不紊、理智分析处理问题。中年人的这一心理特征在他们的购买行为中也有同样的表现。

因此，摸清中年顾客的消费心理特征，对于掌握如何接待中年顾客具有重要的意义。

任务学习目标

1. 了解中年顾客消费心理特征，概括出接待中年顾客的一般准则。
2. 能够使用技巧进行系统的、针对中年顾客的接待方案设计。

任务描述

木工徒弟接待了一位中年顾客。中年顾客拿过其做好的一把椅子，左瞧瞧，右看看，不满地说："椅子做得太大了。"在一旁的师傅忙走过来说："这个椅子多大方啊，又结实，又耐用，配你家的大客厅正合适。"中年人听了，高兴地付了钱，把椅子搬回了家。

动动脑？ 同学们，请想一想，中年顾客的消费心理特征是什么？又该如何接待？

任务学习

由于中年顾客各方面的能力均较强，欺骗和蒙蔽他们是很困难的，因此导购人员应当真诚地对待他们。接待中年顾客，不要夸夸其谈，不要显示自己的专业能力，而要认真、亲切地与之交谈，对他们的家庭说一些羡慕的话，对他们的事业与工作能力说一些佩服的话，只要说得实在，这些顾客会乐于倾听，从而信任你及你的商品，达成交易。

一、中年顾客的消费群体特点

1. 从市场规模上看。中年顾客是个巨大规模的市场。由于 20 世纪 60 年代和 70 年代中国人口生育高峰的影响，进入新世纪，正是这些人步入中年的时间。因此，在人数上中年顾客众多，且分布均匀、广泛，在消费活动中具有重要影响。

2. 从购买力上看。中年顾客既要抚养子女，又要承担赡养父母的义务，专业定向和事业处于既成阶段，生活负担沉重，家庭必需的支出多，经济收入一般不高（尤其是企业下岗职工），因此，购买力受到很大的制约。

3. 从购买欲望上看。中年人有很大的储蓄倾向，除了家庭生活必需品和耐用消费品，中年人对其他商品的购买欲望并不强烈。

4. 从购买习惯上看。中年人一般都处于一个家庭的核心，不仅要赚钱养家，还要打理家务，经济负担相对较重，所以他们倾向于购买生活必需品和耐用消费品。

5. 从消费活动的地位上看。中年人处于消费决策者的地位。由于子女尚未独立，父母已步入老年行列，无论是一代家庭还是二代、三代，中年顾客一般都处于消费决策者的位置。他们不仅决定一般家庭生活用品的购买，还决定家庭耐用消费品、子女衣食教育、老年衣食医疗保健品的购买。因此，中年顾客不仅掌握着家庭生活消费品的购买，同时还掌握着家庭成员消费品的购买大权，在消费活动中处于决策地位。

二、中年顾客的消费心理特征

1. 购买的理智性胜于冲动性。中年顾客阅历广，购买经验丰富，情绪反应一般比较平稳，多以理智支配自己的行动，感情用事的现象不多见。注重商品的实际效用、价格和外观的统一，从购买欲望形成到实施购买往往要经过深思熟虑。

2. 购买的计划性多于盲目性。中年顾客处于向老年过渡的阶段，大都是家庭经济的主要承担者，生活负担沉重，并且经济条件受到较大的限制，这使得他们养成了勤俭持家、精打细算的消费习惯，以量入为出作为消费原则，消费支出的计划性强，很少发生冲动性的购买行为。

3. 注重传统强于注重创新。中年顾客一般都是“成熟型”的消费者，青年消费者身上的一些特点逐渐在他们身上淡化。因此，老成持重、富有涵养的风度使他们有别于青年顾客。反映在消费方面，就不再是按照自己的喜好去选择消费品或消费方式，而是更多地考虑他人的看法，以维护自己稳重的形象。

4. 有主见，受外界影响小。中年人的购买行为具有理智性和计划性的心理特征，他们做事大多很有主见。经验丰富，对商品的鉴别能力很强，大多愿意挑选自己所喜欢的商品，对于营业员的推荐与介绍有一定的判断能力和分析能力，对于广告一类的宣传也有很强的评判能力，受广告这类宣传手段的影响较小。

三、中年顾客的接待技巧

1. 以尊敬的姿态迎接。中年顾客大多是家庭的核心，处于消费的决策地位，所以他们有着家长的风范，接待人员必须以尊敬的态度跟他们打交道。如果觉得你言语中有不尊重的地方，他们就不会再听从你的任何说辞。可以跟他们聊聊家常，表现出对他们家庭的羡慕，这样会事半功倍。

2. 着重宣传产品的大方实用，避免夸大性的宣传。中年顾客的阅历丰富，而且购买有很强的计划性，想通过夸大性手段几乎无法忽悠得了他们。如果觉得你言过其实，他们就不会做出决策，甚至不会再对你产生信任。

3. 尽量少用新潮的语言。中年顾客是比较传统的人，对新潮事物的反应相对青年顾客要迟钝很多，也比较难接受新潮的事物，如果他们听不懂接待人员的说明，就会觉得面子上过不去，所以简单明了的言语是最适用于他们的。

4. 注重说明价格折扣。由于中年顾客的负担较重，希望购买经济实惠的东西，所以价格折扣无疑是他们购买的一大动力。

四、对不同类型顾客的接待技巧

1. 慎重型。这类顾客在选购材料、食品或其他商品时，都是挑挑这个选选那个的，即拿不定主意的顾客。对于这类顾客，售货员不能急急忙忙地说“您想要点什么”，而应该拿出两种以上的商品来，以温和的态度对比介绍。

2. 反感型。对售货员的介绍，尽管可能都是真实情况，他也认为是说谎骗人，属于对售货员介绍的商品抱不信任态度的顾客。对于这类顾客，售货员不应反感，更不能带着不满来接待顾客。

3. 挑剔型。属于那种对于介绍的商品“这个也不行、那个也不是”比较挑剔的顾客。售货员对待这种顾客不要加以反驳，而要耐心地去听他讲，这是最好的办法。

4. 傲慢型。经常在你面前摆来摆去的，意思好像在说“我是顾客啊”。售货员如果稍稍表现出不耐烦，他就要发怒。对于这类顾客，年轻的售货员会感到不愉快。但是，为了接待好其他顾客，最好采取镇静沉着的态度。

5. 谦逊型。当你介绍商品时，他总是听你作介绍，并且说：“真是这样，对，对。”对待这样的顾客，不仅要诚恳有礼貌地介绍商品的优点，连缺点也要介绍。例如，有的牙齿不太好的顾客购买食品，不仅要介绍某种食品味美价廉的优点，而且连“稍稍有点硬”等缺点也要一并介绍。这样就更能取得顾客的信任。

知识拓展

表 4－3　销售过程表

购买心理	销售过程	销售过程中销售人员的任务
开始留意商品	第一阶段：等待机会	等待接近顾客的机会
对商品感到兴趣	第二阶段：接近	把握机会与顾客说话
联想使用情况	第三阶段：介绍商品	简洁说明商品的特征，描绘产品的形象，让顾客想象
		发现顾客的喜好，推荐适合的产品
对商品产生欲望		实际演练，说明实例
比较商品价格	第四阶段：建议、说明	以各种角度说明比较
		对顾客的询问作准确的回答
信任销售人员或商品		以资料和实例获得信赖
决定购买，但别忘记附加推销	第五阶段：促成、附加推销	依顾客的情况抓住成交的机会
		以促成的技巧促使顾客下决心
满足		送客

任务分析

中年顾客对于导购人员的推销不会太在意，他们的要求实实在在，对他们不需要运用什么计谋，也不要运用什么施压、紧逼的方法。中年顾客相对而言较爱面子，导购人员可抓住他们这一点，引诱他们说出某些话，然后让他收不回去，从而达成交易。案例中，师傅正是利用中年顾客注重面子和实用的消费心理最后达成了交易。

如何服务客户

任务实训

1. 训练名称：中年顾客接待服务方案设计。

2. 训练内容：选择一个行业或商业活动进行设计接待服务方案，根据中年顾客的消费特点以及相应可使用的技巧进行设计。

3. 训练时间：30 分钟。

4. 训练场地及设施：供小组讨论用的场地（教室）、桌椅、纸张、笔。

5. 评分标准：如表 4－4 所示。

表 4－4　中年顾客接待服务方案设计评价表

评价内容	小组自评		小组互评		教师评价	
1. 中年顾客的消费特点是否在其中有所体现?	Yes	No	Yes	No	Yes	No
2. 设计方案是否符合规范?	Yes	No	Yes	No	Yes	No
3. 是否运用一定的技巧?	Yes	No	Yes	No	Yes	No
4. 方案是否详细?	Yes	No	Yes	No	Yes	No
5. 是否有较多的错漏?	Yes	No	Yes	No	Yes	No
成绩						

任务 4
接待老年顾客

老年顾客一般指年龄在 60 岁以上的消费者，随着社会的发展和各方面条件的改善（包括生活环境、医疗卫生等），世界人口出现老龄化的趋势，老年人在社会总人口中所占的比例越来越高。老年人是社会的一个特殊群体，其在生理上和心理上同青年人、中年人相比发生了明显的变化。

图 4－1

任务学习目标

1. 了解老年顾客消费心理特征，概括出接待老年顾客的一般准则。
2. 能够使用技巧进行系统的接待方案设计。

任务描述

很长一段时间以来，众商家将目标顾客锁定在时尚前卫、消费能力较强的年轻顾客群体时，却忽略了照顾老年消费群体。当前，随着我国社会快速老龄化，老年人消费群体已成为全社会关注的热点。网上曾报道某家药店，该药店无论是门店选址，还是店里的环境布置，以及药品陈列都很有特色，而且药品种类齐全、价格便宜，吸引了很多顾客。但美中不足的是，店里一位营业员对老年顾客的服务不够耐心。当时，一位老大娘问营业员“丹参滴丸在哪里”，营业员用手指了指。那位老大娘转来转去也没有找到，又回来问那位营业员。营业员便不耐烦地说：“你自己不会看看吗?”可连说了两遍，老大娘也没有反应，营业员更加不耐烦了，自言自语地说“真烦人”，便不再理会那位老大娘。老大娘因此感到非常失望，转身离开了该药店。

动动脑? 接待老年顾客应注意什么问题?

任务学习

老年时期是人生的“银色时代”，老年市场被称为“银色市场”，老年消费群体往往是一个不被企业营销者重视的群体。但就世界范围而言，很多企业还是给予了老年市场更多的关注。

一、老年顾客的消费群体特点

1. 从市场规模上看。我国已经进入人口老龄化的时期，老年人口激增，这使得老年人的市场具有了相当的规模，老年顾客成为消费市场中一支可观的力量。

图 4-2

2. 从购买力上看。随着社会的发展，老年人的收入有所增加，加上在中年时期的积蓄，老年人有可观的经济来源，所以老年顾客拥有不俗的购买力。但另一方面老年顾客又要扶持子女，在一定程度上制约了购买力。

3. 从购买欲望上看。老年人口中的大部分已离休或退休，闲居在家，有更多的可支配时间，这使得他们更有可能产生消费行为。值得注意的是，许多老年消费者有补偿性消费动机。在子女成人独立、经济负担减轻之后，一些老年消费者试图寻找机会补偿过去因条件限制未能实现的消费欲望。他们在美容、穿着打扮、营养食品、健身娱乐、旅游观光等方面，同样有着强烈的消费兴趣。

4. 从消费需求看。他们生理需求以长寿、安全为主。他们对食品和饮料的需求以保健、卫生、医疗、方便为主，喜欢低脂肪、低胆固醇、容易消化、含糖量少、植物纤维丰富、抗衰老、抗疲劳、防痴呆、防便秘的食品及各类营养滋补品；对服装的需求以舒适宽松、穿脱方便、容易清洗为主，冬装重保暖轻便，夏装亘凉爽透气；对药品的需求则以治病延年为主，主要是预防和治疗各种老年性常见病、多发病，如高血压、心脏病、糖尿病、脑血栓、老年性支气管哮喘等药品和医疗器械；对生活辅助用品的需求很突出，如老花镜、拐杖、助听器、假发、假牙等。

5. 从购买习惯看。他们理智购买动机强。讲究经济实惠，使用方便，经久耐用，不易受商品的包装、外观、色彩、广告、销售气氛的影响，极少产生冲动性购买。他们注重比较商品的价格，讲究物美价廉，对降价、特价、优惠价、折扣价较为敏感。老年顾客习惯性较强，通常长期使用某种品牌或某个厂家的商品，经常惠顾某家商店。老年顾客对新产品，尤其对结构较为复杂、性能难以认知、使用不大方便的新产品不易接受，往往是新产品已经被众多消费者接受后才开始感兴趣。他们选择安静的购物环境，期望得到尊重和热情接待，营业员的笑脸相迎、耐心解答会使他们迅速做出购买决定。

二、老年顾客的消费心理特征

1. 怀旧心理强烈，对商品、品牌的忠诚度高。老年顾客在几十年的生活实践中，逐步形成了自己的生活习惯，形成了较为固定的购买习惯。这类习惯一旦形成就很难改变，在很大程度上影响了老年人的购买行为。他们对新的消费品和消费方式的反应较为迟钝，不赶时髦。企业要注意“老字号”的宣传，经常更换商标是不明智的选择。这也能解释为什么老年顾客一般习惯光顾老店，对原有的东西比较留恋，对新产品常常持怀疑的态度，一般是受家人或亲友的推介才能接受新生事物，但心理稳定，认定的事情不会轻易放弃更改。

2. 注重商品的实用性。老年顾客一般退休后，收入有所下降，他们心理稳定性高，过日子精打细算，其消费已经不像青年人那样富于幻想，购买商品常常把实用性放在第一位，强调质量可靠、方便实用、经济合理和舒适安全。老年人购物时，一方面注意价格，择廉选购；另一方面是要求实惠。实惠包括三个方面的含义：一是商品的实用性；二是服务的可靠性；三是价格的合理性。

3. 消费追求便利，要求得到良好的售后服务。老年顾客的生理机能有所下降，他们总希望购买场所交通方便、商品标价和商品说明清楚，商品陈列的位置和高度适当，便于挑选，购买手续简便，服务热情、耐心、周到；也要求商品能够易学易用、方便操作，减少体力和脑力负担。

4. 较强的补偿性消费心理。补偿性消费是一种纯粹的心理性消费，是心理不平衡的自我修饰。子女成人独立后，部分老年人的经济负担减轻了，他们会试图补偿过去因条件限制未能实现的消费愿望。他们在美容美发、穿着打扮、营养食品、健身娱乐、旅游观光等消费方面有着较强烈的消费兴趣。

5. 消费需求结构发生变化。随着生理机能的衰退，老年顾客的消费需求结构也发生变化，保健食品和医疗保健用品的支出增加，在穿着类和其他奢侈品方面的支出大大减少，满足个人的嗜好和兴趣的商品支出有所增加。

6. 对自己的健康有更高的关注，储蓄也随之增加。对一些身体状况较差的老年人来说，健康无疑是第一位的。这些人一般更加注重保养身体和较多地购买医疗保健品。此外，部分老年人退休以后收入有所下降，特别是农村的老年人，收入来源不多，得依靠自己的储蓄来生活，或由子女赡养。因此，随着年龄的增加，为了保证以后有足够的医疗支出，他们会更加节俭以增加储蓄，为以后的医疗支出做好保障。

三、老年顾客的接待技巧

由于老年顾客比较孤独，所以对老年人要有耐心。导购人员应该体谅他们，对他们说一些关怀的话，介绍说明尽量精练、清晰、朴实，对他们要亲切、热情、少说、多听。

1. 耐心。老年顾客一般讲话慢、絮叨，这时就要求营业员一定要耐心地听顾客讲话，不要因为顾客多、着急，打断顾客讲话。在人多的情况下，见到有老年顾客过来可先打招呼“大爷，大妈，您来了，需要什么您先瞧瞧，别着急，等会儿人少点了，我慢慢帮您挑”。这样就拉近了与顾客的距离。在人特别多的情况下，可先向其他顾客讲，这位大爷等半天了，我先接待他。这样，即使你接待老年顾客时间长一些，别的顾客也不会有怨言。

2. 放心。老年顾客的絮叨，购物时的犹豫不决，多数是由于对商品的质量、价格和服务不放心，所以遇到老年顾客来购物，营业员应首先向他们承诺，商品有质量问题无条件退货，包教、包会，让老人们切实感到购物没有风险。老人打消了顾虑，购物放心了，提的问题也就少了。

3. 贴心。老人往往会感到孤独，营业员讲话时要特别注意使用合适的称谓，语气中要体现出关怀和体贴，雨、雪天说一句“路滑，您回去时当心点!”虽然只是很平常的一句话，但体现出对老年人的尊重和关怀。

知识拓展

对老年人的营销措施：

（1）在广告宣传策略上，着重宣传产品的大方实用。

（2）在媒体的选择上，主要是电视和报纸杂志。

（3）在信息沟通的方式方法上，主要是介绍、提示和理性说服，而力求避免炫耀性、夸张性。

（4）在促销手段上，主要是价格折扣、展销会。

（5）在销售现场，为老年顾客提供热情周到的服务，为他们详细介绍商品的特点和用途，必要的话可以提供送货上门。

（6）在销售渠道选择上，主要选择接近居民区的大商场，并设立老年专柜。

（7）在推销上，不要太多专业术语，不搞硬性推销。

（8）在产品款式上，要以传统庄重为主，价格应设在中低档位。

任务分析

部分老年顾客可能会反应速度慢，导购人员要耐心地解说购买该商品的好处及一些道理，他们只要认为你说得有道理就易于成交。老年顾客有慈爱特性，特别喜欢老实的、不多说话的、听话的年轻人。所以营业员要多倾听他们说话，这样老年人会产生好感和慈爱心，一切疑虑也会打消，交易就十之八九成功了。接待老年顾客有两点禁忌：一是不要夸夸其谈，以免他们觉得你轻浮不可靠，交易会失败。二是不要当面拒绝他或当面说他错，即使你是正确的也不要当面说他错。因为老年顾客人老心不老，当面指出错误会激怒他们，导致交易失败。

案例选读

银发族也爱网购

年关将至，又到了各大电商轮番登场促销打折、小白领们忙里偷闲地在办公室里采买年货的日子。不过忙碌“血拼”的大军中有个新群体的轮廓日益凸显——在网络购物的人群中，越来越多出现了中老年人的身影。

来自淘宝网与市场研究公司CTR发布的《中国消费风向标报告2012》印证了这一现象：自2010年来，无论是中老年网购消费者人数还是老年用品的成交金额，每年都以超过200%的幅度高速增长。

银发族也爱网购

年逾半百的陈先生，工作时是一位英文翻译，而空闲下来，他是圈子里有名的网购达人。从比商场便宜30%的新羽绒服、名牌户外登山鞋，到小家电、家纺用品，甚至摄影器材和冰鲜黄花鱼，都是他从网上“淘”来的。陈先生告诉记者，“自从学会了网购，几乎每天都要浏览一遍几个知名的电商网站。现在在商场、专卖店看到了喜欢的东西，已经习惯网上询价、比价，合适的话就在网上购买。”

90后的小Z是一家专卖老年服饰的网店客服，这一年来她深切感受到中老年网购群体的壮大，“以前基本都是子女帮父母代购，一个月也碰不到一个老人自己来买衣服，现在每天都会收到四五个老年人的咨询。”

“老年网购是一个不可忽视的群体。”淘宝网市场部相关负责人表示。淘宝的数据显示50岁以上的中老年用户已经达到175万人，其中男性占48.7%，女性所占比例略高于男性。130万人成功完成过网上交易。在调查中还发现，上海的爷爷奶奶们最“潮”，参与网购的中老年人数量是全国最多的。

分析人士认为，中老年人选择网络购物的优势在于方便、快捷和高效，网购为行动不便、或不愿走进嘈杂商场的中老年提供了便利，但最吸引人的还是比实体店更为低廉的价格。随着互联网普及率的提高和网购安全问题越来越有保障，中老年人成为网购“新生代”也就不足为奇了。

来源：《中国商界》杂志

任务实训

1. 训练名称：老年顾客接待服务方案设计。

2. 训练内容：选择一个行业或商业活动进行设计接待服务方案，根据老年顾客的消费特点以及相应可使用的技巧进行设计。

3. 训练时间：30分钟。

4. 训练场地及设施：供小组讨论用的场地（教室）、桌椅、纸张、笔。

5. 评分标准：如表4-5所示。

表 4－5 老年顾客接待服务方案设计评价表

评价内容	小组自评		小组互评		教师评价	
1. 老年顾客的消费特点是否在其中有所体现？	Yes	No	Yes	No	Yes	No
2. 设计方案是否符合规范？	Yes	No	Yes	No	Yes	No
3. 是否运用一定的技巧？	Yes	No	Yes	No	Yes	No
4. 方案是否详细？	Yes	No	Yes	No	Yes	No
5. 是否有较多的错漏？	Yes	No	Yes	No	Yes	No
成绩						

思考与实训

码 4－4 法律法规

一、判断题

1. 儿童在现代家庭消费结构中的地位无足轻重。（ ）
2. 儿童相对于成人较为缺乏对个性差异化的追求，更多的是模仿。（ ）
3. 青年一般喜欢新款的、千奇百怪的衣服，证明他们消费比较盲目。（ ）
4. 尊不尊重青年顾客无关紧要。（ ）
5. 青年顾客购买动机易受外部因素影响，不太考虑价格因素。（ ）
6. 中年顾客购买的冲动性胜于理智性。（ ）
7. 中年顾客偏爱新潮的产品。（ ）
8. 营业员接待顾客的时候可以夸大产品的好处。（ ）
9. 中年人消费比较有计划性。（ ）
10. 中年人消费有主见，消费过程中受别人的影响较小。（ ）
11. 部分老年顾客反应较慢，导购人员要耐心地解说购买商品的好处及一些道理。（ ）
12. 老年顾客内心一般会感到孤独。（ ）
13. 老年顾客完全不接受新产品。（ ）
14. 广告对老年顾客不能起到任何作用。（ ）

二、选择题

1. 不具备自主取得收入的能力，其收入来源多依赖于父母及其他长辈的是（ ）。

A. 老年顾客　　B. 中年顾客

C. 青年顾客　　D. 儿童顾客

2. 处于家庭组织中的最底层，对消费活动没有话语权和自主权的是（ ）。

A. 儿童　　B. 青年

C. 中年人　　D. 老年人

3. “非主流”体现了青年顾客的什么消费特点？(　　)。

A. 追求时尚　　B. 冲动性

C. 表现自我　　D. 盲目

4. 尽量向青年顾客推荐产品的(　　)、前卫性，并强调新产品的新特点、新功能、新用途。

A. 流行性　　B. 可靠性

C. 实用性　　D. 便利性

5. 老年市场被称为(　　)。

A. 银发市场　　B. 金发市场

C. 边缘市场　　D. 白银市场

6. 老年顾客一般习惯了光顾老店，对原有的东西比较留恋，对新产品常常持怀疑的态度，这个体现了老年顾客的什么消费特征？(　　)。

A. 较强的补偿性消费心理　　B. 怀旧心理强烈，品牌忠诚度高

C. 注重实际，要求得到良好的服务　　D. 坚持主见，受广告影响小

7. 下列哪一项是接待老年顾客的禁忌？(　　)。

A. 夸夸其谈　　B. 多倾听

C. 不当场指出老年人的错误　　D. 耐心解说

8. 老年顾客通常长期使用某种品牌或某个厂家的商品，经常惠顾某家商店，是因为(　　)。

A. 追求实用　　B. 习惯性

C. 便利性　　D. 个人喜好

9. 老年人在美容美发、穿着打扮、营养食品、健身娱乐、旅游观光等消费方面有着较强烈的消费兴趣，这是为什么？(　　)。

A. 追求时尚　　B. 补偿性消费心理

C. 冲动胜于理智　　D. 注重实用性

10. (多选)下列哪些是接待老年顾客的技巧？(　　)。

A. 耐心　　B. 放心

C. 倾听　　D. 贴心

三、案例分析题

麦当劳作为一家国际餐饮巨头，创始于20世纪50年代中期的美国。由于当时创始人及时抓住高速发展的美国经济下的工薪阶层需要方便快捷的饮食的良机，并且瞄准细分市场需求特征，对产品进行准确定位而一举成功。如今麦当劳已经成长为世界上最大的餐饮集团，在109个国家开设了2.5万家连锁店，年营业额超过34亿美元。

回顾麦当劳公司发展历程后发现，麦当劳一直非常重视市场细分的重要性，而正是这一点让它取得令世人惊羡的巨大成功，其中有一个重要的细分方法就是根据人口要素进行市场细分。

麦当劳对人口要素细分主要是从年龄及生命周期阶段对人口市场进行细分，其中，将不到开车年龄的划定为少年市场，将20～40岁之间的年轻人界定为青年市场，还划定了老年市场。

人口市场划定以后，要分析不同市场的特征与定位。例如，麦当劳以孩子为中心，把孩子作为主要消费者，十分注重培养他们的消费忠诚度。在餐厅用餐的小朋友，经常会意外获得印有麦当劳标志的气球、折纸等小礼物。在中国，还有麦当劳叔叔俱乐部，参加者为3～12岁的小朋友，定期开展活动，让小朋友更加喜爱麦当劳。这便是相当成功的人口细分，抓住了该市场的特征与定位。

麦当劳成功的秘诀是什么？请同学们查查资料，除了按人口要素进行市场细分外，还有什么其他的市场细分方法？

项目五
5 销售服务

销售服务是指企业在产品销售活动过程中，为顾客提供的各种劳务的总称。

企业向顾客销售产品时，总要伴随着一定的劳务付出，这些劳务付出是围绕着为顾客提供方便，满足顾客的需要，使顾客在购买产品前后感到满意而进行的，也是围绕着在顾客中建立企业信誉，吸引顾客购买，增强企业的竞争能力而进行的。

销售服务的根本宗旨就在于：让顾客满意，树立企业形象，促进产品销售。

案例导入

无声胜有声

在一个下着雨的下午，商场里客人很少。有一位女士在羊毛衫区域徘徊了很久，她既不询问营业员，也不用手摸任何一件羊毛衫，只是用眼睛专注地看着。营业员揣摩道：她既然站在羊毛衫区域那么久，肯定有什么需求和难处。便走上前轻声地问道："我能帮你什么吗？"这位女士不加理睬，也未作任何回答，只是目不转睛地看着一件羊毛衫，眉头紧锁在考虑着什么。营业员见状马上将羊毛衫拿下来，放在她面前说："你是想看这件羊毛衫，对吗？"女士微微地笑了一下，张了张嘴打着手势。"哦！原来她是一位聋哑人。"营业员这才恍然大悟，马上拿出这款羊毛衫的所有颜色让她挑选，并一件件试给她看。因为颜色很多，女士一时拿不定主意，最后她拿着两件羊毛衫放在自己胸前不停地比划着，又望了望营业员，眼中透露着求助的神情。营业员明白她是想征求意见，就推荐了看上去更适合她的一件。她拿着衣服对着试衣镜一照，满意地点了点头，没有再多犹豫就买下了。临走的时候，她对营业员在手机上写了这样一句话："谢谢你不歧视我，并耐心地帮助我挑选衣服，你的真诚让我感动，真希望下次买东西还能遇到你。"

这是一次既平凡又完美的服务过程：营业员能注意观察顾客的购物神

情，并且对特殊顾客提供热情、耐心、周到的服务。她的行为感动了顾客，取得了顾客的信任。

商场是商业零售企业经营的场所，是为消费者提供服务的窗口。商场如何提高服务竞争力，提升顾客的满意度，关键取决于营业人员的服务水平和服务质量。

任务 1 鞋类商品销售服务

鞋类商品是大众消费常见商品之一。顾客在选购鞋类商品时，关注颜色款式，注重鞋的舒适度。营业员在销售鞋类商品时，在根据鞋品特征推介商品的同时，应提供专业的鞋类商品销售服务，帮助消费者选购到称心合适的鞋品。

任务学习目标

1. 能够进行鞋类商品推介及展示销售。
2. 熟悉鞋类的相关商品知识。

任务描述

周明是一名中职学生，一直盼望在假期里可以到商场实习，机会终于来了，学校帮助他联系到了一家商场的鞋类销售区做营业员。可一走进鞋品区没多久他开始有些害怕了，展架上鞋类商品琳琅满目，看得他眼花缭乱。将顾客迎进门后不知从何做起，手忙脚乱推介一阵后却看到顾客怀疑和不信任的表情。一天下来，他精疲力尽，却连一双鞋都没卖出去。“我说得比别人多，做得也比别人勤，怎么没有效果呢？”卖区长看出了他的焦虑，拿来了“全国劳动模范”“金履行家”“百姓参谋”肖妲整理的《鞋品销售规范》让他学习，耐心细致地教他招呼顾客、介绍商品等专业技巧。在随后的几天里，周明结合在学校里学到的知识，虚心向老营业员请教，逐渐进入角色，销售额也在不断增加。

动动脑？ 同学们，假如你也被分配到鞋类销售区做营业员工作，该从哪些方面做好准备，才能更快更好地胜任工作？

任务学习

一、鞋类商品销售服务流程

主动接待、适时推荐、快速取货、协助试穿、成交验货、礼貌道别。

二、鞋类商品销售服务规范

（一）服务工具规范

1. 常用工具。包括鞋拔、鞋码对照表、试鞋垫（有鞋底膜保护的鞋类商品可不使用试鞋垫）。

2. 特色工具。包括鞋垫（半垫、全垫）、各色鞋刷、各色鞋油、干净丝袜（女士用）、干净棉袜（男士用）、配跟。

（二）出样规范

1. 男女鞋分开放；高跟鞋放上层，平跟鞋放下层；正装鞋与休闲鞋分开放；摆放时鞋子颜色左深右浅。

2. 出样商品必须经常更换和保养，保持样面整洁。

3. 商品陈列根据季节不同及时调整，新品必须陈列在醒目位置。

（三）展示服务

展示鞋子时，应选拿一只（右脚）鞋进行展示，展示方法如下：用右手捏住鞋底中部两侧，托住鞋底，鞋的前面向顾客，然后用手捏住鞋帮，转向右边，再转向左边，这样便于顾客看到鞋子外表的全部。最后，把鞋底换在左手，展示鞋底和后跟。通过展示，顾客能够基本了解鞋子的式样和特点。当顾客决定购买后，营业员再拿出另一只鞋，先把鞋尖对齐、朝向顾客，用右手拇指和食指捏住鞋的后内帮，左手微微托住鞋底，请顾客再仔细观看（见图5－1）。

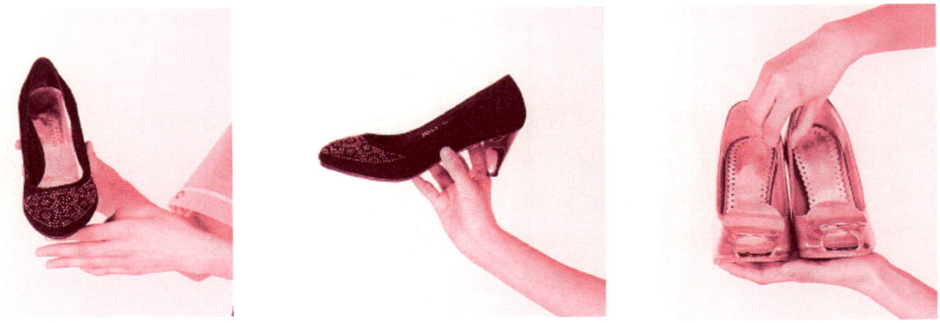

图5－1

（四）商品推介服务

1. 鞋类商品推销要点。推销要点，就是把产品的使用方法以及在设计、性能、质量、价格中最能激发顾客购买欲望的部分，用简短的话直截了当地表达出来。鞋类商品的推销要点有：（1）产品各部位材质的优点及好处；（2）款式的设计风格；（3）颜色的特点；（4）适合什么风格的搭配；（5）做工的特点及好处；（6）价格是多少，折扣是什么，有没有促销活动；（7）如何保养，穿着时应该注意哪些事项；（8）售后服务完善，请顾客放心。

2. FAB 推销法。FAB 是三个英文单词的缩写，即 Feature（特点）；Advantage（优势）；Benefit（利益）。FAB 销售法是指营业员在商品推介中，将商品本身的特点、商品所具有的优势、商品能够给顾客带来的利益有机地结合起来，按照一定的逻辑顺序加以阐述，形成完整而又完善的推销劝说。

例如：F：这种商品的材料是真皮的，内里是棉的。

A：防水、透气、保暖。

B：雨天穿都不怕，耐穿，使脚部干爽。

在使用 FAB 法进行商品推介时，将商品的特性、优势转化为顾客的利益。在具体应用中，可根据具体情景，把商品的特点、优势和利益结合起来，完整地加以阐述。

按照 FAB 法进行阐述，可以有四种顺序：F—A—B；A—F—B；B—F—A；B—A—F。

（五）试穿服务规范

1. 顾客有试鞋意向时，请顾客在试鞋凳上稍坐，并根据其要求快速取鞋。

2. 顾客试鞋时，应半蹲式服务，将试鞋垫移至顾客脚下，协助顾客脱鞋；如遇穿皮靴者，在征得顾客同意后，应轻轻托起顾客小腿，帮助松解脱鞋（见图 5－2）。

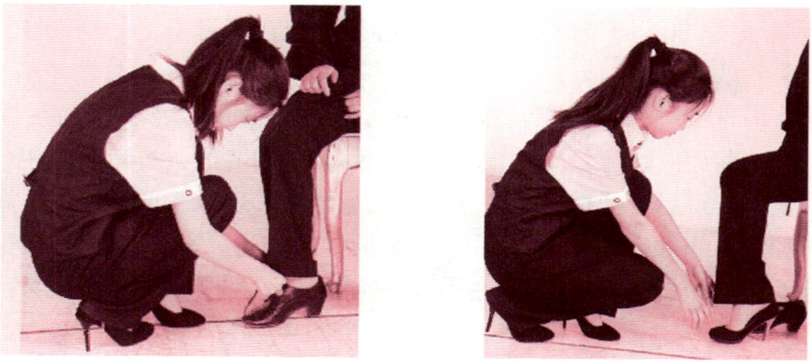

图 5－2

3. 顾客试单鞋时，应将鞋后帮轻微挤压后，放至其脚下，以利穿着。

4. 帮助顾客试穿有拉链的靴子，在征得顾客同意的前提下，应轻托起顾客小腿，为其拉上拉链，同时留意避免触及顾客丝袜、伤及皮肤。

5. 顾客试穿起身照镜时，应在顾客一侧轻扶一把，帮助其调整重心。

6. 顾客试鞋结束，应立即将顾客原来穿着的鞋迅速地移至其脚下，以便顾客穿着。

三、鞋类商品销售服务专业知识及基本技能要求

1. 掌握皮鞋的相关商品知识，熟知皮鞋“三包”的相关规定。

2. 充分了解品牌的风格和产品特色及当季的皮鞋流行趋势。

3. 准确目测顾客的脚形和尺寸，协助顾客挑选满意的商品。

4. 熟练掌握不同材质皮鞋的清洁保养服务技艺。

5. 在能力和职责范围内，积极协助管理人员处理日常投诉。

码 5－1　法律法规

知识拓展

一、鞋类商品基础知识

1. 鞋的种类。

- 以制造工艺分：缝线鞋、胶粘鞋、模压鞋；
- 以人区分：男鞋、女鞋、童鞋；
- 以季节区分：凉鞋、单鞋、棉鞋、靴鞋；
- 以鞋跟区分：平跟鞋、中跟鞋、高跟鞋、特高跟鞋；
- 以鞋帮区分：拖鞋、前后空鞋、浅口鞋、满帮鞋、高帮鞋、筒靴等。

2. 鞋的组成部分。鞋头、前帮、衬里、假饰缝线、鞋口、钢勾心、保险皮、后帮、后跟固定钉、鞋跟、包跟、天皮、主跟、鞋垫、大底、中底、反脑等。

3. 鞋类商品常用皮革的分类及特点。

天然皮革：

牛皮革——厚度0.9~1.8毫米，毛孔细圆而直，呈散沙状排列，柔软、耐用、韧性好。

羊皮革——厚度0.8~1.2毫米，毛孔呈半弧鱼鳞状排列，柔软富于弹性，手感特别好，透气，不打死褶。

猪皮革——厚度1.0~1.5毫米，毛孔一般三个、五个呈“品”字形分布，皮面粗糙、结实、耐用，耐水性差，易变形。

其他皮革——马皮革、鹿皮革、袋鼠皮革、鸵鸟皮革、鳄鱼皮革等。

人造皮革——合成革，以无纺布为底基，防水、耐腐蚀、表面光滑、伸缩率小、不耐高温高寒。

人造革——以纤维织物为底基，防水、薄软、透气及吸汗性小。

再生革——天然皮革碾碎后再与其他原料加工而成，透气性、吸汗性不如天然皮革，但耐水性较好，不易走形。

其他常见皮革：

油皮——天然皮革浸油制成，用无色鞋油打理。

蜡皮——天然皮革染色后加蜡而成，用鞋蜡打理。

擦皮——天然皮革经油脂涂层后擦洗而成，用无色鞋油轻擦，裤脚摩擦掉色属正常现象。

磨砂皮——天然皮革正面打磨而成，用专用鞋水或磨砂粉打理。

反皮——天然皮革反面打磨而成，表面纤维长猪反皮厚度1.2~1.5毫米，羊反皮厚度0.8~1.2毫米，用专业鞋水和鞋刷打理。

漆皮——皮革表面经树脂涂层，光泽度好，用半干抹布擦，低温穿着容易漆裂。

二、帮助顾客选购鞋类商品知识

1. 鞋号。鞋号是表示鞋子的型和号，是鞋子肥瘦和大小的一种标志，通常用型表示鞋子的肥瘦，用号表示鞋子的长短（鞋号一般都打在不明显位置，如口舌里皮，内杯上）。

1998年国家规定的中国鞋号以毫米为计算单位，以10个毫米为一个鞋号、5毫米为半个鞋号。如，“230”说明这双鞋子的长短为230毫米。但中国顾客买鞋子时习惯说多少码，这个码是法国的表示方法。它与中国鞋号的换算关系是：

号数＝（码号+10）/2

例如：(36+10)/2=230mm。

常用鞋码换算如表5-1。

表5-1

鞋码	33	34	35	36	37	38	39	40	41	42	43	44	45
鞋号	215	220	225	230	235	240	245	250	255	260	265	270	275

中国鞋号的分档是婴童，90～125mm；小童鞋，130～160mm；中童鞋，165～195mm；大童鞋，200～230mm；成年女鞋，215～245mm；成年男鞋，235～275mm。

2. 皮鞋的保养。先用软布或鞋刷清除掉皮鞋上的尘垢，再用鞋油擦拭；不宜长期穿用同一双皮鞋，穿着2～3天后，更换下来；避免在雨天穿用，若受水浸湿，应把皮鞋放在阴凉通风处，切不可在阳光下曝晒，更不可烤干，会使皮鞋曲翘变形，皮面爆裂；避免与酸、碱等化学品接触，不穿的皮鞋应先用适量且柔软的纸团填充于鞋内，放在通风干燥处保存；真皮内里建议穿深色袜子；经常检查皮鞋后跟掌面，磨损至2/3处要及时更换，以免伤到主跟；皮底鞋建议粘附一层胶底，延长鞋的寿命；避免与尖锐硬物碰撞；磨砂皮和反皮要用专用鞋水或鞋刷，不能擦鞋油或用水刷。

3. 选鞋。检查一双鞋的颜色、号码是否一致；查看鞋帮、鞋底缝线是否有断线、是否整齐规范，胶粘鞋粘合是否平整，无开胶迹象；用手触摸鞋的内腔，是否有钉头，是否有凹凸不平现象；鞋帮后跟是否硬挺而有弹性；鞋的腰裆处是否坚挺；将鞋放于桌面上，是否平稳。

4. 鉴别皮革。天然皮革是有毛孔的，一般用眼难以看清时，可用大拇指按压皮面，查看拇指旁边是否有细密的皮纹纹路。有细密的纹路、放手后细纹消失、皮鞋表面丰满弹性好的为较好的天然皮革，较大较深皱纹的是皮质较差的天然皮革，又无细小的纹路，则大多不是天然皮革，用手轻轻地摸和抓，非常充实丰满柔软光滑的是优质天然皮革，手感生硬板结是质量较差的皮革，而柔软细滑但缺乏柔韧丰满的手感，而且弹性过分的好，则多半是合成材料。

任务分析

根据以上资料，鞋类商品营业人员首先应学习掌握鞋类商品知识。在工作中，做好售前准备，面对顾客时沉着冷静，根据顾客的需求，运用掌握的鞋品知识为顾客展示并推介鞋品，并适时鼓励顾客进行试穿。在顾客试穿过程中，营业员要耐心仔细，帮助顾客完成试鞋、买鞋的过程。营业员的服务应以满足顾客需求为宗旨。

任务实训

1. 训练名称：鞋类商品销售服务。
2. 训练内容：分组进行鞋类商品销售服务过程实践。
3. 训练时间：30 分钟。
4. 训练场地及设施：供销售服务的场地、货架、各种鞋类商品等。
5. 评分标准：如表 5－2 所示。

表 5－2 鞋类商品销售服务评分表

评价内容	小组自评		小组互评		教师评价	
1. 销售服务环节是否完整？	Yes	No	Yes	No	Yes	No
2. 销售过程语言是否流利？	Yes	No	Yes	No	Yes	No
3. 鞋品展示协作是否规范？	Yes	No	Yes	No	Yes	No
4. 皮鞋相关知识是否能够运用？	Yes	No	Yes	No	Yes	No
5. 鞋类保养知识是否运用？	Yes	No	Yes	No	Yes	No
6. 是否能够帮助顾客选购鞋品？	Yes	No	Yes	No	Yes	No
成绩						

任务 2
服装类商品销售服务

现代消费者对生活质量的要求越来越高，消费者的整体消费形态已从以往的“节衣缩食”“物美价廉”发展到了今天“个性购物”“健康购物”“快乐购物”以至于“享受购物”“体验购物”“感受购物”的高度。消费者对服装的需求趋于多样化、个性化，同时消费者对服装商品销售服务也提出了更高的要求。

任务学习目标

1. 能够为顾客提供服装商品展示介绍服务。
2. 能够为顾客提供试穿服务。
3. 学会为顾客简单搭配服装。

任务描述

在一家商场某品牌服装店内，一位穿着时尚的年轻女士正在挑选衣服，实习营业员小赵主动走上前，礼貌地向顾客打了招呼。当女士停在了一件当季非常畅销的衣服前，并伸手去摸衣服的面料时，小赵热情地说“这款衣服卖得不错，好多人都喜欢这个样式”。孰料，年轻女士马上放下衣服，径直而去（如图5－3）。小赵一头雾水，不知道自己错在哪里了。

动动脑？ 同学们，请想一想，小赵的服务在哪个环节出错了？

图5－3

任务学习

一、服装类商品销售服务流程

适时接待、个性推荐、帮助试穿、成交验货、保养提示、礼貌道别。

码5－2　服装店铺的销售服务方法

二、服装类商品销售服务规范与技能

（一）服务工具规范

衣架、熨斗、蒸汽熨烫机、尺、刷、型号对照表、针线等。

（二）出样规范

1. 商品陈列清晰醒目、清洁整齐、出样丰富、色彩和谐、个性鲜明，以当季商品展示为主题商品出样按色系及时调整。

2. 商品排列按色系、尺码由浅到深、由短到长，成套服装应搭配成系后陈列。

3. 衣架挂钩方向一致。架钩间距不得小于3厘米。

4. 模特出样上下装搭配得体。以当季新品、主推款、畅销款出样为主。

5. 出样商品应根据出样内容由里到外、从上到下吊挂吊牌。吊牌统一，吊挂在上装外套左侧或以价目卡透明展示架方式统一展示于出样模特正面膝下位置，商品须做到一货一卡。

6. 除出样商品可使用组合式牌价（价目牌须附于商品内侧）外，陈列商品必须做到一货一卡。

（三）展示服务

1. 上衣的展示。

上衣包括：长短大衣、西服、料服、休闲服等。

方法一，营业员左手提起衣架，右手扶住衣服，使顾客看清衣服的款式、规格等，如图5－4（1）。

方法二，营业员将衣架拿掉，用右手托着衣服的肩袖，左手捏住衣襟提起，将衣服展示给顾客，如图5－4（2）。

方法三，营业员双手分别捏住两肩，轻轻一抖，使衣领朝上，正面朝向顾客进行展示，让顾客鉴别挑选，如图5－4（3）。

方法四，营业员将衣服搭在自己肩上，或穿在自己身上，充分利用营业员的人体条件，以自身为模特，形象地展示商品全貌。

(1)

(2)

(3)

图5－4

有些样式新颖、缝制工艺考究的服装，除了展示前后面，还要展示衣服的里部及其他部位，使顾客看清衣服的式样、花色及衣料的质地和缝制技术。

2. 长裤的展示。

方法一，左手提起长裤在腰头，右手捏住靠近裤脚处轻轻展开，放在柜台上展示；

方法二，把裤子搭在左臂上，将右臂抬到适当高度，左手捏住裤脚展示给顾客；

方法三，用双手捏住裤子的腰头，贴在自己的侧腰部，后退给顾客看得清的地方展示，如图5－5。

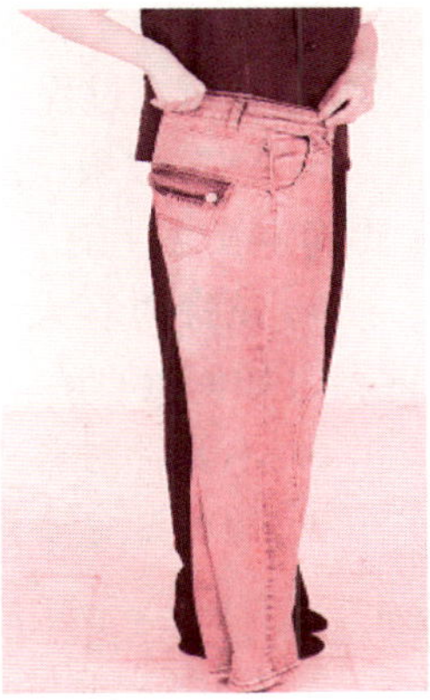
图5－5

（四）商品推介服务

1. 专业、准确、细致的推介。

（1）专业。营业员是商品专家，营业员应该具备专业的商品知识为顾客进行介绍。在介绍过程中我们注意以下方面的介绍：①名牌商品着重介绍产地和企业信誉；②新品种要着重介绍其特点；③对高档服装着重介绍其质量和保养知识；④结合顾客不同需求，在款式、面料、做工、色彩和价格方面做出重点说明。

（2）准确。营业员介绍商品时要实事求是，准确介绍，不误导顾客。例如，在营业员对顾客说明某件衣服的面料时说“这件衣服含羊毛90%”。结果顾客看了标签上注明的成分，反问营业员，“这上面明明写着含70%的羊毛啊！”轻则顾客会因为营业员对商品的介绍不够准确而放弃购买这件商品，重则顾客会觉得营业员存在商品欺诈问题而导致投诉。

（3）细致。就是要从多个角度把这件商品介绍给顾客。只有当顾客全面地了解了商品后，才有可能购买。

同样卖一件衣服，A 营业员向顾客介绍时说："这款是今年的流行款，面料穿起来很舒服，在我家专柜很畅销，很适合您。"而 B 营业员则对顾客说："这款波点的衬衫是今年比较流行的款式，很多杂志上都在介绍，而且这款衬衫采用丝质的面料，很柔软，贴身穿也很舒服，夏季会更透汗更凉快，您看您身材很娇小，特别适合这个款式。"意思相同，顾客会选择哪个营业员推荐的商品呢？答案肯定是 B 营业员。因为在她的商品说明中真正做到了专业、准确和细致。

2. 因人而异的商品推介。

（1）对注重商品外型的顾客——应以商品优美的造型或是最新款方面来介绍。

（2）对注重商品品质的顾客——应以材料的精良及做工精细为重点说明。

（3）对嫌商品太贵的顾客——可以把重点放在其他的优势上。

（4）对重视商品使用性能的顾客——应着重说明该商品优异的内部机能。

（5）针对顾客的年龄层来做商品介绍：

- 少年——以时尚、流行为主。
- 老年——以经济、实用为主。
- 女士——以外表、感观为主。
- 男士——以品牌、内涵为主。

（五）试穿服务规范

1. 试穿前准确拿取顾客试穿的衣服的尺寸，将衣服的纽扣或拉链打开，顾客试穿完毕，将顾客带到镜子前，并帮其整理（如帮客人拉上拉链、扣上扣子、领子翻正），让顾客感觉整体美，这样才能更好地激发顾客的购买欲。

2. 在试衣过程中，把产品的款式和工艺与顾客的气质相结合，让顾客产生联想，促成销售。

3. 顾客如果试穿出来不满意，应先询问其原因，并做出相应的解释，或介绍别的款式（要确定卖场上有）给顾客试穿。

4. 试穿时客人会因为怕羽绒服钻绒，或怕洗后褪色等问题，营业员要以专业知识来告诉客人如何处理。

5. 不要针对客人的体型做文章。例如胖子、瘦子、腿太细等，不要说出客人的缺点。

6. 顾客试穿多件都不买，要安抚顾客并对顾客说没关系，再主动介绍其他款式给顾客。

三、服装类商品专业知识及基本技能要求

1. 熟悉了解各种面料织物的特性、加工工艺、款式特点和洗涤保养知识，并能根据国家相关规定解答商品成分吊牌上各种标识的含义。

2. 对商品款式、规格、色系有明确无误的认识。

3. 充分了解品牌的文化背景、设计风格、产品特色以及时尚流行趋势。

4. 能较准确地目测顾客的领围、腰围。能根据冷暖色系的搭配和对比，为顾客选购商品做好参谋。

5. 能准确为顾客测量尺寸，提供定制。

6. 能掌握简单的顾客心理学，充分揣摩顾客心理，为顾客提供上佳服务。

知识拓展

营业员在为顾客搭配服装时，按服装风格因人而异，根据顾客不同特征为其搭配服装，从而在试穿时，达到最佳效果。

一、服装的三种风格

（一）职业装

1. 职业装的款式特点：线条流畅，款式简洁，裁剪合体，做工精细。

2. 职业装对面料的要求：面料硬挺或挺而坠的，质感高，易于打理、不易褶皱，有立体感。

3. 职业装对颜色的要求：颜色以黑白灰、咖、米、深蓝色为主，以中性色为辅。稳重、淡雅，不要太过鲜艳，一套衣服上的颜色不能太多，以不超过三种颜色为宜。

4. 职业装对花型的要求：素色居多，花型不要太大，太过夸张，以干净为主。主要以流畅、简洁、明快、素雅的条纹和格子或暗花纹为主。

5. 职业装给人的印象：稳重、成熟、干练、精神、睿智、可信、知性、高雅、个性独立、端庄大方。

6. 职业装穿着的环境：适合穿着的环境较广，如办公室、学校、出席会议、商务活动等正式的场合。

7. 职业装的适合人群：适合人群较广泛，主要针对白领阶层，如机关单位、政府部门、教师、医生、公务员、企业领导、银行职员、行管人员等。

（二）休闲装

1. 休闲面料的特点：面料以棉、麻、丝、针织、牛仔等天然面料为主。面料自然宽松，柔软舒适，吸汗，透气性好，染色性能好。

2. 休闲装的颜色：颜色广泛，以接近大自然的颜色为主。

3. 休闲装的图案：休闲装的图案根据设计师不同的意图而不同，非常多元化，以夸张、时尚、个性、抽象为特点，辅以不同的时尚元素（铜扣、铆钉、明线、铜拉链、粗犷的流苏、多口袋、超大口袋等）做点缀。

4. 休闲装的适合人群：适合崇尚自由，追求个性的人群，以及想在工作之余放松自己的白领人士。

5. 休闲装的穿着环境：休假、户外活动、旅游、居家及一些对服装没有特殊要求的非正式场合。

6. 休闲装的印象：轻松、随意、舒适、帅气、洒脱、年轻、时尚、运动、有亲和力、简洁、富有朝气和活力。

（三）风情装

1. 风情装的面料特点：面料飘逸、柔软、轻薄、有动感及通透感，一般以丝、涤纶、纱、针织为主，配以蕾丝、荷叶、流苏或珠片、花朵等装饰做点缀。

2. 风情装的颜色特点：一般以轻、淡、雅的色彩为主，深的颜色为辅。

3. 风情装的图案：素雅、梦幻、柔和，如一些花朵圆点等。

4. 风情装的印象：妩媚、温柔、典雅，女人味十足，恬静、淑女。

5. 风情装适合的人群：适合温柔文静，女人味浓的、斯文的、妩媚的，性格内向的女性。

6. 风情装适合的环境：约会、宴会、酒会、晚会等较隆重的场合。

二、不同身材顾客配衣技巧

1. 顾客又高又胖。上衣长一点，颜色中性。身材高大且胖的女士，应尽量选择纵向，有条纹图案的面料，服装本身不宜采用过多的装饰物。佩戴的饰物不宜杂乱无章，应集中于一点，给人以强烈的印象。

2. 顾客又高又瘦。面料挺一点，颜色浅。身材高且瘦的女士属于模特体型，能够穿着的服装款式较多。太瘦的女性不应穿紧身衣服和速宽腰带。

3. 顾客又矮又瘦小。上衣短，颜色明亮，适合中短裙或短裤，裤型适中。身材矮小且瘦的人给人以小巧玲珑的印象，应穿比较活泼清秀的服装，选用明快的服装色彩，要避免分割类图案，最好穿比较密集的小图案。若想显得比实际身高稍高，应将着装的重点放在使腿部如何显得修长的服装上。可以选择颜色偏浅、质感强、有弹性、松紧适中、款式简洁的服装。而避免选用色泽深沉、质地硬的面料。

4. 顾客又矮又胖。上衣不能太短，也不宜过长，颜色中性偏深，长裤、中裤、中裙。身材矮小且胖的女士，较适合明快的服装色彩，选择小到中等图案为最佳，避免穿着有繁杂装饰的服装。服装面料应选用薄厚适中、给人以轻快感的材料，还要避免披大图案的围巾。不妨选择质地柔软垂坠，花色素雅，腰身适合并有纵向感的服装。而不宜穿质地粗厚，色彩热烈，过于紧身或线条不流畅的服装。

任务分析

通过以上内容的学习，我们知道小赵出错在“商品的介绍”这一阶段，当顾客留在某件服装前时，顾客已经对这件服装产生了兴趣。这时营业员应根据顾客的特征“专业、准确、细致”地为顾客介绍商品。在现代社会里，消费的大众化和消费的个性化是同时存在的。在本例中，顾客是一名穿着时尚的年轻女士，且追求时尚，这就是顾客的部分特征，通常这种类型的顾客的消费是个性化的，小赵的商品说明适合大众化消费者，因此，这位准消费者流失了。

任务实训

1. 训练名称：服装类商品销售。
2. 训练内容：针对不同顾客进行服装销售服务。
3. 训练时间：30 分钟。
4. 训练场地及设施：供展示介绍服装的场地、货架、服装若干等设备。

5. 评分标准：如表 5－3 所示。

表 5－3　　服装类商品销售评分表

评价内容	小组自评		小组互评		教师评价	
1. 是否用双手为顾客展示服装？	Yes	No	Yes	No	Yes	No
2. 介绍商品是否专业？	Yes	No	Yes	No	Yes	No
3. 介绍商品是否准确？	Yes	No	Yes	No	Yes	No
4. 介绍商品是否细致？	Yes	No	Yes	No	Yes	No
5. 为顾客搭配服装是否得体？	Yes	No	Yes	No	Yes	No
6. 是否能看懂服装标牌内容？	Yes	No	Yes	No	Yes	No
成绩						

任务 3
家电类商品销售服务

家电商品的品种繁多，各种商品的构造原理简繁有别，用途和使用方法也各不相同。消费者在选购家电商品时，通常会关注商品的实用性、耐用性、安全性、美观性及可靠性。家电商品营业员要从这几个方面为顾客提供优质服务。

任务学习目标

1. 能够根据客户要求进行常用家电商品推介。
2. 能够针对不同的家电类型做产品展示。
3. 可利用资料学习商品知识。

任务描述

一天，小李和妻子到 A 商场的小家电区打算买个吸尘器。他们来到一个出售“××牌”吸尘器的专柜前，营业员小红热情地接待了他们并介绍说：“我们的吸尘器很好的，吸得很干净。”

“它是怎样工作的？”小李边察看吸尘器边问，“当它碰到家具时，会有一个保险装置使它反方向行进吗？”

“哦！这个……对于机械上的细节我不是完全了解。”小红说，“我只知道向后拉棍把，吸尘器就会倒退。”

“对地毯的绒毛，它又怎么自动调节呢？”小李又问道，“是否有某种指针试探地毯的厚度，然后启动另一个机件升高或降低旋转器和吸头呢？”

“啊？还有这个啊！”小红尴尬地抓着脑袋，“我不知道，我只知道这是自动调节的。”

小李又蹲下去检查机器的底部，“哦！”他说，“秘密在这里。这些有槽沟的橡皮轮在绒毛的上面转动。当它们上升或下降时，旋转刷和吸头也上升或下降。”

“没错，没错！”小红急忙说，“先生，您真厉害。您还有别的问题吗？”她翻开订购登记簿，“我们的吸尘器销路很好……”

小李和妻子对视了一下，“我们再考虑考虑，过一会儿再回来。”随即就离开了。

“我的天！这个营业员实在是太糟糕了，问什么都不知道！”小李说。“是啊，估计她的吸尘器也好不到哪儿去！”小李的妻子接着说。

动动脑? 同学们，请想一想，营业员小红究竟哪里做得不好，让顾客流失了呢？

码 5－3　我不是在卖东西，而是在帮顾客买东西

任务学习

一、家电类商品销售服务流程

迎客、介绍及展示商品、购物开票、提货验机、提示维护、保养事项、送客。

二、家电类商品销售服务规范

（一）展示服务

家电类商品技术含量高，操作比较复杂，为了让顾客了解商品特点及性能，商品展示常采用终端演示的方法。

终端演示也称为商品演示，营业员通过对商品进行现场操作，达到使顾客了解商品目的的一种展示商品的方法。现场操作的目的是吸引顾客，刺激顾客的购买欲。

1. 终端演示的操作方法。

（1）商品功能演示。通过对商品功能的演示，使顾客了解商品的功能，激发顾客的购买欲望。例如电视机的演示展示，营业员通常会打开卖场中陈列的电视机，通过的顾客能够看到电视的显示效果，当有顾客驻足或询问时，营业员向顾客操作演示电视机的基本功能及特有功能，如上网功能、播放 3D 影片功能等。

（2）商品效果演示。通过对商品性能的演示，使顾客了解商品的性能和商品使用后产生的效果，从而激发顾客购买欲望。例如，出售空调时，向顾客演示空调的制冷性能，当冷气从空调吹出，使人感到凉爽的时候，空调的性能和使用价值就不言自明了。

（3）使用操作演示。使用操作演示是指营业员将商品的各种功能进行现场操作的演示方法。例如，在出售豆浆机时，营业员用食材现场操作豆浆机制作豆浆，让顾客品尝，使顾客真切体验商品的功能，从而达到吸引顾客的目的。

终端演示的注意事项：（1）在进行商品演示时，要面向顾客，使顾客看到演示的全过

程，使顾客全面了解商品；（2）要耐心细致地演示商品的操作方法，要给顾客以理解的时间；（3）要对每个功能都进行演示，对重点功能反复演示，直到顾客弄懂学会；（4）在用家电商品进行食品制作演示时，演示的前中后都需要做好个人和周围卫生工作，演示的过程中要戴上塑料手套和口罩；（5）演示的过程要与商品介绍相结合。

（二）家电类商品推介服务

1. 空调类商品推介要点。营业员首先询问顾客房间情况，如面积大小、层高、房间用途、供电状况、是否西晒、是否顶楼等，并询问顾客愿意购买什么价位的机型。根据顾客情况向顾客推介空调。

家用空调根据结构分为柜机、挂机两大类，根据制冷量可将空调分为不同的匹数，用P来表示，如1P、2P等。

挂机式：1P空调适合8～10平方米左右房间，1.25P空调适合10～14平方米左右房间，1.5P空调适合14～18平方米左右房间，大1.5P空调适合18～24平方米左右房间。

柜机式：正2P空调适合24～28平方米左右房间，大2P空调适合26～32平方米左右房间，正3P适合35～38平方米左右房间，大3P适合40～45平方米左右房间。

柜机空调能够作为室内的一种摆设，送风远，同时又有制冷、制热的功效，但适合面积较大的房间；分体机噪声较小，且不占地方，操作方便，但仅适合面积较小的房间；窗机使用起来方便，但噪声较大，现在全社会都倡导节能，营业员可建议顾客购买能效比较高的空调，如变频空调、双效王空调等。

2. 冰箱类商品推介要点。营业员在向顾客介绍冰箱时，应从以下几个方面介绍：

冰箱的容积：选择电冰箱容积的大小一般主要根据家庭人口数量来决定。通常按人均50～60L来计算，如3人家庭可选择180L，4人家庭选240L，5人家庭选280L。

冰箱的功能：冰箱的抗菌保鲜功能直接决定着食品和水果蔬菜的卫生和保鲜度，直接影响着消费者的身体健康。因此，在推荐冰箱时首先要关注电冰箱的抗菌保鲜功能。常见的机械温控冰箱对温度的控制不稳定，不能全面满足保鲜需要。电脑温控冰箱就能实现精确的温度控制，从而有效地抑制红菌繁殖，达到抗菌保鲜作用。

冰箱的耗电量：推荐电冰箱时不要只看电冰箱的价格，还要考虑冰箱的其他费用。如：节能电冰箱的价格比普通电冰箱的价格贵一些，但它的价格差低于冰箱的运行费用，买节能电冰箱既省电又省钱，营业员在推荐此类冰箱时可帮顾客算一算经济账。可根据存放东西的多少、开关的次数判定。

3. 洗衣机类商品推介要点。营业员可以从家庭情况、家庭居住条件、供电情况及洗衣机特点为顾客进行推介。

（1）家庭情况。老人或身体欠佳人员家庭：应建议老年人或身体欠佳人员买操作简单、控制面板字迹清晰的波轮洗衣机。

双职工家庭：这类顾客收入稳定，工作忙，时间紧，并且衣物要常换洗。应向他们推荐一台功能先进的新型洗衣机，这样可适合不同洗涤要求，如在上班前预定好洗涤时间，下班才晾晒等，便于合理利用时间。

小康家庭：向小康家庭推荐洗衣机适合选择功能全、用途广的机型，如有洗涤、加热、烘干等多功能洗衣机，且外观新颖、典雅。

有孩子的家庭：如果顾客家中有上学的学生，因衣物较多，建议推荐容量较大的洗衣机；如果是婴幼儿，建议推荐有防菌杀毒作用的健康型洗衣机。

农村家庭：适宜推荐操作简单、价格便宜的波轮式双桶洗衣机，节水节电。

（2）家庭居住条件。房屋面积较大且厨房面积较大，不常搬运时，可推荐滚筒洗衣机；面积居中时选择波轮洗衣机；面积较小家庭可选择超薄型、超窄洗衣机。

（3）电力供应情况。帮顾客选购洗衣机时必须初步了解一下顾客的供电情况，一般照明用电的是220V、50Hz，但是若顾客家所在地区有时因供电设备陈旧或电线设备不合理等原因造成电压不稳，应注意推荐宽电压洗衣机。如顾客要求有热水洗涤功能或有烘干功能的洗衣机耗电量也很大，要询问顾客家电线是否可承受了。

4. 电视类商品推介要点。电视机应针对产品的性能、使用方法、效果等做具体讲解：

选择尺寸：一般来说，10平方米以下的房间配21寸以下的电视机；10～12平方米的房间配25寸电视机；10～15平方米适合配29寸电视机；15～20平方米适合配34寸电视机；25平方米以上适合配37寸以上电视机。

经济条件与先进性、实用性：虽然选择的房间尺寸一样，但可根据顾客的经济条件和需求功能选择不同种类和功能的电视。

品牌：营业员可以建议顾客尽量选择知名品牌，虽然价格性能比较高，但其质量有保证，售后服务良好，维修费低，零配件供应方便。

（三）试机检验服务

为了保证顾客能够购买到质量合格的家电商品，营业人员要为顾客提供试机检验服务。

1. 礼貌验票。当试机员接到顾客购买的商品，应礼貌地请顾客出示销售票的顾客联。试机员依据销售票，核对机型、型号是否相符。

2. 开箱验机。

（1）开箱。将欲检验商品，根据不同品种和大小打开纸箱。需要两人合作开箱搬运的，依据工作情况合理谨慎打开商品包装。

避免包装钉和其他杂物掉入箱中，划伤机壳。

（2）检查外观和附件。对开箱的商品，试机员请顾客检验外观情况，是否有划伤、硬伤及不合要求情况；并检查各类商品相应附件是否齐全，是否符合要求。

（3）调试。不同商品的性能指标及调试的内容都不同。营业员应根据说明书或国家标准逐项认真实验，凡不合要求的不应出售。

在试机过程中，有时出现接上电源后，打开电源开关，机器不工作，也没有任何反应，这种现象多数是由于电源没接通所致。应检查电源情况，若电源已接通，机器仍不能正常工作，是属机内有故障，应请技术人员检测，营业员不能随意调整、修理。

（4）记录盖章、签字。试机员按要求，在销售票背面记录盖章，并请顾客签字确认。

（5）讲解保修。试机员向顾客讲解有关商品保修程序、要求和三包规定。

3. 装箱。将所验商品装箱，装齐附件，包好内外包装，并按规定用专用封箱带封箱，并保证搬运中不因此而出现问题。

检查箱内是否有杂物，避免划伤机壳。

4. 记录。根据实际检验情况对有问题商品，填写试机检验记录，并分析问题原因，提出改进意见，上报门店经理。

5. 问题的解决。对试机中出现的外伤及性能问题，应及时发现，属于质量问题的要热情帮助顾客再进行调货。针对不同问题，要认真填写试机检验记录单，对于顾客不清楚问题要耐心进行讲解。

对有问题商品，要按不合格商品控制程序分别进行记录、贮存、管理。

三、家电类商品销售基本技能要求

1. 熟悉了解负责区域内每一种家电商品的使用方法、耗电情况、突出特点。例如销售空调的营业员应了解空调的种类、基本结构、工作原理、使用空调时应注意的事项及维护、保养等事项。

2. 充分了解负责家电商品的品牌知识产品特色以及应用先进技术。

3. 了解市场竞争品牌相关技术。

4. 准确判断顾客需求，为顾客提供满意商品。

知识拓展

获取家电类商品知识的途径

1. 商品使用手册。有的商品厂家会配上使用手册、使用说明书，甚至录像短片，这些资料都是很好地学习商品知识的工具，营业员也可以通过登录厂家网站了解商品知识。

2. 接受培训。这是最重要、最有效、针对性最强的方式，在培训中营业员可以充分了解所售商品的相关知识。现在有很多零售企业都编写有商品知识手册或是开办商品专业知识培训课程，都是专门针对新进员工的。这是学习商品专业知识最系统、最快速、最好的一种方式。

3. 向有经验的同事请教。向有经验的同事请教也是一种有效的学习方法。因为资历比你长的同事，对商品的了解也会比你深入，而且他们的经验基本都是从实际中积累、总结出来的，所以实用性、针对性更强。尤其对于新入职的营业员来说，向老同事请教是帮助你成长的最好方法。但是要注意的是，请教问题要掌握时机，千万不要妨碍同事的工作，最好是选择他们不太忙的时候或是闲暇之时再提出你的要求。

4. 从厂商业务员处学。业务员都希望营业员替他们多卖出一些产品，所以往往都会乐意解答营业员的问题并为其提供资料。营业员可以从业务员处了解的信息有该商品的相关知识、在其他店或其他地区的销售情况、供需状况、价格的变动情况等。

5. 向顾客学习。一般来说，营业员的商品知识会比顾客丰富一些。但是，也不要小看了顾客，为了购买到最适合自己的产品，他们往往会货比三家。在这个比较的过程中，他们可以知道关于同类型其他产品的各种特点，而这些内容营业员未必了解。因此，营业员若能留心收集他们的意见，就能对自己所销售商品的优缺点有更深入的了解，销售时的说服力就会更强。

6. 自己观察商品。商品本身是最好的信息源，认真观察商品也能学到很多东西。在没有顾客的时候，营业员要抓紧一切机会观察新进的商品，要利用拆包装、写标签、往货架上放置商品的机会熟悉它们。有时候就连那些不可能试用或拆开包装的商品只要能拿在手上端详一下，也会对它的印象加深一些。此外，营业员也可能用一些时间阅读商品说明，从而使自己尽快熟悉和掌握商品知识。

7. 自己使用、研究。营业员亲自使用一下商品，是增进商品知识最直接、最确切的方法。营业员有了亲身使用商品的第一手资料，回答顾客的问题也会相对容易多了。

任务分析

营业员小红在进行销售的过程中，热情地接待顾客，服务态度良好，服务过程也较为细心，但最终没有达成销售。问题出在了介绍商品环节，家电类商品同鞋类、服装类商品介绍展示不同，介绍商品时，要介绍商品的功能特点，并适当介绍工作原理，让顾客信服。

家电类商品销售服务中，商品知识就是推销力，营业员就是商品专家，要能够帮助顾客选购称心如意的商品。

任务实训

1. 训练名称：家电类商品销售服务。
2. 训练内容：根据提供的商品及商品资料介绍展示商品。
3. 训练时间：30 分钟。
4. 训练场地及设施：营销实训室、三款豆浆机，及相关材料、杂粮等。
5. 评分标准：如表 5－4 所示。

表 5－4 家电类商品销售服务评分表

评价内容	小组自评		小组互评		教师评价	
1. 是否掌握商品专业知识？	Yes	No	Yes	No	Yes	No
2. 介绍商品时语言是否流利？	Yes	No	Yes	No	Yes	No
3. 介绍商品时是否能突出特点？	Yes	No	Yes	No	Yes	No
4. 是否能根据顾客需求推介商品？	Yes	No	Yes	No	Yes	No
5. 演示商品使用时操作是否规范？	Yes	No	Yes	No	Yes	No
成绩						

任务 4
食品类商品销售服务

自然界的天然可食性资源原本就很丰富，再加上它们的再加工产品，使食品成为商品种类非常丰富的大家族。诚信销售、食品安全是当今消费者购买食品时最为关心的问题。卖场的食品销售服务中，应该注意这两个方面，让消费者买到放心、满意的商品。

任务学习目标

1. 能够判断食品质量是否合格。
2. 学会冷鲜食品管理。
2. 学会使用称量工具。

任务描述

在网上流传着这样一个让人哭笑不得的小笑话。

近日，一名顾客在一家小超市里看见有某品牌的散装大米出售，正准备购买时，发现有几条米虫在蠕动。顾客吃惊地问："这米里怎么有虫？"女营业员杏眼一瞪道："有啥奇怪，米里有虫很正常，就像人要吃饭，米虫当然也要吃饭的。"听了这番"理直气壮"的话，顾客打消了买米的念头。转身离去时，营业员还在唠叨："米虫吃下去还有营养呢，抱怨啥？真是拎不清！"

动动脑？ 同学们，若你是顾客，你会在这家店买东西吗？

任务学习

卖场内销售的食品种类繁多，有保质期较长的包装食品，有日配食品，也有对保管要求较严格的生鲜食品，而食品质量又关系到顾客的身体健康，因此，卖场内的食品销售服务包括为顾客推介展示计量等常规服务，还包括对食品质量的管理。

一、食品销售服务规范

（一）介绍服务

1. 实事求是、态度诚恳、语言准确。
2. 探知顾客心理，根据顾客需要进行介绍。
3. 以专业的知识向顾客介绍商品。

码 5－4　法律法规

（二）展示服务

食品类商品展示服务常用试用展示法。

试用展示法是请顾客品尝商品味道和口感，感触商品质量的一种展示方法。通过让顾客品尝，充分显示商品的优势和特点，博得顾客对商品的信赖，尤其适用食品行业新推出的产品的展示。

相关链接

卫生部颁发的《散装食品卫生管理规范》中规定，经营者销售直接入口食品必须做到由专人负责，销售人员必须持有效健康证明，操作时须戴口罩、手套和帽子；供消费者直接品尝的散装食品应与销售食品明显区分，并标明"可品尝"的字样。

（三）保质期管理

根据《食品安全法》中对保质期的要求，营业员应定期检查所负责区域食品的保质期。对临近保质期的食品实行销售专区制度，区别其他食品实行醒目标示制度。

临近保质期商品包括：保质期为1年以上，期满之日前45天；保质期为半年以上不足1年，期满之日前20天；保质期90天以上不足半年，期满之日前15天；保质期30天以上不足90天，期满之日前10天；保质期16天以上不足30天，期满之日前5天；保质期少于15天，期满前之日1~4天的食品。

（四）生鲜类食品销售服务

1. 生鲜类食品定义。生鲜类食品按照加工程度和保存方式不同，分为初级生鲜商品、冷冻冷藏生鲜商品和加工生鲜商品三大类。

（1）初级生鲜商品：凡属于新鲜的、未经烹饪等热加工的蔬菜和水果；家禽和家畜；水产品中的鱼类、贝类等，经简单处理后在冷藏、冷冻或常温陈列架上贩卖的商品。

（2）冷冻冷藏生鲜商品：其中包括冷冻食品和冷藏调理食品两类。

冷冻食品：以农、畜、水产原料经加工调理，急速冷冻及严密包装在－18 ℃以下储存及贩卖的食品。

冷藏调理食品：以农、畜、水产原料经加工调理，急速冷却及严密包装在7 ℃ 以下储存及贩卖的食品。

（3）加工生鲜商品：经过烹饪等热加工处理后的熟食、面包点心和其他加工食品。

2. 生鲜类食品管理规范。

（1）卫生干净。提供给顾客一个洁净、舒适的购物环境，让顾客有一个愉快的购物心情，这是最基本的要求。生鲜作业人员严格要求其着装及仪容仪表，以建立良好的个人卫生习惯，可减少生鲜商品受污染，且可确保生鲜商品的鲜度与品质。

（2）新鲜品质。营业人员对于生鲜食品质量要严格把关，建立严格的验收货制度。将进货日期、品名、规格、数量、质量完成入库手续，收货员、录入员、生鲜主管务必在验收合格的永续订单上签名确认，以形成相互连接的控制链。

（3）鲜度管理。鲜度管理即保证生鲜商品在卖场及加工间都能处于最佳卫生状态下，使商品的寿命更长、价值更高，从而提供给顾客最新鲜的农副产品。只有具备良好的现场作业管理与良好的保鲜专业技术才能确保生鲜商品的鲜度和质量。明确各项生鲜商品和加工原料的理想存储温湿度要求，使商品和原料在待售、待用状态下保持最佳品质。例如，熟食柜销售的食品，其温度不能低于6℃；冷藏、冰冻卧柜的商品陈列均不得超过装载线；各种展示柜、冷冻（库）均需有温度调整记录手册及操作规范；关店之后，应把最易损耗（坏）的商品打包放入冷藏或冷冻库内。

（4）顾客需求。只有有效满足顾客的需求，才能实现最终目的——创造经营利润最大化，企业才能持续经营和发展。因此在卖场生鲜经营管理上，要注意将生鲜商品质量的筛选方法用POP牌告诉顾客，以降低人为损耗；并明确标出各种生鲜产品的料理方法或营养成分，以吸引或增加新的顾客购买，这样才能换来顾客的长期信任和购买以及企业的长期利润回报。

二、食品销售服务技术

（一）称量技术

现代商场中销售的食品中除定量包装商品外，还有许多不定量包装食品和生鲜果蔬等散装商品，这些商品在销售过程中需要计重，营业员使用计量器具实现为消费者服务的目的，称量的过程要达到“快速、准确、连续、自动”的称量要求。在计量工作中应严格遵循国家的法律法规，做到诚信经营、公平经营。

台式电子计价秤是现代食品称量的主要工具。通常称为电子案秤或电子计价案秤，简称为电子秤。

1. 电子秤的使用操作。

（1）开机校验。将电子秤放在水平面上，接通电源、开机，检查各个操作键是否正常，检查电子秤是否处于平衡状态（图5－6）。

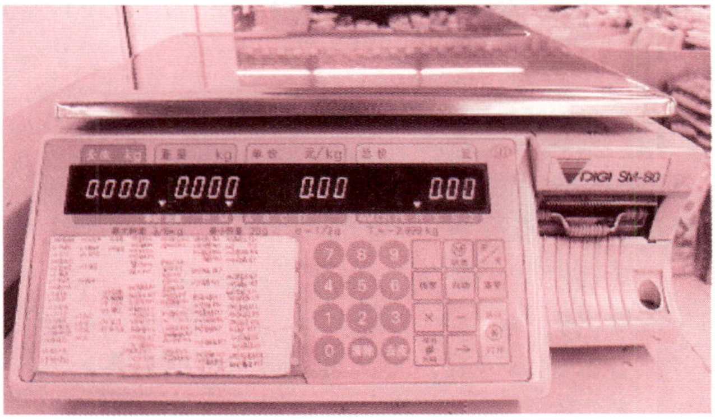

图5－6

（2）放商品。将称量的商品放到秤面上。若需要容器进行称量，要先“去皮”。

（3）输入单价。输入称量商品的单价。输入时要注意重量单位。

（4）显示金额。常用电子秤会在双面显示屏上显示重量及金额。

在现代大型超市中应用的电子秤，具有存储及打印条形码的功能。在称量时，只需按相应快捷键，就可以称量并计算对应商品的金额，并可生成、打印条形码。

2. 电子秤使用时必须注意的问题。

（1）经常检查其准确性。在使用电子秤之前应检查其是否符合国家的计量标准，如不符合则坚决不能使用。为此必须检查：

①秤在运输过程中零部件是否损坏。对新购置的秤要严格校对，发现准确性、灵活性有问题的应及时退换；

②使用前认真进行检查秤放置是否平稳，发现不准及时调整；

③在使用过程中，对各种秤也要注意进行经常性的检查。如使用案秤连续称量10～20次以后，应在空秤下重新调整秤的平衡和零点。特别是秤使用一定时间后，由于保管不当或自然磨损等原因，有的就会失去灵敏性和准确性。所以，计量使用的各种秤要定期检修，一般每年都要由计量管理部门检查一次。磨损严重以致无法修理的即行报废，不能勉强使用。

（2）严格称量范围。营业人员在使用不同的秤时一定注意掌握其称量范围：电子秤称物重量不得少于5克；案秤称物重量不得少于载重量2千克的1/100和载重5千克、10千克、20千克的1/50；台秤称物重量不得少于最大载重量的1/20。

（3）严格按规范操作。顾客最关心电子秤的准确，如果称量不准确就会导致顾客的不满。因此，营业员在称重商品时一定要确保衡量的准确，为使电子秤称重准确，就必须遵守以下要求：

①称量商品应放在称盘的中央位置，同时不得与立柱或地面及其他物品接触，以免影响称量的准确性；

②秤盘要保持干燥、清洁，避免与热源接触；

③每次称量商品后要把秤盘上的碎屑清除。

（4）注意对电子秤的保养。对电子秤的保养也是为了保证电子秤的准确性，在保养时，要特别注意以下几个问题：①注意保持电子秤的卫生；②电子秤不宜放置在阳光下直射，也不宜在高温、低温、潮湿以及有风的地方使用；③商品称重时，要轻拿轻放，切忌摔砸。

（二）商品分割技术（以猪肉为例）

1. 猪体分割要求：

（1）原片分切成前腿、后腿肉、方肉、大排；

（2）前腿必须上五下四根肋骨中间直线斩下；

（3）后腿在骑马骨一节处斩下；

（4）大排依背骨3厘米处斩下，需直线，不凹凸为标准；

（5）腰内肉必须整根拉出。

2. 装盒分切要求（装盒需饱满美观，并且可直接出排面为主）。

（1）大排厚度在2厘米左右，每块排骨一般先下刀少许，再一刀割下，保持刀面整齐，盒装要求，排骨整齐，刀口顺时针方向排列，可以分两排排列或回转排列；

（2）肋排依盒大小分割装盒，做到盒中不露夹层膜；

（3）方肉“五花肉”可整块装盒和切条装盒，但需刀口整齐；

（4）前腿装盒先取梅花肉分盒装，依肉块切块少修净边角内膜装盒，可翻身装和蝴蝶刀装盒；

（5）后腿可按翻身修净边角膜装盒，装盒过程中必须剔除猪腱子，以提高猪肉的附加值；

（6）炒排依3厘米左右大小剁碎后装盒，肉面朝上，骨朝下。

知识拓展

食品商品品质检查标准

食品营业员在销售服务过程中要学会鉴别商品品质，不同商品的检查标准是不同的。

1. 果蔬类。无病虫害、生理病害及严重污染；新鲜、成熟、外包装良好。

2. 加工肉品。加工的畜产品或水产品经过冷冻冷藏处理而有下列情形者，应撤柜，停止销售。

（1）产品发黑、无光泽者。

（2）白色产品过白者，表示有漂白剂存在。

3. 冷冻食品。冷冻食品的形状要完整，颜色要正常，不得有破碎、变色的情况。包装内不得有结霜、结块的情形。

4. 冷藏食品。

（1）冻肉类。肌肉有光泽，色红均匀，脂肪洁白；肉质紧密，指压后的凹陷立即恢复；外表及切面微湿润，不黏手；无异味，具有鲜肉正常气味。

（2）冻禽类。眼球饱满；皮肤有光泽，因品种不同，色也不相同，肌肉切面发光；指压后的凹陷恢复较快；外表微干或微湿，不黏手；具有禽类的正常气味。

（3）冻鱼类。鳃盖紧闭，不易揭开，鳃丝清晰透明，呈鲜红色，无异味；眼球饱满突出，清晰晶亮，角膜透明，眼目会有一定光泽，如黄鱼呈黄色、带鱼呈银白色等；形态完整；鱼体清亮，具有各种鱼类的应有光泽，鱼鳞紧贴鱼体，腹部呈乳白、青白、黄或银白色；肉质坚实，弹性强，指压后即复原，肌肉组织致密，有韧性，肉与骨不易撕离；无异味，且有各种鱼固有的鱼腥味。

（4）奶品。颜色不混浊，或无沉淀物、结块。

（5）豆制品。无发霉、酸臭、黏液。

（6）丸干类。无发霉、酸败、黏液或颜色过白。

（7）调理食品。无酸败、黏液、发霉。

5. 罐头食品。罐形正常，无凹凸罐、生锈、刮痕或油渍。

6. 腌渍蔬菜。包装无破损，无液汁流出；无腐败味道；液汁清澈或液汁饱满；真空包装完好。

7. 调味品。罐盖被打开或有杂物混入、破损潮湿、有油渍等均为不良品。

8. 食用油。包装完整，不漏油，如是铁罐装还应不锈，油脂应清澈，不能混浊不清，无沉淀物或泡沫，如有沉淀物及泡沫表示此食用油品质低劣或已混入低级油脂。

9. 奶油及人造奶油。无怪味，无变形；包装无破损和不洁。

10. 饮料类。包装完整密封，不漏气；无凝聚物或其他沉淀物；无混浊、杂物、凸罐。

11. 奶粉、奶精、咖啡类。包装完整、无破损，无凹凸罐；没有结块，晃动时有松软感；内含物没受潮或成胶状；包装应为真空，无气体混入。

12. 米及五谷。里面无杂物；没有受潮、结块；没有生虫或经虫蛀；包装与实物符合标示；无发芽或发霉。

13. 糖果、饼干类。包装完整密封，无破损；内容物无破碎、未受潮；无凸包现象；无发霉现象。

14. 蛋类。蛋壳无污黑、破损；蛋壳光滑，无粗糙感；皮蛋的蛋壳表面无黑褐色斑点。

任务分析

同学们的答案一定和那位顾客是一致的，不但不会在这家店里买米，以后可能都不会再去光顾这家超市了。若一直这样下去，这家超市的结局，也就不难想象了。

食品经营企业在经营过程中一定要重视食品卫生安全问题。而营业员正是企业的窗口，食品营业员的销售服务职责之一就是保证食品质量合格。这就需要营业员掌握一定的商品保管与养护知识，以保证顾客买到放心食品。

任务实训

1. 训练名称：称量。
2. 训练内容：按购货单要求分别称出400克、250克各一份，然后将所称糖果装带系口。
3. 训练时间：45分钟。
4. 训练场地及工具：实训室、油笔、电子秤、糖果若干（硬糖）、塑料袋、称量用具等。
5. 评分标准：如表5－5所示。

表5－5　称量评分表

评价内容	小组自评		小组互评		教师评价	
1. 电子秤使用前是否进行检查?	Yes	No	Yes	No	Yes	No
2. 称量过程是否有糖果掉落?	Yes	No	Yes	No	Yes	No
3. 单价输入是否准确?	Yes	No	Yes	No	Yes	No
4. 误差是否小于一块糖?	Yes	No	Yes	No	Yes	No
5. 糖果袋系口是否牢固?	Yes	No	Yes	No	Yes	No
6. 糖果袋是否有破损?	Yes	No	Yes	No	Yes	No
7. 是否在1分30秒内完成?	Yes	No	Yes	No	Yes	No
成绩						

任务5
百货类商品销售服务

百货是商品的总集合，包括鞋类、服装类、食品类、家电类等常用商品品类。随着生活水平的提高，人们对商品的需求范围越来越广，百货的商品品类也越来越多，如黄金珠宝、床上用品、化妆品等。销售服务人员应针对每一种商品特性为顾客提供销售服务。

任务学习目标

1. 能按照销售服务规范销售百货类商品。
2. 能够运用语言技巧推介商品、会用规范动作展示商品。
3. 会填制销售凭证。

任务描述

在某家商场，朗宁餐具公司为了展现其玻璃制品的无比坚固，让顾客把玻璃制品当铁锤用，将一支三寸长的铁钉钉入一块两寸厚的木头内，一下一下的用力敲击令顾客大为兴奋紧张，最后钉子钉进去了，玻璃制品却毫无损伤。顾客感到惊叹不已。这个活动让很多顾客认识了朗宁餐具，朗宁餐具销量大增。

动动脑？ 同学们，请想一想，为什么朗宁餐具销量大增？用同样的方法营业员将如何展示丝巾、数码相机、新式地板清洁剂？

码5－5　如何能让顾客认可你的价值

任务学习

一、黄金珠宝类商品销售服务

（一）销售服务规范

1. 顾客近柜时适时服务，适度推荐合适的商品，随时观察顾客表情变化。

2. 如实介绍商品的品种、性能、特点、使用保养知识，耐心为顾客比较挑选，当好参谋。

3. 帮助顾客选购款式时，应戴上手套，用托盘放置商品；可试戴的商品，帮助顾客试戴；不能试戴的，应礼貌地告知顾客原因。

4. 项链、手链类饰品，应帮助顾客试戴，然后取镜，让顾客对镜，对照长短是否合适。如尺寸不适（太长），或视情况给予改短，并按当日金价扣除，重新核价。

5. 挂件类饰品，应将挂件与项链搭配在一起，以便了解是否适合，并帮助顾客试戴比较，充分选择。

6. 戒指类饰品，应让顾客试戴。若是死扣戒指，应首先让顾客试戴手寸圈，选择合适的手寸，然后为顾客介绍商品。若顾客看中的商品无所需手寸的，应替顾客改手寸（指可改手寸的款式），并在发票上注明，原手寸和现手寸。

7. 介绍商品时应同时告诉顾客不同足金饰品和钻饰品的含金量区别，以及告知今日黄金牌价和饰品的加工费。

8. 开票成交前，应协助顾客验看商品外观质量。足金类、工艺饰品查看饰品的焊点、表面光洁程度等；镶嵌饰品看齿口是否镶嵌好，并让顾客确认。

9. 单颗钻石在0.20克拉以上的则必须提供鉴定证书，翡翠饰品在5000元以上的必须提供鉴定证书。

10. 按规范开具发票。

（1）足金类：填好货号（操作编码）、商品名称（成色）、克重、单价、工费金额、柜号、经办人（工号）、日期等内容。

（2）珍珠玉器类：填好货号（操作编码）、商品名称、单价、金额、柜号、经办人（工号）、日期等内容。

（3）镶嵌类：填好货号（操作编码）、商品名称、克重、宝石重量（钻石）、金额、柜号、经办人（工号）、日期等内容。

11. 商品成交后应让顾客验收确认，用专用材料对商品进行合理包装。

（二）安全要求

1. 一名营业员只接待一名顾客，不同时接待两名或以上的顾客。如同时有两名以上顾客需要服务，则请顾客稍等。出具商品时注意力集中。

2. 展示商品须为单件，不同时出示两件或两件以上的商品，收回一件商品后，方可出示另一件商品。

3. 出示所需商品，首先打开柜门，取出商品后锁好柜门。

（三）专业知识及基本技能要求

1. 熟悉了解各种饰品的特性和区别，熟悉保养知识和其他注意事项。

2. 能准确复称黄金饰品的重量。

二、化妆品类商品销售服务规范

（一）服务规范

1. 化妆品营业员的工作妆面，应突出所在的品牌要求和个性特征，向顾客传递时尚色彩讯息（图5－7）。

图5－7

2. 仔细聆听顾客需求，细心观察顾客肤质，推荐适合的产品。

3. 充分揣摩顾客试用心理，不强迫顾客接受免费试用。帮助顾客试用护肤品时，须保持双手清洁。先用洁肤水为顾客清洁皮肤，后试用产品。

4. 试用产品时，应同时向顾客介绍正确的使用方法、使用步骤、可能引起的敏感反应及其他注意事项。

5. 推荐配套产品时，应在尊重顾客选择的基础上，提供专业意见。

6. 商品成交后必须请顾客验收，并对商品作仔细包装。

7. 附赠试用装的须向顾客说明使用方法。

（二）专业知识及基本技能要求

1. 掌握化妆品销售的基本常识。

2. 掌握产品的成分、功效差异以及产品使用注意事项。

3. 熟练掌握肌肤测试和日常护理方法。

4. 充分了解品牌的文化背景和产品特点。

码5－6　防盗

三、床上用品类商品销售服务规范

（一）服务规范

1. 顾客询问时，应耐心详细介绍，并且与顾客充分沟通，了解顾客需求。

2. 商品介绍应与顾客提供的室内装潢风格相吻合，满足顾客个性需求。

3. 展示成套商品时，须逐一出示，整床摊开，让顾客客观了解商品品质。同时，如实介绍面料成分、加工工艺、填充物、规格种类等要素，让顾客充分选择。

4. 商品成交后，应让顾客按件验货，同时，详细介绍洗涤保养方法及其他注意事项。

5. 如顾客购买大件商品，应主动帮助提货至电梯口或送至方便路口。

6. 如顾客要求送货，应登记联络方式和相关信息，并按时送达。如有变动，需在第一时间通知顾客，以得到顾客确认和谅解。

7. 专柜提供床品改制或订制服务的，需根据顾客要求，在与顾客和厂家共同确认尺寸、价格等因素的基础上，做好登记，按质按量如期交货。如顾客或厂家任何一方发生与改制或订制相关的内容变动，需及时告知，并向另一方确认，以免因信息传递不完全或误解影响交货质量。

8. 提供现场充绒服务的专柜应明示各类绒料的含绒成分和价格等内容，按顾客的要求，提供充绒服务，并全面告知使用及保养知识。

（二）基本技能要求

1. 掌握床上用品的相关专业知识和服务技巧，能充分揣摩顾客心理。

2. 对商品面料的成分构成有比较专业的了解。

3. 能熟练介绍商品成分带上的国际通用标识符号。

4. 充分了解品牌的设计风格和产品特色。

知识拓展

展示商品时拿放商品的要求

1. 准确拿放商品。准确拿放商品是指营业员通过观察判断顾客的体型和身体状况，根据顾客需求准确地拿递商品的过程。例如看顾客的脸色、皮肤，准确拿取适合的化妆品；看到顾客的手，准确拿取手镯、戒指等。准确地拿递商品，要求营业员的技能必须过硬，需要有一个知识和经验积累的过程，所以营业员要刻苦学习业务技能，熟练掌握商品知识，不断总结经验，才能准确地拿递商品。

2. 轻拿轻放商品。轻拿轻放商品是指营业员在为顾客拿放商品时要根据商品的特点、体积大小、贵重程度及质（重）量等，将商品轻轻地摆放到顾客面前。例如玻璃器皿、珠宝首饰、瓷器等商品，由于商品质地较脆，拿放不小心就会破损，因此拿放商品时要轻拿轻放且放平放稳，避免商品破损。对于贵重商品，要将商品摆到托盘或绒布中，轻轻地放到台面上，让顾客观看。轻拿轻放商品也是对顾客的尊重，是现代服务的要求，无论商品价格高低，营业员都应该轻拿轻放，不可扔和摔商品。

3. 双手递送商品。双手递送商品是指营业员在接待顾客过程中，要将商品用双手递到顾客面前或手中。随着社会的进步和消费意识的提升，人们到商场不仅仅是购买商品，购物过程也是一种休闲和精神的享受，双手递送商品满足了顾客的心理需求。双手递送的商品主要有穿戴商品、工艺礼品、贵重商品等。

任务分析

说一百遍不如做一遍，让顾客亲身体验商品，可以使营业员的商品介绍效果事半功倍。根据所售的商品，营业员可以选择展示，让顾客触摸，让顾客试用、教顾客使用等方法，可以让顾客充分感受商品。

丝巾：营业员可以展示丝巾的花式、款式、可以让顾客佩戴起来，可以教顾客几种丝巾的系法。

数码相机：营业员可以教顾客如何使用，并让顾客亲自试拍几张。

新式地板清洁剂：营业员可以在一块准备好的地板砖或木地板上示范，给顾客看它的清洁力有多好，让顾客观察它不会损伤地板，可以教顾客如何使用。

任务实训

1. 训练名称：百货销售展示。
2. 训练内容：根据不同商品的特性为顾客展示销售商品。
3. 训练时间：30 分钟。
4. 训练场地及设施：仿制黄金珠宝、化妆品、床上用品等。
5. 评分标准：如表 5－6 所示。

表 5－6　　百货销售评分标准

评价内容	小组自评		小组互评		教师评价	
1. 是否做到轻拿轻放？	Yes	No	Yes	No	Yes	No
2. 是否双手递送商品？	Yes	No	Yes	No	Yes	No
3. 为顾客试戴首饰时是否戴手套？	Yes	No	Yes	No	Yes	No
4. 为顾客试用化妆品时双手是否清洁？	Yes	No	Yes	No	Yes	No
5. 展示成套商品时是否逐一出示？	Yes	No	Yes	No	Yes	No
成　　绩						

思考与实训

一、选择题

1. 介绍商品时常用到 FAB 销售法，其中 F 指（　　）。

A. 产品的功能特点、工艺、专利等　　B. 市场上的优势

C. 给顾客带来的益处　　D. 给企业带来的益处

2. 销售服务是指企业在产品销售活动过程中，为（　　）提供的各种劳务的总称。

A. 卖场　　B. 供应

C. 顾客　　D. 企业

3. 商品介绍过程要做到（　　）。

A. 专业　　B. 精确

C. 准确　　D. 细致

4. 消费者在选购家电商品时，通常会关注商品的（　　）及可靠性。

A. 实用性　　B. 耐用性

C. 安全性　　D. 美观性

5. 终端演示方法包括（　　）。

A. 商品功能演示　　B. 商品效果演示

C. 使用操作演示　　D. 介绍演示

6. 营业员向顾客介绍冰箱时应从（　　）方面介绍。

A. 冰箱的容积　　B. 冰箱的颜色

C. 冰箱的功能　　D. 冰箱的耗电量

二、判断题

1. 销售服务的根本宗旨就在于：让顾客满意，树立企业形象，促进产品销售。（　　）

2. 顾客试衣不准超过三件，否则会影响销售。（　　）

3. 终端演示也称为商品演示，营业员通过对商品进行现场操作，达到使顾客了解商品目的的一种展示商品的方法。（　　）

4. 商品的展示与商品介绍是销售服务的两个独立过程。（　　）

5. 保质期为1年以上，期满之日前30天的食品是临近保质期食品。（　　）

6. 黄金珠宝的营业员为了使顾客选到满意商品，可同时展示多种商品。（　　）

三、辨析选择题

一个顾客在超市的食品架前逛了一会儿，在奶粉架前停了下来。一名营业员手持一罐婴儿奶粉向他走过来，“您好，要买奶粉吗?”顾客点了下头，营业员接着说：“我手里的这罐奶粉是××品牌的新产品，新西兰进口原料，添加了……”没等营业员讲完，顾客笑着走开了。另一侧的营业员看到了，走上前来问道，“您是想给谁买奶粉呢?”“想给我父母买点东西。”营业员高兴地说：“那奶粉可是很适合老年人的食品啊，您父母年纪大了，高钙奶粉很适合老年人的，人随着年龄的增长，钙质流失是很严重的！”顾客连连点头。“您父母有没有高血脂?”“我父亲有点。”“正好这里有一种新到的低脂高钙老年人奶粉，很好销的。您不妨买两袋送给父母。”顾客迟疑了一下，说：“既然这么好，那我就多买点，买四袋吧。”

案例中，同一顾客，不同的商品介绍达到了不同的销售效果。第一位营业员的销售服务缺少了（　　）。

A. 商品知识　　B. 商品安全知识
C. 与顾客沟通　　D. 了解顾客需求

四、案例分析题

顾客小田和他的父母到某商场购买电视机。当他们走进卖场时，家电区的营业员便热情地介绍：“来，看看这款电视吧，它的显示器具有8倍扫描，1250像素，是一个精显。”

听到这番话，小田和他父母面面相觑，感觉莫名其妙。

以上案例中，营业员的销售服务显然是失败的，营业员如何做才能让顾客满意？

项目六

6 收银服务

收银服务是商场销售服务管理的一个关键点。收银台是商场的“掌门人”，在短暂的收银结账服务中，集中体现了整个商场的服务形象。收银服务也不只是单纯的结账服务而已，而是整体系统销售服务的终结和顾客享受完美服务的关键。收银服务是商场销售的一个重要环节。

案例导入

秀气的收银员

某年中秋节这天，收银台前人潮涌动，大家都急着排队买单后回家过节，收银员也一个个手如飞梭：扫描、收款、点钞、找零……有个收银台前却不断传来顾客的争吵声，顾客排的队特别长，移动的速度特别慢。等走到那位收银员身边仔细观察，才发现了问题的“源头”：原来这位收银员特别“秀气”，慢慢地拿过顾客的商品，慢慢地一个个扫描，再缓缓地取过顾客递过来的钱，轻轻地放入收款箱，然后非常“秀气”地在箱内寻找零钞，再小心翼翼地递到顾客手中，再慢慢地接过下一个顾客的商品……整个过程极其缓慢，和动作麻利的同事相比，显得非常“斯文”，可在一边早已等得不耐烦的顾客实在无心欣赏与留恋这等“秀气”景观，一个个吵嚷起来：“你们这位收银员怎么这么慢啊？”“别的收银台这会工夫早就几个人过去了，这儿却这么慢！”“怎么回事啊？等得都急死人了！”埋怨声不绝于耳。

现代社会，在各行各业人才竞争激烈的今天，我们常可以听到这样的一句话“我们需要专业化的人才”。的确，在这个时代，随着整个社会成员综合素质的普遍提高，在各行各业中，良好的敬业精神已不单单是我们竞争的优势，而专业的业务知识和精湛的业务能力更能为我们赢得最终的竞争优势，对于销售服务行业尤其如此。

码6－1　收银员典型案例分析

任务1
操作收银机

随着零售企业的发展，经营规模的扩大，商品种类的丰富，原始的手工结算商品的方法已经无法满足现代商业发展的需要。电子收银机已成为现代零售企业收银服务人员工作时必备的工具，作为一名合格的收银人员，一定要学会熟练地操作电子收银机，并且能够处理收银过程中的异常情况。

任务学习目标

1. 认识收银机并能够熟练操作收银机。
2. 能够妥善处理使用过程中的异常情况。

任务描述

某商场顾客服务中心收到这样一个投诉，顾客杨某一家在买完单时无意中发现，他购买了2件某商品，而小票却是3件，与此同时，跟随他身后买单的家人，发现小票也出现了同一个问题。杨某当时非常气愤地跑到顾客服务中心，大骂："你们这简直是诈骗犯！"而且一直嚷嚷："如果不对这件事做出合理解释，我就投诉到消协！"并口口声声说"要炒掉这样的员工，要狠狠地处罚她！"闻讯而来的主管马上拿过电脑小票进行核实，发现情况确实如此，而且错误出自同一个收银员。主管立即向顾客道歉，并将这一家人引至自己的办公室内，并倒水安慰他们。待他们冷静后，主管再次对收银员工作的失误进行诚恳的道歉和检讨，并答应就此事要对该收银员进行严肃的处理和教育。

事后主管找到出错的收银员调查此事，原因很快就找到了，这名收银员是新入职的员工，对收银机的操作不熟练，商场通过此事认识到员工操作技能的重要性，加强了对新员工技能的培训。

动动脑? 同学们，请想一想，这名收银员错在哪个环节了？

任务学习

一、收银机的组成

收银机是指用于超市、商场识别商品、存放货款及记录销售情况的计算机终端设备。

1. 收银机的基本结构。

（1）主机。主机包括中央处理器、主板，其中主板基本上采用 PC 机的通用或专用主板，较好的收银机采用自行设计的 POS 机专用主板，以便在恶劣环境下有较强的工作能力。

（2）主显示器。主显示器即计算机屏幕，主要用于显示商品交易和商品管理信息，是收银员工作的视频窗口，一般为 9 英寸或 10 英寸的黑白单色显示器或液晶单色显示器，最高分辨率为 800×600，可以固定在收银机上，也可以前后、左右移动。

（3）顾客显示器。又称 LED 客显，面向顾客，用于收款时显示交易价格、金额等现场数据，根据需要可方便转动显示器方向。顾客显示器的结构通常有旋转式、升降式、固定式三种。其内容的显示种类一般有单排显示、多行显示、英文显示、中文显示、数字显示及语言报数等多种。

（4）键盘。一般 POS 机配备专用键盘。键盘输出与普通 PC 键盘兼容。POS 机的键盘为可编程键盘，具有强大的软件设定功能，出厂时每个按键的内容都是空白的，完全根据用户的需求，利用收银软件设定键盘上功能的键位布局，如 0～9 数字键、会员卡键、打折键、确定键、ESC（退出）键等，都是利用软件设定的。

（5）票据打印机。主要用于打印销售清单、销售报表，一般有针式打印机和热敏打印机。

（6）电子钱箱。独立于收银机，用于放置收银员所用的货币资金，配有锁，可与收银机相连接。钱箱可通过键盘上的按键控制自动打开，箱内分为若干小方格，以方便钞票按不同的面额和币种存放，钱箱内配有夹子将钞票压紧。

2. 外围设备。POS 机带有与收银机相同标准的串行通信口、并行通信口及扩展槽。配备的外围设备有：

（1）条码扫描器。

（2）电子秤。

（3）条形码电子秤。

（4）磁卡阅读器。它可读取信用卡信息，用于读取银行卡、商业企业发行的优惠卡、会员磁卡等信息。

二、收银机操作

（一）打开收银机

1. 打开收银机的步骤。

（1）开启电源。检查开关接触等情况，确认无误后开启电源开关，并检查其工作指示音是否正常。不间断电源（UPS）用于在市电故障时继续提供电源，以保护设备及数据不受毁损，市电故障时，UPS 将持续鸣叫以示警告。

（2）开启显示器和微型票据打印机等外设的开关。待 UPS 工作指示音正常后，开启收银员显示器和微型票据打印机等外设的开关，顾客显示屏、POS 键盘和钱箱没有电源开关，由主机直接供电。

（3）开启 POS 收银机主机的电源开关。此时可听到条形码扫描器通电指示音，同时系统将自动执行管理软件，直至进入相应的待机界面。

2. 登录销售系统。

（1）打开收银机后，首先选择进入 POS 销售系统。

（2）在“员工登录”窗口中，输入正确的员工编号，按 Enter 键。

（3）输入登录密码，然后按 Enter 键，如果密码正确即可进入系统。

（4）系统进入销售操作界面，如图 6－1 所示。

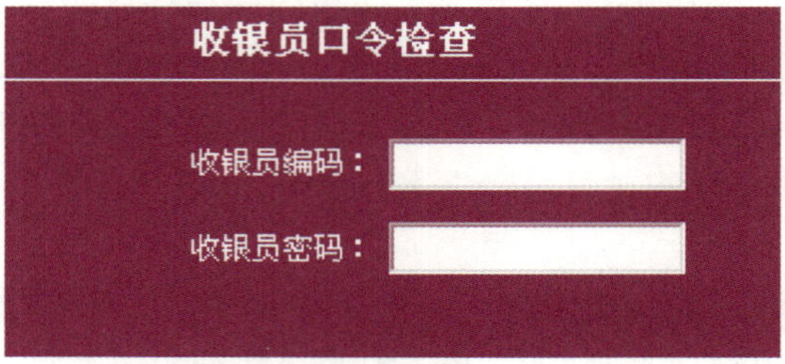

图 6－1　销售操作界面

（二）收银机收款

1. 扫描商品。

（1）收银员必须熟悉一般商品的条形码粘贴部位，迅速、准确地把商品的条形码面对扫描机。

（2）对于条形码有褶皱或不平整的，应将条形码摊平，然后再进行扫描。

（3）扫描器受到条形码信号时，会发出“嘀”的一声响，表示商品信息进入 POS 机。此时 POS 机屏幕中会显示商品的编号、名称、单位和单价等信息。

（4）对已扫入条形码的商品，收银员应以扫描器为界限统一放置于收银台出口一侧，防止重复扫描现象的发生。

（5）如果顾客购买多个同一商品，可在扫描后直接输入商品数量；而顾客购买不同商品时，可以直接进入下一个商品的扫描。

（6）收银员扫描时应扫描一件商品看一下屏幕，以避免错扫描或漏扫描现象的发生。

（7）对于部分无法扫描或扫描器无法识别的特殊商品，收银员应该对商品信息实行手动录入。

（8）对于顾客临时决定不要的商品，收银员应将商品放在收银台指定区域，等待理货员整理。

（9）收银员在成功扫描商品后，要向顾客正确报出商品的价格。

2. 商品消磁。消磁系统是商品的电子防盗系统，是利用声电、声磁原理所设计的、专门用于商场和超市等经营场所防盗的设备，主要通过系统的特定标签在通过检测装置时，相互作用发出报警而达到防盗的作用。商品的防盗标签有两种：软标签和硬标签。

（1）对于使用软标签的商品，收银员在扫描商品后，将其放置于消磁板上消磁。放置时应注意将带有磁性的标签面对消磁板。

（2）当听到“嘀”的声音时，表示消磁成功。

（3）对于使用硬标签的商品，收银员应将硬标签突出的一端插入取钉器中，然后将硬标签取下。

(4) 收银员应准确了解所有带磁性软标签的商品，对商品进行快速、准确的消磁。

(5) 回收的硬标签，收银员应统一放置，待交班时上交。

(6) 对于一些体积庞大、不容易搬运的商品，可以使用手持式消磁器对其进行消磁。

(7) 在对硬标签进行消磁时，要特别注意，不要损坏商品。

3. 结算账款。

(1) 唱收应收金额。扫描完顾客所有的商品后，按下“结账”键，POS 机屏幕上会弹出一个小屏幕，上面显示应收顾客的金额，收银员应向顾客唱收：“应收您××元”。

(2) 接受顾客的现金。顾客付款时，用双手接过顾客手中的现金，并向顾客说：“收您××元”。然后操作收银机，按“现金”键，并用数字键输入顾客所付的金额，然后按“ENTER”键。

(3) 唱找零。POS 机屏幕显示出“找零”金额，打印机开始打印购物小票，钱箱也会同时打开。收银员放入收到钱款，并从钱箱中找零，然后双手将找零及购物小票交给顾客，并唱找零钱：“找您××元”。

(4) 关闭钱箱。为顾客找零后，收银员要关闭钱箱。钱箱关闭后，会自动锁定，POS 机屏幕也会进入正常业务的操作界面。

(三) 关闭收银机

1. 退出销售系统。营业结束后，需关闭收银机时，收银员应先退出操作系统。具体操作如下：

(1) 在收银员准备退出销售系统前，必须先完成收银工作，不得在收银中途退出操作系统。

(2) 利用光标移动找到“退出”选项并选择。对于已经定义了“退出”功能键的收银机，直接按“退出”键。

(3) 系统会提示“是否真的退出？请选择是/否”。按“确认”键选择“是”退出操作系统；按“取消”键选择“否”，会返回销售界面。

如果无法顺利退出系统，应立即与收银机管理人员联系。

2. 关闭收银机。关闭收银机应遵循如下步骤：

(1) 退出收银系统后，不能立即关闭电源，而应等屏幕提示“现在可以安全关机了”时再关闭电源。

(2) 首先应关闭主机电源，再关闭显示器、打印机等外设电源，最后关闭 UPS 电源。

知识拓展

收银机使用异常处理

收银人员在收银过程中，电子收银机可能会出现故障，当故障出现时，要冷静解决或上报问题。

(1) 使用收银机时突然没有任何显示，应首先检查电源插头是否被碰掉，如果电源接通完好，则有可能是主机板或内存条有故障。

(2) 收银机显示混乱一般是收银机由于意外造成内部程序混乱，需要由专业维护人员进行相应处理。

(3) 收银机的打印机不打印一般是由于打印机某部分被卡住，另外可能是收银机由于异常而造成死机状态，需要依照具体现象判断并处理。打印机盖下装有压感开关的收银机，当打印机不打印时应首先检查机盖是否关好。另外，看看电源线是否接上、指示灯是否亮、暂停灯是否亮，如没有，则应先接好电源，打开打印机电源，按下“暂停键”。

(4) 收银机报警常见的故障有两个：一个是由于打印机内尘土、纸屑过多，挡住传感器，造成报警。这时应打开打印机盖，用吸尘器或吹风机清理打印机内部。另一个常见原因是有物品压在收银机键盘上，造成持续报警。

(5) 收银箱卡住可能是由于收银箱内放置货币过多，超出收银箱的容纳量，造成卡住。尽管有时放置过多货币没有卡住，也容易造成货币落入箱中抽屉后面。当货币较多时，应取出一部分另外存放。

(6) 条码扫描器扫描后信息无法正常传递给收银机，首先，可能连接扫描器和收银机的线路由于意外被碰掉或接口松动，造成彼此无法传递信息；其次，由于意外造成扫描器端口死住，不能进行数据传输。这时一般可以将扫描器电源断掉，再重新接通，对端口进行复位。

任务分析

通过学习，我们知道电子收银机收银操作包括打开收银机、登录销售系统、扫描商品、商品消磁、结算账款、退出销售系统、关闭收银机几个工作环节。案例中收银员的错误出现在了扫描商品环节，出现了同一商品重复扫描。

在扫描商品操作中要求“对已扫入条形码的商品，收银员应以扫描器为界限，统一放置于收银台出口一侧，防止重复扫描现象的发生。”“收银员扫描时应扫描一件商品看一下屏幕，以避免错扫描或漏扫描现象的发生。”收银员没有按照操作规范进行操作，造成同一商品重复录入。

任务实训

1. 训练名称：收银机操作。
2. 训练内容：使用收银机进行收银服务。
3. 训练时间：30 分钟。
4. 训练场地及设施：实训超市、收银机若干、各色商品等设备。
5. 评分标准：如表 6－1 所示。

表 6－1　收银机操作评价表

评价内容	小组自评		小组互评		教师评价	
1. 是否按开机步骤正确操作？	Yes	No	Yes	No	Yes	No
2. 是否能快速登录系统？	Yes	No	Yes	No	Yes	No
3. 能否快速扫码？	Yes	No	Yes	No	Yes	No
4. 能否进行手工录码？	Yes	No	Yes	No	Yes	No
5. 是否会消磁作业？	Yes	No	Yes	No	Yes	No
6. 关机操作是否正确？	Yes	No	Yes	No	Yes	No
成绩						

任务 2
结算银行卡

银行卡是一种由银行发行的融存款、取款、转账、消费结算等为一体的综合性、多功能的电子支付工具，也是货币的一种替代形式。

任务学习目标

1. 能够认识和区分各种银行卡。
2. 能够进行银行卡收银处理。

任务描述

当一名顾客提出付款结账并出示长城卡买单时，收银员接过顾客的卡一看，发现卡面编号上的后两位数字像是被什么东西刮过，已模糊不清。收银员向顾客询问是怎么回事，顾客解释说是前几天掉在地上，不小心踩了一下，捡起来看时，已经磨损。

动动脑？ 同学们，如果你是这名收银员，你将如何做呢？

任务学习

一、银行卡的识别与使用规则

目前在市场上流通的卡有三种：（1）人民币卡；（2）双币种卡；（3）国际卡。按银行卡是否能提供信用透支功能，可分为信用卡和借记卡。其中，信用卡按是否向发卡行交存备用金，又分为贷记卡和准贷记卡两种。

（一）信用卡的识别

1. 信用卡的正面内容，如图 6－2 所示。

（1）发卡银行名称。

（2）发卡银行标志。

（3）信用卡的使用范围。

（4）凸印的信用卡卡号。

（5）信用卡的有效截止期。

（6）凸印的持卡人性别、姓名。

（7）银联标志和银联全息防伪标识。

2. 信用卡的背面内容如图 6－3 所示。

（1）磁条。

（2）持卡人签名栏。

（3）发卡银行重要声明。

（4）发卡银行客户或授权服务电话。

3. 信用卡的审卡要点。

（1）验证卡片正反面完整无缺且无涂改或刮伤，卡片没有打孔、剪角、损坏现象。卡面的凸印号码没有被涂改的痕迹，卡背签名栏没有明显涂改痕迹。也没有“样卡”或“测试卡”或英文“VOID”（无效卡）字样，否则应拒绝受理。

（2）持卡人身份的识别。照片卡与持卡人相貌核对、持卡人性别是否与卡面凸印的 MS 和 MR 相符、相貌或性别不符应拒绝受理。

（3）卡片是否在有效期内，有效期为 2～5 年，一般情况下都是两年。

（4）卡背面签名是否与卡面凸印的汉语拼音或英文名相符，明显不符的应拒绝受理。

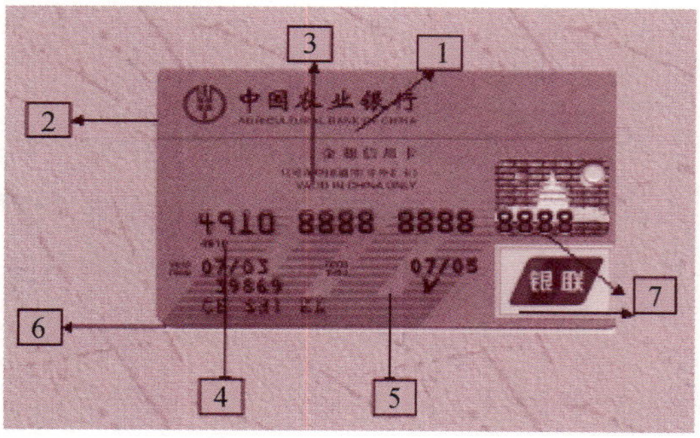

图 6－2　银联卡正面（图片来源：百度图片）

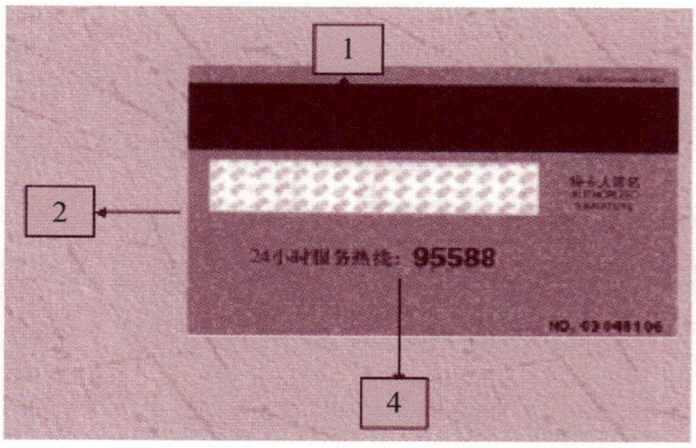

图 6－3　银联卡反面（图片来源：百度图片）

（二）双币种卡

双币种卡其显著特征是融合人民币和外币卡于一体，通常都是信用卡，在外观上与一般单一币种的信用卡（如人民币信用卡和外币信用卡）基本相同。最显著的区别在于：卡面有银联和国际组织两个标识，如图 6－4 所示。

图6-4　双币种卡（图片来源：百度图片）

具体标识情况如下：

（1）由于双币种卡可在国内使用，并采用人民币结算，因此双币种卡卡面印有“银联”标识，一般位于卡面的右上方。

（2）人民币卡卡面往往印有“此卡以人民币结算”或“此卡只可在中国境内使用”标识，而双币种卡卡面上没有上述标识或印有“全球通用”。

（3）双币种卡可跨国使用，因此卡面印有如维萨（VISA）或万事达卡（MASTER-CARD）等国际信用卡组织的标识和防伪标志。防伪标志位于“银联”标识的下方，国际组织的标识位于防伪标志的下方。

（4）双币种卡的卡背签名条上印有45度“VISA”或“MASTERCARD”斜体字样，还有卡号和卡号校验码（CVV2或CVC2）。

（三）外汇卡

1. 外汇卡的种类。目前国际上通行的外汇卡种类有VISA、MASTERCARD（万事达卡）、AMERICAN EXPRESS（运通卡）、DINNERS CLUB（大来卡）和JCB卡。

2. 可受理外汇卡的特征。由于发卡行的不同，各外汇卡也各有其特征，现将其共同特征总结如下：

（1）卡面为全英文，且没有使用地域限制的字样，例如：Valid ××× Only等。

（2）卡面上有卡号、持卡人姓名、有效期限、防伪标识、发卡公司的标识（VISA、MASTERCARD等）、特殊凸印（V、MC、J等）信息。

（3）卡片正反面完整无缺（异形卡除外）且无涂改或刮伤。

（4）卡片签名条上必须有持卡人签名。

（5）如为照片卡，持卡人相貌应与照片相符。

以上只是外汇卡的一些基本特征，收银员收到具体的外汇卡时还需要仔细鉴别。

二、银行卡结算流程

现在国内采用的是银联的网络，各个不同的银行以及银联在门店设置POS机器，持卡人持卡后，信息通过电话线传到POS机的前端，通过对卡的识别，银联把这些信息反馈到POS机。

使用银行卡结账的流程如下：

（1）把银行卡放在刷机的槽口刷卡，磁条方向正确，匀速划过刷卡机，如图6－5所示。

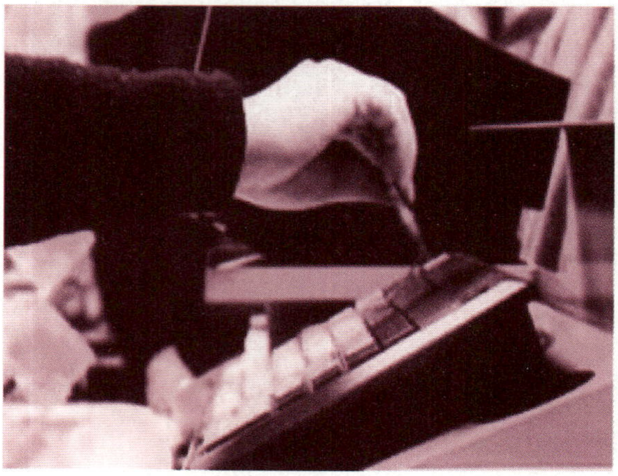

图6－5 刷卡（图片来源：百度图片）

（2）收银员输入消费金额，在输入消费金额时，要仔细核对输入金额与顾客实际消费金额是否一致。

（3）请持卡人输入密码，收银员应及时提示持卡人输入所持银行卡的密码。若首次输入错误，请持卡人再输入一次，请输入密码的次数不得超过三次，若三次后密码输入仍不正确，这张银行卡将无法正常进行交易。

（4）如果持卡人在三次之内正确输入了密码，那么本次交易成功。

（5）交易成功后，刷卡机会自动打印出一式三联的签购单。

（6）收银员双手将签购单和笔交给顾客，请顾客在签购单上签名。

（7）核对顾客签名，无误后将顾客联交给顾客，然后按“银行卡”键，弹开钱箱，将商场联和银行联放入，关闭钱箱。

知识拓展

银行卡受理的注意事项

1. 各行信用卡受理注意事项。

（1）中国银行“长城”信用卡、农业银行“金穗”信用卡、交通银行“太平洋”信用卡，受理时必须核对持卡人的有效证件，并把证件号码记在签购单上。有效证件包括身份证、驾驶证、军官证、港澳台回乡证、护照。工作证不可以。

（2）招商银行信用卡、广东发展银行信用卡、建设银行信用卡、深圳发展银行信用卡，凭密码交易，核对签名。

（3）工商银行信用卡、凭密码交易，必须核对签名。

（4）工商银行和广东发展银行的信用卡，下述情况顾客须出示有效身份证件：第一，如果是卡片背面签名条内无签名或是签字不符或对持卡人身份有怀疑。第二，对于购买金银、珠宝首饰、钟表、手机及笔记本电脑等易于变现且金额大于 3000 元（含 3000 元）以上的。

2. 双币种卡受理的注意事项。双币种卡在国内的使用应视同于人民币卡交易，统一在受理人民币卡的 POS 机上进行，收银员应避免把国内各行发行的双币种卡在只能受理外卡的 POS 机上使用。

任务分析

针对这种情况，收银员完全可以说，卡号已看不清，无法使用，请改用现金付款。但从顾客的神色中看出顾客可能没有携带足够的现金，如果拒绝刷卡，顾客虽然可以请他同来的朋友结账，但这会使顾客感到尴尬，而这次消费也将会成为他一次很不愉快的经历。于是，这位收银员帮顾客仔细查询、辨别，还打电话到银行核对，终于查出了最后一位数字，顺利地为顾客办好了所有刷卡的手续。

任务实训

码 6－2　法律法规

1. 训练名称：银行卡识别。
2. 训练内容：识别与受理各种银行卡。
3. 训练时间：10 分钟。
4. 训练场地及设施：各种银行卡、无效卡等数张。
5. 评分标准：如表 6－2 所示。

表 6－2　银行卡识别考核评价表

评价内容	小组自评		小组互评		教师评价	
1. 能否识别银行卡的种类	Yes	No	Yes	No	Yes	No
2. 能说出银行卡的审卡要点	Yes	No	Yes	No	Yes	No
3. 是否为可受理银行卡	Yes	No	Yes	No	Yes	No
成绩						

思考与实训

一、选择题

1. （　　）是指用于超市、商场识别商品、存放货款及记录销售情况的计算机终端设备。

A. 收银机　　B. 电子称

C. 磁卡阅读器　　D. 条码扫描器

2.（　　）是商品的电子防盗系统，是利用声电、声磁原理所设计的、专门用于商场和超市等经营场所防盗的设备。

A. 条码扫描系统　　B. 消磁系统

C. 收银系统　　D. 电子秤系统

3. 扫描完顾客所有的商品后，按下“结账”键，POS 机屏幕上会弹出一个小屏幕，上面显示应收顾客的全额，收银员应（　　）。

A. 向顾客收钱　　B. 向顾客找零

C. 向顾客唱收　　D. 向顾客服务

二、判断题

1. 打开收银机的步骤：开启电源、开启显示器和微型票据打印机等外设的开关、开启 POS 收银机主机的电源开关。（　　）

2. 目前在市场上流通的银行卡有三种：人民币卡、双币种卡、信用卡。（　　）

3. 验证卡片正反面完整无缺且无涂改或刮伤是信用卡的审卡要点之一。（　　）

4. 请持卡人输入密码时，若首次输入错误，请持卡人再输入一次，若仍不正确，这张银行卡将无法正常进行交易。（　　）

5. 核对顾客签名，无误后将顾客联交给顾客，然后按“银行卡”键，弹开钱箱，将商场联和银行联放入，关闭钱箱。（　　）

三、案例分析题

一位顾客经常光顾某一商场。一天，在二层买完鞋交钱时，问收银员能不能使用信用卡。收银员只顾接待别的顾客，没有回答。顾客又问收银员，收银员答复：“有告示自己看吧。”

项目七

7 售后服务

售后服务作为企业销售服务中一个必不可少的中间环节，在各个产品市场领域中起着至关重要的作用，热情、真诚地为顾客着想能给顾客带来满意，获取顾客的信赖，使企业在市场竞争中占有一席之地，赢得市场。

案例导入

香草味冰淇淋与汽车的故事

有一天，美国通用汽车公司客户服务部收到一封信。

“这是我为同一件事第二次写信，我不会怪你们没有回信给我，因为我也觉得这样别人会认为我疯了。

但这的确是一个事实。

我家有个习惯，就是每天晚餐后，都会以冰淇淋来当饭后甜点。由于冰淇淋的口味很多，所以我们家每天饭后才投票决定要吃哪一种口味，决定后我开车去买。

但自从我买了新的庞帝雅克（通用旗下的汽车品牌）后，我去买冰淇淋的这段路程问题就发生了。每当我买香草口味冰淇淋时，我从店里出来车子就发动不起来。但如果买其他口味，发动就很顺利。我对这件事是非常认真的，尽管听起来很荒谬：为什么当我买了香草味冰淇淋它就罢工，而我不管什么时候买其他口味，它都那么顺利，为什么？”

事实上，客服部的总经理对这封信还真的心存怀疑，但他还是派了一位工程师去查看究竟。当工程师去找这位先生时，很惊讶地发现这封信是出自一位事业成功、乐观、且受了高等教育的人。工程师安排与这位先生的见面时间刚好是在用完晚餐的时间，两人于是一个箭步跃上车，往冰淇淋店开去。那个晚上投票结果是香草口味，当买好香草冰淇淋回到车上后，车子又发动不起来了。这位工程师之后又依约来了三个晚上。

第一晚，巧克力冰淇淋，车子没事。

第二晚，草莓冰淇淋，车子也没事。

第三晚，香草冰淇淋，车子又发动不起来。

这位思考有逻辑的工程师，到这时还是死不相信这位先生的车子对香草味“过敏”。

因此，他仍然不放弃继续安排相同的行程，希望能够将这个问题解决。工程师开始记下从开始到现在所发生的种种详细资料，如时间、车子使用油的种类、车子开出及开回的时间……

根据资料显示，他有了一个结论，这位车主买香草冰淇淋所花的时间比其他口味的要少。为什么呢？因为，香草冰淇淋是所有口味中最畅销的，店家为了让顾客每次都能很快地拿取，将香草口味特别放置在店的前端，其他口味则放置在后端。

现在，工程师所要知道的疑问是，为什么这部车会因为从熄火到重新激活的时间较短时就会发动不起来？绝对不是因为香草冰淇淋的关系，工程师很快地发现答案应该是“蒸汽锁”。

因为当这位先生买其他口味冰淇淋时，由于时间较久，引擎有足够的时间散热，重新发动时就没有太大的问题。但是买香草口味时，由于花的时间较短，引擎太热以至于还无法让“蒸汽锁”有足够的散热时间。

问题的答案找到了，就有办法解决了。

良好的售后服务，不但能解决顾客的后顾之忧，还可以提升改进企业产品和服务质量。

（资料来源：百度文库：《企业优秀服务案例精选》。）

任务1
处理票据

商品销售结算主要是完成商品所有权的转移，因此需要填写相应的票据，常用票据有商品销售凭证、零售商品专用发票、增值税专用发票、转账支票等。

任务学习目标

1. 能够根据工作实际情况选择好相应的票据。
2. 能够按照各类票据的填写要求填写有关项目。
3. 能够核对各类票据所填写的内容是否完整、清晰、准确。

任务描述

王晓红是一名中职学校的应届毕业生。她的工作岗位是服务中心的客服人员。顾客拿着销售小票，要求工作人员开具零售发票。王晓红首先仔细检查了销售小票，确认是本商场出售的商品，然后确认了商品和价格，并问清顾客的购货方单位名称，开始给顾客开具零售发票。

动动脑? 同学们，开具零售发票的要求有哪些？注意事项又有哪些？我们一起来填写这张零售发票吧！

任务学习

一、商品销售凭证

（一）基础知识

商品销售凭证又称销售小票，是商品交易成功后由营业员填写的一种售货凭证。具有交款、购物证明、盘点结账等作用，但不作为报销凭证，是企业内部使用的一种凭证。因此，各个商业企业根据内部经营管理需要，确定其小票格式，但总体内容比较简单。下面列举一种以示说明（见表7－1）。

表7－1　　销　售　小　票

××商场销售凭证

部门编码　　　　年　月　日　　　　No. 0001

商品编号	品　名	单　位	数　量	单　价	金　额
合计(大写)					¥

收款员　　　　营业员

交顾客

商品销售凭证一般为一式三联，第一联为柜组留存，作为当日销售数量统计的依据，便于柜组对商品实施管理；还可以累计后与收款台核对销售额情况，并可作为查找差错的依据。第二联为顾客保存，可作为退换商品的凭证。第三联为收款台留存，作为结账、与柜组核对的依据，严格现金管理。

（二）填写方法及使用要求

1. 填写时要求按各栏目内容填写整齐，不得颠倒或漏填。
2. 字迹清楚、端正，数字（大写、小写）填写要规范、准确。
3. 时间要填写交易日期，经手人要签字。
4. 明确商品销售凭证各联的使用要求。

二、发票

发票作为我国经济交往中基本的原始凭证，是记录经营活动的一种书面证明，是在购销商品、提供或接受服务以及从事其他经营活动中开具、收取的收付款凭证。不同行业发票的开具要求不同，商业企业主要以零售销售商品专用发票及增值税发票为主。发票是加强财务管理、保护国家财产安全的重要手段，是财务会计核算的原始凭证和税务稽查的重要依据，是维护社会经济秩序的重要工具。

（一）零售发票

1. 基础知识。零售发票主要是商品交易完成后，给顾客所购商品填写的购物凭证，是商品销售的原始材料。对销货方而言是销货凭证，具有财务管理、查找差错、堵塞漏洞、积累统计资料等作用。对购货方而言是购物凭证，如是单位购买，可凭发票向财务部门报销入账。如是个人购买，可凭发票退换商品，并作为商品保修期的凭证。因此，发票具有法律效力。通常销售一般商品，如顾客未要求可只开具销售小票，但如果销售家电、钟表、首饰等大件及贵重商品，无论顾客有无要求，均应开具发票。

零售发票一般为一式三联，第一联为存根联，留存备查；第二联交购货方留存或入账；第三联为销货方作为财务管理的凭证。发票也有一式四联、一式五联等版式，这是企业财务管理制度及工作流程所决定的。发票是一种非常重要的商业凭证，须由当地税务部门统一印制或监制，见表7－2（以北京市为例，下同）。

表7－2

北京市商业企业专用发票

发 票 联

客户名称＿＿＿＿＿＿＿＿　　支票号＿＿＿＿＿＿＿＿　　No

编号	商品名称	规格	单位	数量	单价	金额							
						十	万	千	百	十	元	角	分
小写金额合计													
大写金额	拾　万　仟　佰　拾　元　角　分												

二、付款方收执

开票单位(盖章)　　开票人：　　年　月　日

2. 填写方法及使用要求。

（1）营业员必须在交易完成后开具发票。

（2）开发票时，首先点好复写纸，用蓝、黑圆珠笔一次复写，文字要规范，数字用阿拉伯数字。合计金额大小写字迹要清晰、端正，数字书写要规范，不能写错字、自造字。

（3）先填写购货单位名称（全称）或顾客姓名，再填写购货日期。

（4）逐项填写商品名称、规格、单位、数量、单价及金额。

（5）每笔金额要计算准确，合计金额栏中的大小写数字要相符。小写金额栏的最大数字前加“￥”封头符号，大写金额最大数字前加“⊗”封头符号。

（6）发票不能涂改，如填错可重开一份，并在填错的发票上注明“作废”字样，附在存根联上，不得撕毁，以备核实查对。

（7）商品退货时，应收回原发票，注销作废或开红字发票冲回。

（8）经手人（营业员）签名，并加盖收款员、单位章。

（9）发票要严格管理、专人负责。按照发票本序号填写，不得空号。每本用完后，要有专管人员检查并记录有关情况，送交管理部门。

随着社会的发展及现代化管理的需要，零售企业的发票也将由手工开具逐步实现机器打印，从而使票据管理更规范、更严格。

（二）增值税发票

1. 基础知识。增值税发票是工商企业普遍使用的一种票据，由于增值税是对企业增值额部分进行征税，是国家一项重要的流转税种。因此，开具增值税专用发票有严格的规定与要求。对于商业零售的烟、酒、食品、服装、鞋帽（不包括劳保专用的部分）、化妆品、消费品不得开具增值税专用发票。

增值税发票有百元、千元、万元、十万元等不同版式，大部分改为机打。销售额百万元以上的均纳入防伪程控系统，开具电脑版发票。一般增值税发票为一式三联，第一联为记账联，用于售货方记账；第二联为发票联，用于购货方记账；第三联为抵扣联，作为购货方抵扣税款凭证。电脑版票样见表 7－3。

表 7－3

北京市增值税专用发票

发　票　联

No.

开票日期:

<table>
<tr><td>购货单位</td><td colspan="4">名　　称:
纳税人识别号:
地 址、电 话:
开户行及账号:</td><td>密码区</td><td colspan="3"></td></tr>
<tr><td colspan="2">货物或应税劳务名称</td><td>规格型号</td><td>单位</td><td>数量</td><td>单价</td><td>金额</td><td>税率</td><td>税额</td></tr>
<tr><td colspan="9">合　　计</td></tr>
<tr><td colspan="6">价税合计(大写)</td><td colspan="3">(小写)</td></tr>
<tr><td>销货单位</td><td colspan="4">名　　称:
纳税人识别号:
地 址、电 话:
开户行及账号:</td><td>备注</td><td colspan="3"></td></tr>
</table>

第二联　发票联　购货方记账凭证

2. 填写方法及使用要求。

（1）开具增值税发票必须先加盖专用发票销货单位栏戳记。专用发票销货单位栏戳记是指按专用发票“销货单位”栏的内容（包括销货单位名称、税务登记号、地址、电话号码、开户银行及账号）和格式刻制的专用印章，用于加盖在专用发票“销货单位”栏内，用蓝色印泥，“销货单位”栏不得手工填写。

（2）购销双方单位名称必须详细填写，不得简写。如果单位名称较长，可在“名称”栏分上下两行填写，必要时可画出该栏的上下横线。

（3）逐项填写发票各项，其中单价栏中的单价是不含税的商品价格，因此票面单价是零售价/（1+征收税率）。票面金额等于确定后的单价乘以数量，票面税率填写适用税率，票面税额用票面金额乘以税率确定，税价合计应等于票面金额合计与票面税额合计之和。

（4）开具专用发票，必须在“价税合计（小写）”栏小写合计前用“￥”符号封顶，在“税价合计（大写）”栏大写合计数前用“⊗”符号封顶。

（5）开具专用发票应严格按照《增值税专用发票使用规定》的要求统一加盖单位财务专用章或发票专用章，不得加盖其他财务印章。经手人须签字。

（6）根据不同版式的专用发票，财务专用章或发票专用章分别加盖在专用发票的左下角或右下角，覆盖“开票单位”一栏。

（三）转账支票

1. 基础知识。转账支票是不用现金结算的一种形式，一般为单位、集团购买大批商品或金额较大的商品结算时常用此结算方式（结算金额100元以上）。但它只能作为同一地区单位间进行买卖的支付方式，现在有的地区使用范围有所扩大。采用转账支票结算，使支付方式与结算变得简单、迅速，避免大量现金的流动与清点，具有携带方便、安全，结算简易、快捷，提供工作效率，便于现金的严格管理等特点。

转账支票包括支票联和存根联两部分，支票联由供货单位收取，作为款项收入凭证，并送交开户银行划转款项；存根联则由购货单位带回同发票一同入账，作为款项支出凭证（见表7-4）。

表 7-4

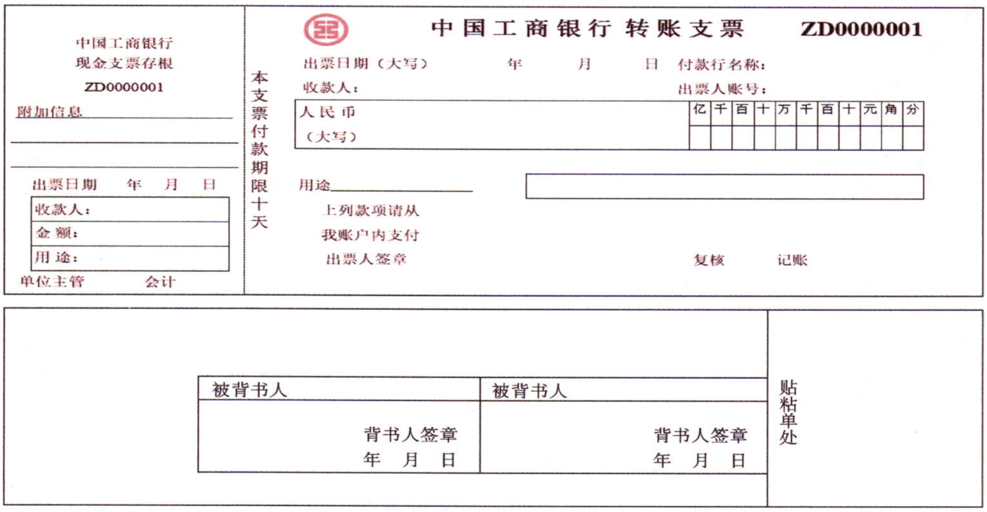
中国工商银行
现金支票存根
ZD0000001
附加信息
出票日期 年 月 日
收款人：
金 额：
用 途：
单位主管 会计

本支票付款期限十天

中国工商银行 转账支票 ZD0000001
出票日期（大写） 年 月 日 付款行名称：
收款人： 出票人账号：
人民币（大写） 亿 千 百 十 万 千 百 十 元 角 分
用途
上列款项请从
我账户内支付
出票人签章 复核 记账

被背书人 背书人签章 年 月 日
被背书人 背书人签章 年 月 日
贴粘单处

2. 填写方法及使用要求。

（1）填写前，首先检查转账支票号码，是否为已声明挂失的转账支票。

（2）检查转账支票上的印章（财务章、签发人名章）、账号、开户银行等栏目是否齐全、清晰，是否有涂改、伪造及与预留印鉴不符等问题。

（3）填写好签发日期。如果已填好日期，要核对是否在有效期内。

（4）支票左面横线处顶头填写大写金额数字，右边填写小写金额数字，并用“¥”符号封顶。

（5）填写款项的具体用途（必须按事实填写）。

（6）营业员要遵章守纪，按购货实际发生额填写，不得多填而找付现金。

（7）填写转账支票既可使用支票机填写，也可手工填写。要求文字规范正确、书写清楚、日期准确、大小写金额相符。不得使用不规范的简化字，更不能写错字、自造字。

（8）为防止出现购货单位使用空头支票、过期支票或账面货款不足等问题，要及时了解，进行核对，并同时登记持票人的有效身份证件，以备查对。

（9）顾客购买数额较大用支票付款时，要坚持3天后付货的原则。

（10）填写支票不得涂改，如有填写错误，以“作废”处理，重新填写。

（11）支票背面由支票持有者（或收款人）向银行解款或支配转让时填写背书所用。

知识拓展

正确填写票据和结算凭证的基本规定

人民币大写金额写法及注意事项

银行、单位和个人填写的各种票据和结算凭证是办理支付结算和现金收付的重要依据，直接关系到支付结算的准确、及时和安全。票据和结算凭证是银行、单位和个人凭以记载账务的会计凭证，是记载经济业务和明确经济责任的一种书面证明。因此，填写票据和结算凭证，必须做到标准化、规范化，要要素齐全、数字正确、字迹清晰、不错漏、不潦草，防止涂改。中文大写金额数字应用正楷或行书填写，如壹、贰、叁、肆、伍、陆、柒、捌、玖、拾、佰、仟、万、亿、元、角、分、零、整（正）等字样。不得用一、二（两）、三、四、五、六、七、八、九、十、念、毛、另（或0）填写，不得自造简化字。如果金额数字书写中使用繁体字，如貳、陸、億、萬、圓的，也应受理。

一、中文大写金额数字到“元”为止的，在“元”之后，应写“整”（或“正”）字，在“角”之后，可以不写“整”（或“正”）字。大写金额数字有“分”的，“分”后面不写“整”（或“正”）字。

二、中文大写金额数字前应标明“人民币”字样，大写金额数字应紧接“人民币”字样填写，不得留有空白。大写金额数字前未印“人民币”字样的，应加填“人民币”三字。在票据和结算凭证大写金额栏内不得预印固定的“仟、佰、拾、万、仟、佰、拾、元、角、分”字样。

三、阿拉伯数字小写金额数字中有“0”时，中文大写应按照汉语语言规律、金额数字构成和防止涂改的要求进行书写。举例如下：

1. 阿拉伯数字中间有“0”时，中文大写要写“零”字，如￥1409.50，应写成人民币壹仟肆佰零玖元伍角。

2. 阿拉伯数字中间连续有几个“0”时，中文大写金额中间可以只写一个“零”字，如￥6007.14，应写成人民币陆仟零柒元壹角肆分。

3. 阿拉伯金额数字万位和元位是“0”，或者数字中间连续有几个“0”，万位、元位也是“0”，但千位、角位不是“0”时，中文大写金额中可以只写一个零字，也可以不写“零”字。如￥1680.32，应写成人民币壹仟陆佰捌拾元零叁角贰分，或者写成人民币壹仟陆佰捌拾元叁角贰分，又如￥107000.53，应写成人民币壹拾万柒仟元零伍角叁分，或者写成人民币壹拾万零柒仟元伍角叁分。

4. 阿拉伯金额数字角位是“0”，而分位不是“0”时，中文大写金额“元”后面应写“零”字。如￥16409.02，应写成人民币壹万陆仟肆佰零玖元零贰分；又如￥325.04，应写成人民币叁佰贰拾伍元零肆分。

四、阿拉伯小写金额数字前面，均应填写人民币符号“￥”。阿拉伯小写金额数字要认真填写，不得连写分辨不清。

五、票据的出票日期必须使用中文大写。为防止变造票据的出票日期，在填写月、日时，月为壹、贰和壹拾的，日为壹至玖和壹拾、贰拾和叁拾的，应在其前加“零”；日为拾壹至拾玖的，应在其前加“壹”。如1月15日，应写成零壹月壹拾伍日；再如10月20日，应写成零壹拾月零贰拾日。

六、票据出票日期使用小写填写的，银行不予受理。大写日期未按要求规范填写的，银行可予受理，但由此造成损失的，由出票人自行承担。

阿拉伯数字写法字帖

对于如何正确、规范和流利书写阿拉伯数字的问题，是我国会计人员应掌握的基本功。重视会计工作中数码字的训练，有助于会计人员素质的提高，结合现实会计人员数码字书写的实际情况看，不仅存在大量不规范书写，而且存在“0”“6”不分，“7”“9”难辨的情况，况且还有把“1”改为“4”或改为“7”等错误现象，还有些人把汉字的书写艺术引入小写数字领域，主张在会计记录中将数字“1234567890”写成美术字。所有这些，都不是财会工作中合乎规范的书写方法，也不合乎手工书写的正常习惯。

应该说，财务会计中，尤其是会计记账过程中书写的阿拉伯数字，同数学中或汉文字学中的书写方法并不一致，也不尽相同。

从字体上讲，既不能把这些数字写成刻板划一的印刷体，也不能把它们写成难以辨认的草字体，更不能为追求书写形式把它们写成美术体。从数字本身所占的位置看既不能把数字写满格，占满行，又不能把字写得太小，密密麻麻，让人不易辨清楚，更不能超越账页上既定的数格。

从字形上看，既不能让数字垂直上下，也不能歪斜过度，更不能左倾右斜，毫无整洁感觉。况且，书写后要让人看着合乎规定要求，既流利又美观，还方便纠错更改。

总之，财会工作中，尤其是会计记账过程中，阿拉伯数码字的书写同普通的书写汉字有所不同，且已经约定俗成，形成会计数字的书写格式。其具体要求是：

1. 各数字自成体型，大小匀称，笔顺清晰，合乎手写体习惯，流畅、自然、不刻板。

2. 书写是字迹工整，排列整齐有序且有一定的倾斜度（数字与底线成60度的倾斜）并以向左下方倾斜为好。

3. 书写数字时，应使每位数字（7、9除外）紧靠底线且不要顶满格（行）。 一般来讲，每位数字约占预留格子（或空行）的1/2空格位置，每位数字之间一般不要连接，且不可预留间隔（以不增加数字为好）；每位数字上方预留1/2空格位置，可以订正错误记录时使用。

4. 对一组数字的正确书写是，应按照自左向右的顺序进行，不可逆方向书写；在没有印刷数字格的会计书写中，同一行相邻数字之间应空出半个数字的位置。

5. 除4、5以外的各单数字，均应一笔写成，不能人为地增加数字的笔画。但注意整个数字要书写规范、流利、工整、清晰、易认不易改。

6. 如在会计运算或会计工作底稿中，运用上下几行数额累计加减时，应尽可能地保证纵行累计数字的位数对应，以免产生计算错误。

7. 对于不易写好、容易混淆且笔顺相近的数字书写，尽可能地按标准字体书写，区分笔顺，避免混同，以防涂改。

如：“1”不能写短，且要合乎斜度要求，防止改为“4”“6”“7”“9”；

书写“6”字时可适当扩大其字体，使起笔上伸到数码格的1/4处，下圆要明显，以防改为“8”；

“7”“9”两字的落笔可下伸到底线外，约占下格的1/4位置；

“6”“8”“9”“0”都必须把圆圈笔画写顺，并一定要封口；

“2”“3”“5”“8”应各自成体，避免混同。

8. 除采用电子计算机处理会计业务外，会计数字应用规范的手写体书写，不适用其他字体。只有这样，会计数字的书写才能规范、流利、清晰，合乎会计工作的书写要求。

任务分析

王晓红在填写零售发票时，要做到字迹清楚，书写规范，卷面整洁，不得涂改。大小写金额前要签署止符号，大小写金额书写正确。单价金额、总计金额计算正确。购货单位、日期、商品品名、单位、数量、单价、大小写金额、开票人等项目不得有空。

任务实训

1. 训练名称：开票。
2. 训练内容：填写发票。
3. 训练时间：10 分钟。
4. 训练场地及设施：发票联、购物单、笔。
5. 评分标准：如表 7－5 所示。

表 7－5 开票技术考核评价表

评价内容	小组自评		小组互评		教师评价	
1. 销售小票是否填写字迹清楚，书写规范，卷面整洁？	Yes	No	Yes	No	Yes	No
2. 金额是否计算正确？	Yes	No	Yes	No	Yes	No
3. 购货单位、日期、商品品名、单位、数量、单价、大小写金额、开票人等项目是否填写完整，不得有空？	Yes	No	Yes	No	Yes	No
4. 大小写金额前是否签署止符号？	Yes	No	Yes	No	Yes	No
5. 大小写金额是否书写正确？	Yes	No	Yes	No	Yes	No
成绩						

任务 2
包 装 商 品

在激烈的市场竞争中，精美别致的商品包装更能够吸引消费者的眼球，引起购买兴趣；还能够提高商品的身价，促进商品的销售，增加企业的利润额。所以说商品包装在满足使用功能的同时，还应具有一定的审美性，在创造物质价值的同时也创造了精神价值。

任务学习目标

1. 熟练掌握常用商品盒的包装方法。
2. 制作彩带花并与商品盒灵活搭配。
3. 能够对商品进行礼品包装设计。

任务描述

王晓红是某大型购物中心服务中心的客服人员。在“三八”妇女节这天，一位年轻的女顾客购买了一套化妆品要送给母亲。虽然化妆品有自带的包装盒，但为了使礼物更加精致美观，更能体现出女儿的这份孝心，她希望工作人员对商品进行艺术包装。

动动脑？ 同学们，对商品进行艺术包装，需要具备哪些基本功？

任务学习

商品包装是指商品经营成交后，为了保护商品，便于顾客携带而对商品进行的包装、捆扎。它是营业员必须掌握的基本技能，是商品销售服务中的一项重要内容，特别是作为竞争的重要手段，其重要地位不言而喻。

一、商品包装的基本要求

（1）商品包装前，应先检查商品及自身外包装是否完好。

（2）要根据不同的商品外形，采用不同的包装材料及包扎方式。

（3）超市出售的商品要严格遵守商品入袋原则。

（4）营业员应尽量考虑顾客的实际需要，满足顾客要求。

（5）营业员在进行商品包装、包扎时，要做到面向顾客，操作熟练迅速，包严扎牢，外观整齐美观，便于携带。

二、常用商品盒的包装方法

1. 方形盒的包装方法（图 7－1、图 7－2）。

（1）把包装纸裁剪成长是盒子周围长度＋2～3 厘米，宽是盒子的宽度＋3 厘米，盒底朝上置于纸张中央；

（2）将右侧的纸张沿盒子向内折入，并保持纸的边缘位于盒子中央；

（3）再把左侧的纸向内折入；

（4）用透明胶或双面胶带将纸张重叠处固定；

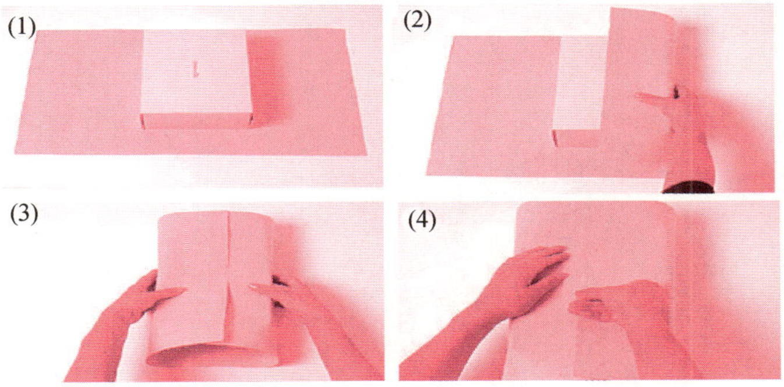

图 7－1

（5）两侧的纸沿着盒子向内折入；

（6）按照顺序，把纸张折成漂亮的梯形；

（7）在上下折纸的交接处轻轻做上标记；

（8）保持标记与边缘平行，折叠下面的纸；

（9）用双面胶带或用漂亮的贴纸将接合处固定，再将另一侧包好，翻到盒子正面，用丝带或花装饰一下就完成了。

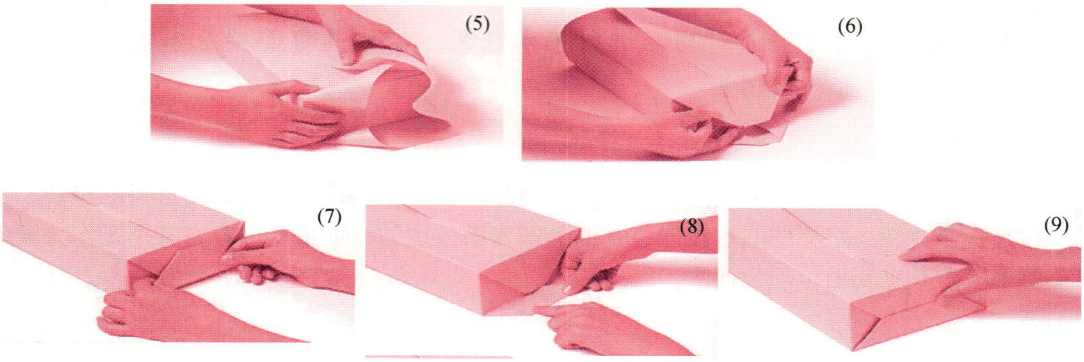

图 7－2

2. 圆形盒的包装方法（图 7－3、图 7－4）。

（1）如图 7－3 所示，准备好转纸；

（2）把纸绕在圆筒上，在重叠处用胶带固定；

（3）把纸张有顺序地向圆心折叠，做出漂亮的折皱；

（4）折皱的收口部分要把多余的纸向内斜斜地折叠；

（5）在中心轻轻地用胶带固定，把相同素材的纸剪成圆形，在内侧贴上双面胶带，然后再粘在中心部位，相反的一面也按照同样的方法，系上丝带就完成了。

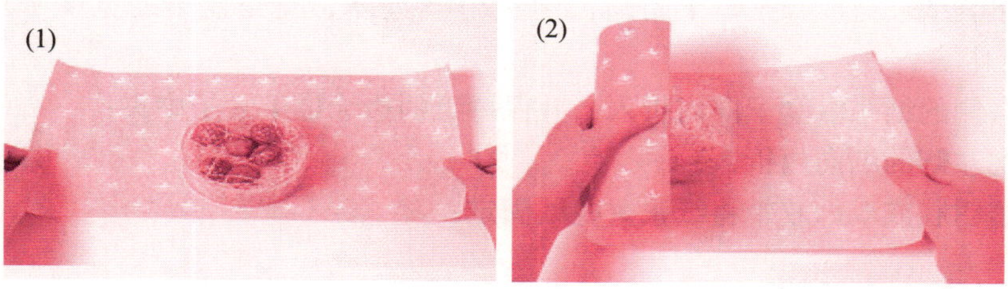

图 7－3

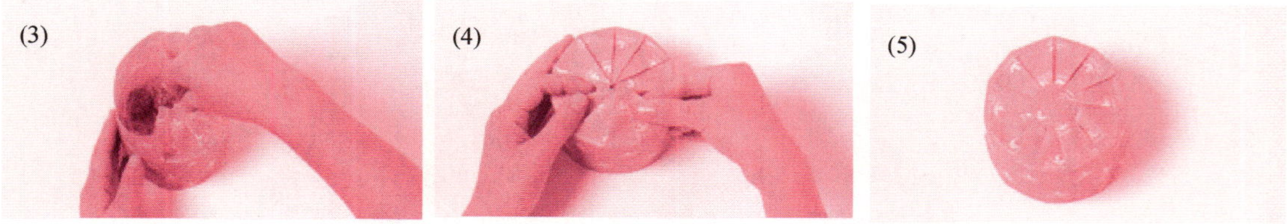

图 7－4

三、常用彩带花的制作方法

1. 蝴蝶结的系法（图 7 –5）。

（1）把丝带的两头打一个结；

（2）用手按住中间位置，把右侧的丝带不定期弯成一个圈；

（3）把左侧的丝带从上方折起，用右手的拇指按住；

（4）从右侧丝带圈的上方绕过，然后从左侧丝带绕成的圈中穿过；

（5）原右侧的丝带圈放在左侧，左侧丝带绕成的圆中穿过的丝带放在右侧勒紧；

（6）把丝带的两端修剪成喜欢的形状，蝴蝶结就完成了。

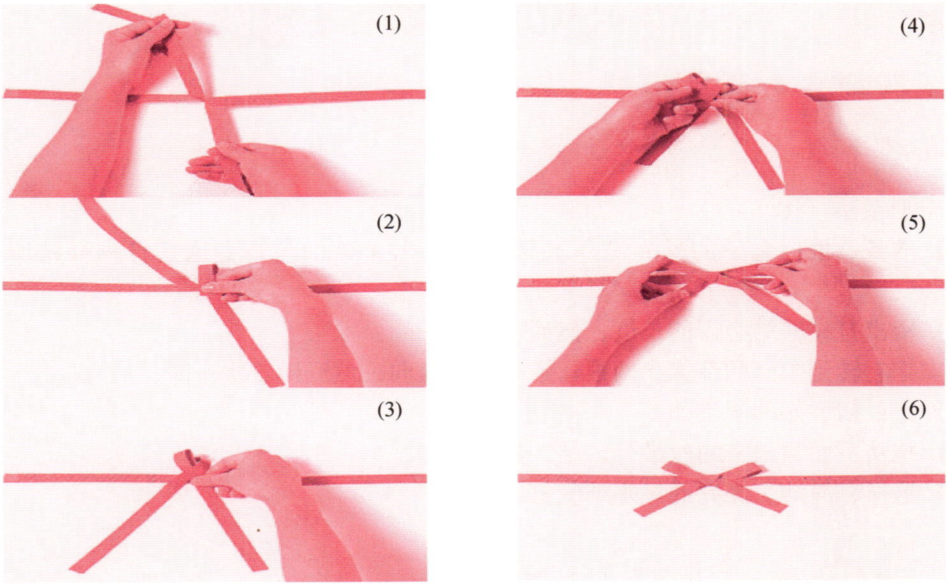

图 7 –5

2. 球形蝴蝶结（图 7 –6）。

（1）把长度 1.5 米的丝带绕出直径 10 厘米大的圆圈，重复 5 ~6 次；

（2）握紧中央部位；

（3）用手指压住中部，如图 7 –6 所示，用剪刀修出角度；

（4）把剪好的部分重叠到中间对齐；

（5）用另外准备好的一条 10 厘米长的丝带系住中央部分；

（6）从里到外，将丝带从里面拉出来，左右交替着把所有上部的丝带都翻出来；

（7）把下部的丝带也用相同的办法拉出来，然后整理好开头一个球形蝴蝶结完成；

（8）用做好的蝴蝶结在礼物盒上进行装饰。

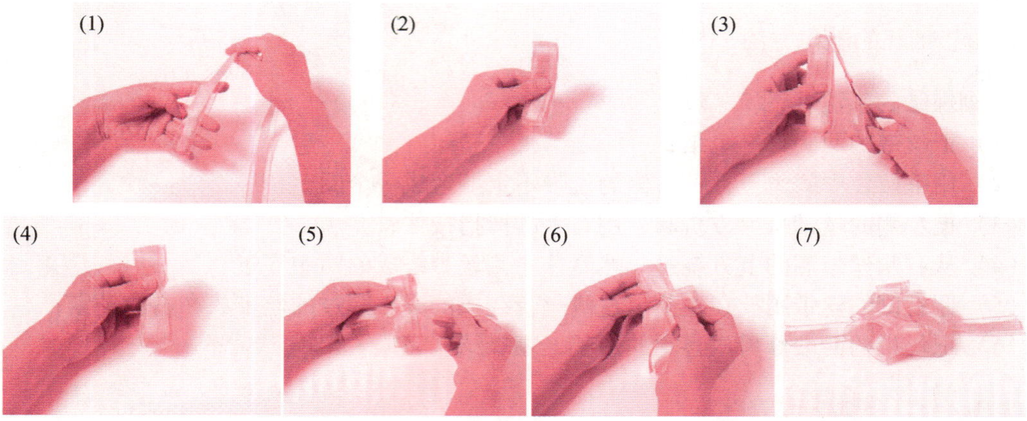

图 7－6

四、常用丝带的系法

1. 十形系法（图 7－7）。

（1）准备一根比盒子的长＋宽＋高的合计长出 4 倍的丝带，这是打蝴蝶结所必需的长度；

（2）留出打蝴蝶结必需的长度，然后竖着绕一圈；

（3）把它转到中间的部位，两根丝带交叉转横向，然后横着绕一圈；

（4）把最初留好的丝带如图 7－7 所示穿过去；

（5）把从下面穿出来的丝带打成结，然后系好；

（6）这样，简洁、漂亮的蝴蝶结就打好了。

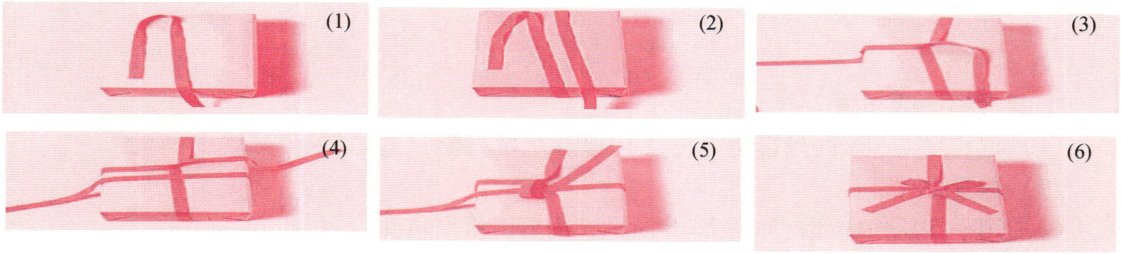

图 7－7

2. “V”字形系法（图 7－8）。

（1）准备比盒子的长＋宽＋高的合计长出 4 倍的丝带；

（2）留出打蝴蝶结所必要的长度，按照图 7－8 所示纵向斜绕一圈；

（3）再纵向斜绕一圈；

（4）把最初留出来的丝带按照图片所示穿过去，并固定；

（5）把从下面穿出来的丝带弯成圆形，打个结，漂亮的 V 字结就完成了。

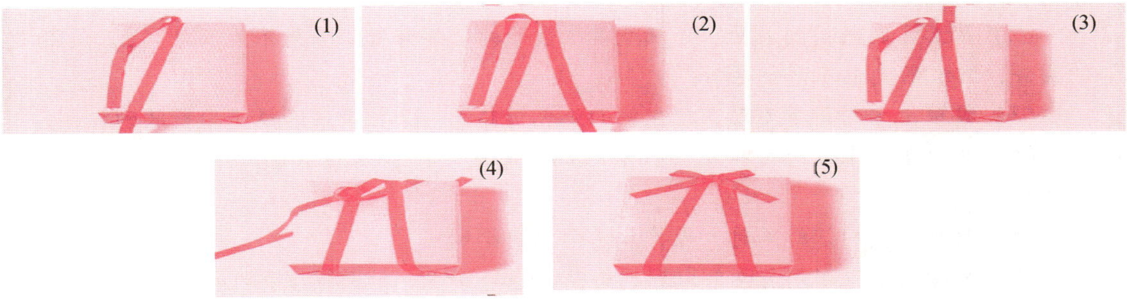

图7－8

礼品包装作为商品包装中的一类，在满足保护商品、传递商品信息、推销商品等基本功能以外，还能够提升商品品位，传递和承载着人们的友谊和情感。所以，礼品包装无论是在商品销售中，还是在人际交往中都起着举足轻重的作用。

知识拓展

方形盒之倾斜包装法

（1）准备好纸，如图7－9所示，把纸沿盒子边缘向内侧折入，使纸张的角位于盒盖上方；

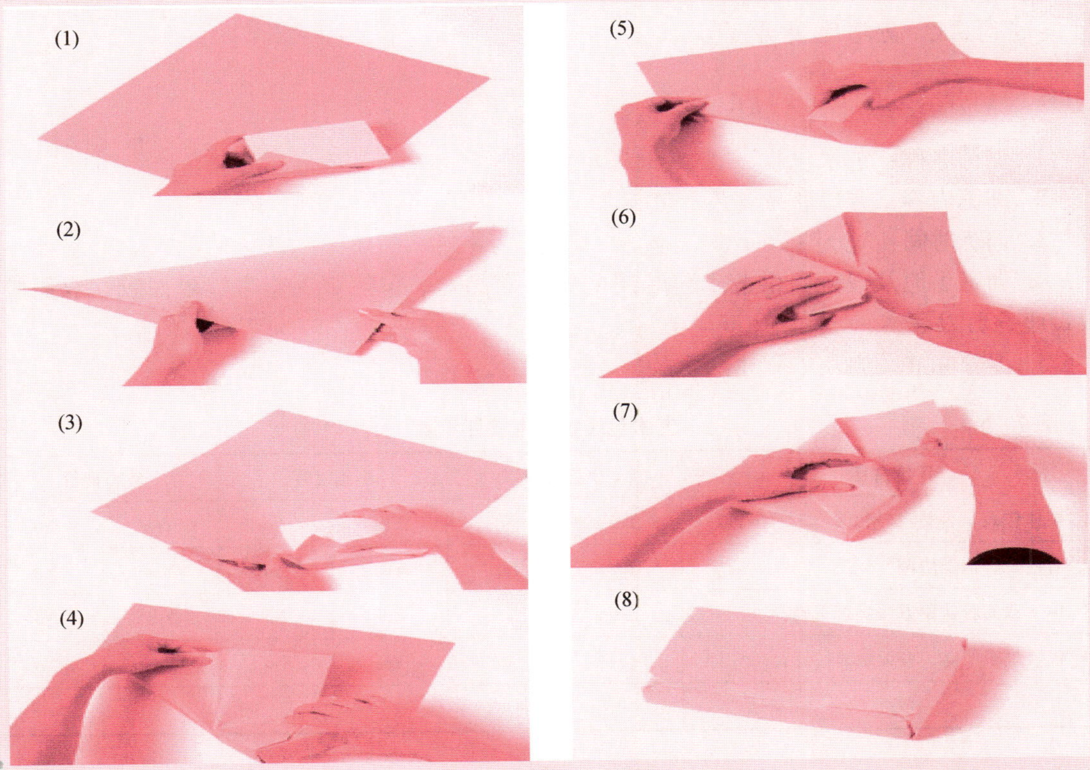

图7－9

(2) 把后方的纸折到前面，保证能盖住盒子的全体为宜。如果不能满足 (1)、(2) 的条件，则纸张大小不符合要求；

(3) 按住上方的折角不动，把左侧的纸也折起来，并把多余的纸干净地收到内侧；

(4) 用胶带将上方折角和左侧折角的位置固定，把后方的纸也折起来或把盒子慢慢扶起来；

(5) 整理多余的纸的同时，再将盒子向里侧翻倒；

(6) 右侧的纸可以用与左侧相同的办法，保持折垂直的前提下把纸向内折入；

(7) 剩余的纸张要向内侧折起，整理好；

(8) 把多余的边角向内部折入，用双面胶固定就可以了，再在盒子上系好丝带就完成了。

任务分析

王晓红了解了顾客的需要后，询问了几个问题：母亲的年龄、职业、喜欢的颜色，然后选择了红色的包装纸，金色的彩带，现场操作进行快速包装。

王晓红包装完，检查了一下：单双面胶使用方法正确，包装严谨，无明显接缝，整体包装美观、艺术多彩，着色搭配协调。这位年轻的女顾客非常高兴地接过商品，满意地离开了。

任务实训

1. 训练名称：艺术包装。
2. 训练内容：方形商品盒艺术包装。
3. 训练时间：5 分钟。
4. 训练场地及设施：供艺术包装用的方形商品盒、包装纸、彩带、单面胶、双面胶、胶带座、剪刀等。
5. 评分标准：如表 7－6 所示。

表 7－6　艺术包装技术考核评价表

评价内容	小组自评		小组互评		教师评价	
1. 整体包装是否美观、和谐、艺术多彩？	Yes	No	Yes	No	Yes	No
2. 着色是否搭配协调？	Yes	No	Yes	No	Yes	No
3. 单、双面胶使用方法是否正确？	Yes	No	Yes	No	Yes	No
4. 包装是否严谨，有无明显接缝？	Yes	No	Yes	No	Yes	No
成绩						

任务3
捆扎商品

随着科学技术在商品包装上的广泛应用，商品包装更加实用、精美、方便，更具有人性化的特点，一些陈旧的包扎技术已被淘汰。但仍有部分商品因购买形式、购买习惯、拆整为零或方便携带等原因，还需要用适当的包装物料进行包装、捆扎。

任务学习目标

1. 熟练掌握“十”字形、“工”字形、菱形、“米”字形的捆扎方法。
2. 灵活运用捆扎方法对多种商品进行组合捆扎设计。

任务描述

王晓红是某大型购物中心售后服务中心的工作人员。现在是旅游旺季，很多游客在商场里购买当地的土特产，为了给顾客提供优质的服务，方便顾客携带商品，并且增强人们的环保意识，节约包装袋，商场提供商品捆扎服务。王晓红要对下面的土特产商品进行捆扎（图7－10）。

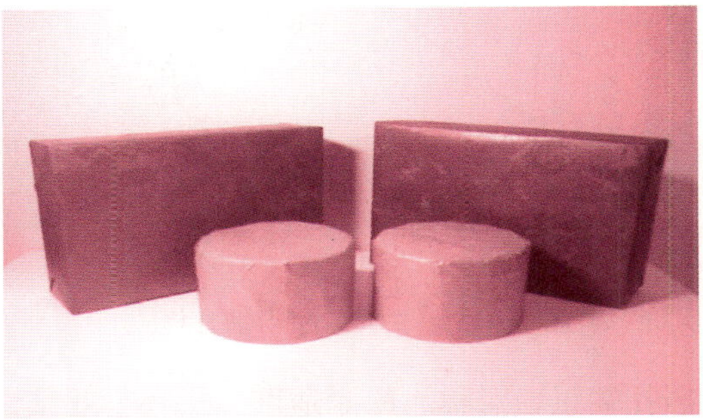

图7－10

动动脑？ 同学们，我们一起来设计好看又实用的捆扎方法吧！

任务学习

目前，零售散装商品的包扎形式有：纸袋、塑料袋、纸盒、塑料盒等，这些形式的包装操作在技术上比较简单，只要根据商品的数量、商品形体，采用适当的包装物品，把商品盛装好，需要捆扎的再进行捆扎即可。下面简要介绍一些较为常用的捆扎方法。

最基本的捆扎方法有4种：即“十”字形，“工”字形、菱形、“米”字形。根据盒的具体形状以及内装物品的种类，采用不同的捆扎方法。

一、“十”字形捆扎

此法适用于不宜立放且重量较轻的商品的捆扎，如干果、鞋盒等。捆扎方法如下（图7－11）：

1. 整理。将商品摆放整齐，整理好包装盒，与柜台平行放置（朝向操作者一边），做好捆扎准备。

2. 结“十”字网。左手拇指、食指捏距绳头约15厘米处，右手捏住靠绳团一端。左手捏绳手指按在盒面中心上，其余三指搭于盒前边，右手拉绳走盒里底面中心点，从怀里往外绕至盒面与左手绳相错（缠绕圈数可根据捆扎绳材料和物品轻重灵活掌握），随即左手其他三指拨动绳子右上沿，使盒身转动90°，右手绳仍由怀里往外绕绳，经盒底边中心点回至盒面上，与左手绳相交于盒面中心点。

3. 打提环。有左手食指将绳头掖进“十”字交叉处绳底，由拇指勾出，右手绳垂直提起，左手拇指、食指捏绳头搭右手绳外侧，中指辅助与右手绳相系。然后，左、右手绳都提起，比齐，断右手绳。左手提双股绳头，右手食指搭绳里侧，从外向里勾绳成环套，拇指与食指配合抿进绳头，使打的结系死。

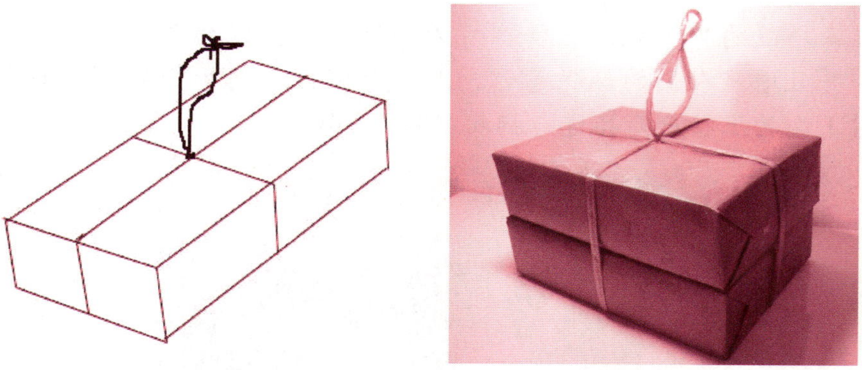

图7－11 “十”字形捆扎样式

质量要求：“十”字捆扎端正、对称。松紧适度，提环打死结，长短适当。

二、“工”字形捆扎

此法特别适宜对平放且较重商品的捆扎。捆扎方法如下（图7－12）：

1. 整理。将商品摆放整齐，整理好包装盒。如果是多个同时捆扎，可将体积相同的商品摆放整齐，体积不同的商品可将体积大的放在最下层，按体积大小依次摞放。摞齐后，与柜台平行放置（朝向操作者一边），做好捆扎准备。

2. 结“工”字网。左手拇指、食指捏距绳头约一个盒长的位置，右手捏住靠绳团一端。

左手捏绳手指按在盒面 1/3 处，右手绳从盒前沿经盒底面与内移的左手绳相交叉，左手绳头翻入上端，左、右手配合搬转盒体向左转 180°，右手绳从盒前向右绕绳至盒另一 1/3 处，与左手绳相交叉，左、右手配合搬转盒体再向左转 180°，右手绕绳至交叉点系死结。

3. 打提环。将右手绳与绳头比齐断开，两绳合股后系于另一端十字交叉处，提环高度以 3 ~5 厘米为宜。

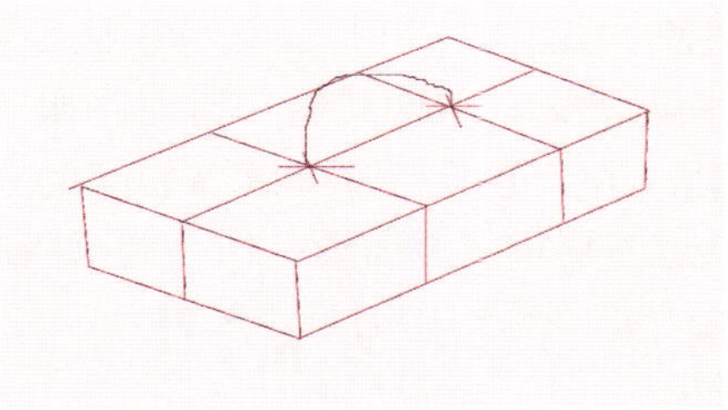

图 7 – 12　“工”字形捆扎样式

质量要求：“工”字形捆扎两横道要距离对称，捆扎平稳，松紧适度。提环绳要和股，一般为绕盒股数的倍数，高度要适中。

三、菱形捆扎

此法适合较轻的且不怕倒置商品的捆扎，如干果、服装及日用品等。捆扎方法如下（图 7 – 13）：

1. 整理。将商品摆放好，整理好包装盒后，斜立放于柜台上。

2. 结菱形网。左手拇指与其余三指抓握立放的盒上方，食指按绳头约 15 厘米处于盒的中心点，右手持绳团一端的绳，拉绳走盒右上角至右侧中点，经盒外右下角至盒下方中点，将绳拉回盒里左下角，提拉至盒左侧中点，经盒外左上角回盒顶部，与左手按绳相交而过，再将绳顺盒里左上角拉下至盒左侧中点，经盒外左下角拉回盒里右下角。最后，与左手绳相交汇于盒顶部中点，左手用食指将绳头由两绳交汇处绳底掖进，左手拇指勾出。

3. 打提环。与“十”字捆扎打提环方法相同。

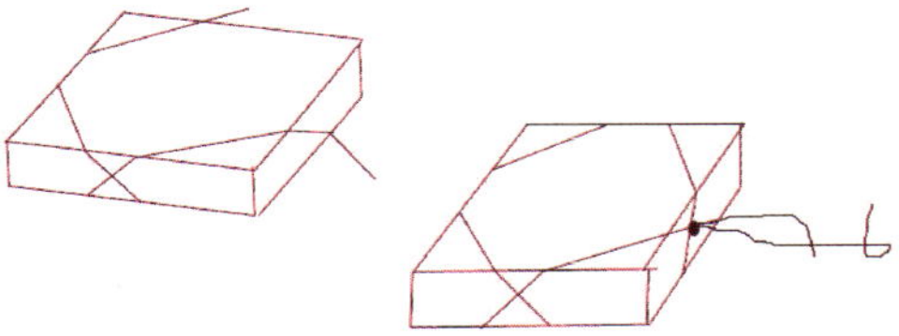

图 7 – 13　菱形捆扎法

质量要求：四角捆绳角度一致，松紧适度。捆扎牢固、美观，提环长度适中。

四、“米”字形捆扎

此法适用于圆盒类商品，如生日蛋糕、日用品、礼品等。捆扎方法如下（图7-14）：

1. 整理。将圆盒整理好，并放于柜台边缘，盒底小半圆露出台面（不能超过半圆，防止盒翻落地上）。

2. 结“米”字网。左手拇指、食指捏住绳头约15厘米处按于盒中心点，其余三指按于盒边缘，右手从中心点拉绳另一端，至盒边缘（朝向操作者一边），从怀里往外绕绳，经露出台面的盒底部中线，绕至盒面中心点，与左手绳相交。左手其他三指向左搬转盒身45°。右手拉绳重复上次动作，当绳绕回盒面中心上时，第二道绳与第一道绳相交的夹角为45°。左手三指搬转盒身时，右手也可辅助搬转。第三道绳仍重复上面动作，完成第四道捆绳，盒面即呈“米”字形状（注意盒底部四道捆绳汇合点应在盒底中心，也要呈“米”字形）。

3. 打提环。与“十”字捆扎打提环方法相同。

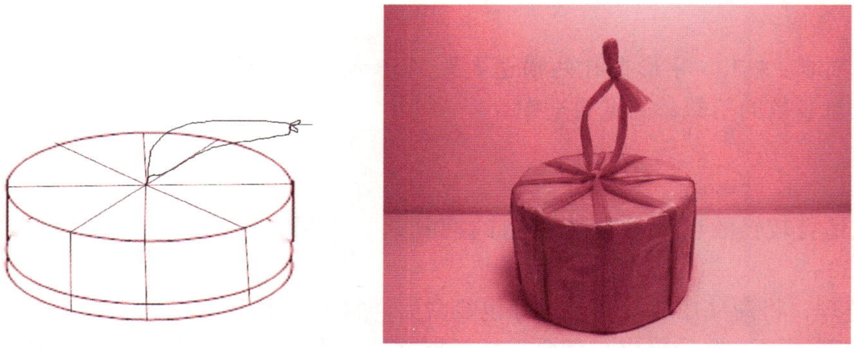

图7-14 “米”字形捆扎样式

质量要求：捆绳上下均匀，角度准确、松紧适度，提环长短适中。

知识拓展

瓶类商品的捆扎方法

一、两瓶酒的捆扎

1. 定型。将两瓶酒平行紧靠，立放于台面，商标朝外。

2. 捆底。将绳团放在酒瓶左侧或右侧的柜台台面上（左手操作者相反，下同），左手握绳头，右手握住靠绳团一端，左手拇指按放在左瓶后侧做准备。右手持绳顺时针方向围瓶底部（距瓶底3厘米处）绕两圈，于左瓶后结死扣。

3. 扎瓶口。左手握住左瓶身，右手将绳从左瓶底部拉起至瓶口，顺时针绕左瓶口后逆时针绕右瓶口，使两瓶口缠绕呈“∞”字形的中间穿成双股后剪断。

4. 打提环。左手捏在两瓶间“∞”字绳，右手持绳将绳合成一股并在“∞”绳的中间系死扣，形成提环（图 7－15）。

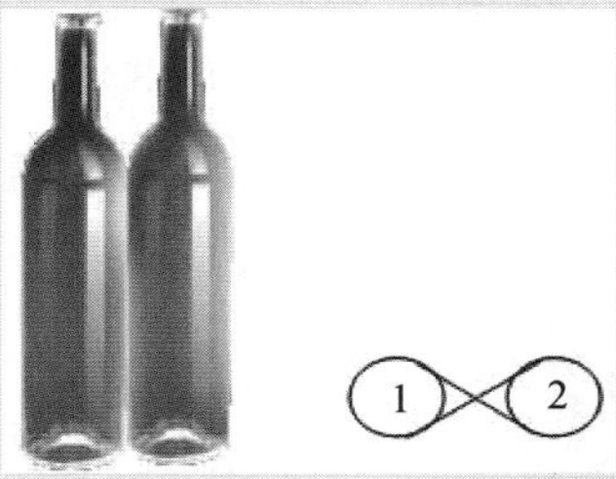

图 7－15　两瓶酒的捆扎步骤

二、三瓶酒的捆扎

1. 定型。将三瓶酒仅靠呈“品”字形，商标均朝外。

2. 捆底。与两瓶酒捆扎方法相同。不同的是，打结时，在 3 号、1 号瓶中间掏绳，在 1 号瓶后侧系死扣。

3. 扎瓶口。右手将绳从 1 号瓶底拉起，靠绳团一边绳压在拉起绳下，扣于 1 号瓶口，左手按住 3 号瓶身，右手拉绳顺时针方向围绕三个瓶口外侧，回到 1 号瓶，再进行里圈绕绳，顺序由 1 号瓶里侧拉至 2 号瓶口，顺时针绕至 3 号瓶口，再由 3 号瓶口顺时针拉至 1 号瓶口。

4. 加固。右手绳拉至 1 号、2 号瓶口绳上方，左手食指从瓶口里圈的小三角形中，掏环套于 2 号瓶口，右手紧绳，转动瓶身，将绳拉至 2 号、3 号瓶口上方，掏环套于 3 号瓶口，重复动作，完成 1 号瓶口的套扣后，打反环套于 1 号瓶口，紧绳后剪断，不留提环（图 7－16）。

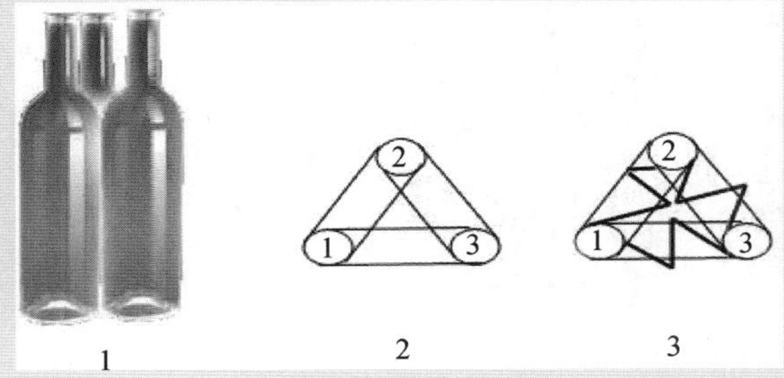

图 7－16　三瓶酒的捆扎步骤

三、四瓶酒的捆扎

1. 定型。将四瓶酒紧靠摆成菱形，商标均朝外。

2. 捆底。与三瓶酒捆扎方法相同。不同的是缠绕 3～4 道绳，打死结于 4 号瓶后侧。

3. 扎瓶口。左手按于 4 号瓶身，右手将绳拉至瓶口，靠绳团一端压在拉起绳下，扣于4号瓶上，再由4号瓶口拉至1号瓶口，在瓶口里侧顺时针走绳，依次缠绕，最后回到4号瓶口。重复2次，共计绕2圈。

4. 提拉环。在4号瓶捆绳交叉点用左手食指掏绳，钩起长约30厘米，右手绳提起与左手绳套比齐，剪断，合掌上劲搓成麻花状，打死结与2号瓶口捆绳交叉处（图7－17）。

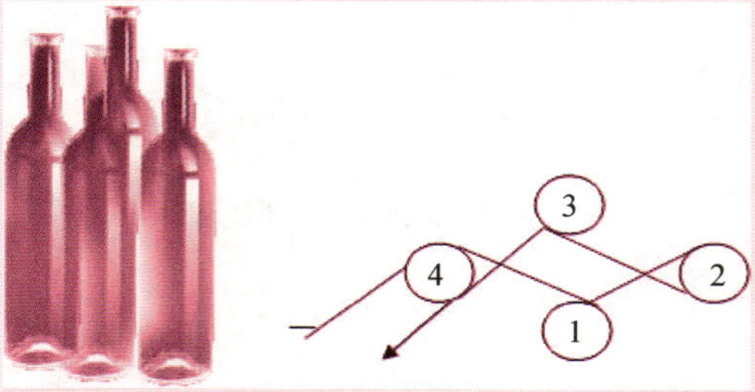

图7－17 四瓶酒的捆扎步骤

任务分析

王晓红运用已掌握的捆扎技能，对土特产商品进行了以下的捆扎设计。捆扎完毕后，王晓红仔细检查了一下：捆绳上下均匀，牢固美观，角度准确，松紧适度，提环长短适中（图7－18）。

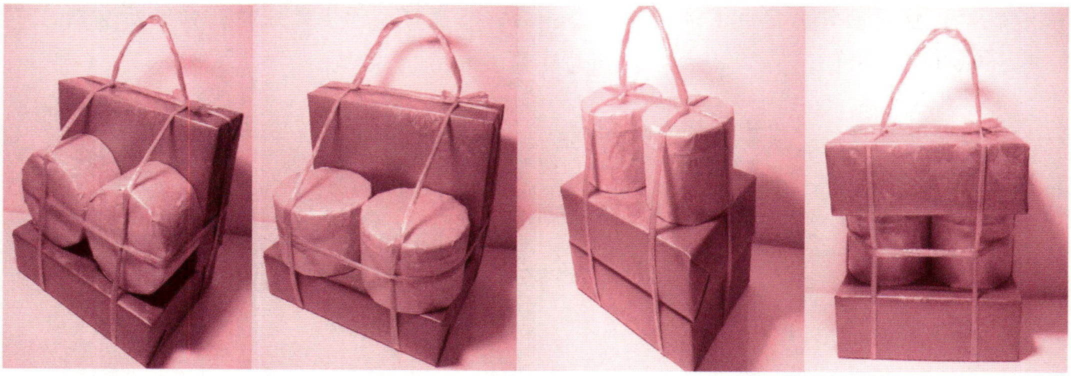

图7－18

任务实训

1. 训练名称：商品捆扎。
2. 训练内容：将大饮料瓶分为两瓶一组、三瓶一组进行捆扎。

3. 训练时间：5 分钟。
4. 训练场地及设施：供捆扎用的大饮料瓶、塑料绳、剪刀等。
5. 评分标准：如表 7－7 所示。

表 7－7 商品捆扎技术考核评价表

评价内容	小组自评		小组互评		教师评价	
1. 捆扎是否牢固、不松动、不变形？	Yes	No	Yes	No	Yes	No
2. 提环长度是否适中？	Yes	No	Yes	No	Yes	No
3. 绳头是否裁剪长度得当？	Yes	No	Yes	No	Yes	No
4. 绳头是否打活结？	Yes	No	Yes	No	Yes	No
5. 捆扎方法是否正确？	Yes	No	Yes	No	Yes	No
成绩						

任务 4
处理常见问题

在市场激烈竞争的今天，随着消费者维权意识的提高和消费观念的变化，消费者在选购产品时，不仅注意产品实体本身，在同类产品的质量和性能相似的情况下，更加重视产品的售后服务。因此，企业在提供价廉物美的产品同时，向消费者提供完善的售后服务，已成为现代企业市场竞争的新焦点。

任务学习目标

1. 准确把握退换商品的原因、原则。
2. 熟练掌握退换商品的工作流程。
3. 灵活运用处理顾客投诉的原则、方法和流程正确处理顾客投诉。

任务描述

这天，一位顾客怒气冲天来到柜台前，见到营业员就嚷起来：“你们百货大楼是什么信誉啊？把使用过的洗衣机给我送去了？”营业员看见顾客这么冲动，连忙拿了一把椅子对顾客说：“您先消消气儿，坐下来慢慢说，小心气坏身体。”马上又问道：“您是怎么判断我们给您家送的洗衣机就是旧的洗衣机呢？”顾客说：“新的洗衣机里面怎么会有水呢，一定是你们把哪个顾客退回了的机器给我送去了。”

动动脑？ 同学们，如果你是营业员，你该怎么处理这位顾客的投诉呢？

任务学习

一、退换商品

在商业服务过程中，时常会遇到顾客购买了商品后又来退换的情况，商品的退换涉及消费者和企业双方的利益，处理得不好，往往容易产生矛盾，发生争吵，造成不良影响。

因此，要求营业员在接待前来退换商品的顾客，应特别注意在掌握原则的同时，把握分寸，妥善处理，做到“三不”，即“不推托、不冷淡、不刁难”。顾客来店退换商品的原因比较复杂，要退换的商品也不尽相同，应采取不同的方式接待。

（一）分析顾客退换商品的原因

来店退换商品的顾客大致有如下情况：（1）商品质量有问题；（2）商品有过期、变质等问题；（3）穿着、使用不合适；（4）买完后悔的；（5）有意欺诈的。

（二）退换商品原则

针对顾客要求退换商品的情况，一般商店都会根据国家有关规定和本店服务公约的要求制定本店有关商品退换的制度，主要条款大致包括下述几条：

1. 凡本店出售的商品，按国家质量标准衡量确有质量问题的，包退包换。
2. 大件商品，厂家有明确“三包”规定的，按规定执行。
3. 凡本店出售的商品，如发现有过期、失效、变质等现象或计量不足等情况的，必须按顾客要求退换或补足。
4. 凡能确定为本店出售的一般商品，未超过规定期限，不脏、不损、不影响再次出售的，应根据顾客要求给予退换。
5. 精密度较高，不易鉴别内部质量的商品或不易鉴别真假的贵重商品，如要退还，需特别加以注意，轻易不予退换。
6. 药品、食品、剪断撕开的丈量品等特殊商品，一般情况下不予退换。
7. 属于顾客使用不当，弄脏、弄残无法再次出售的商品，或者顾客购买以后超过保质期的商品，一般不予退换。
8. 购买时已声明为削价处理不退不换的商品，一般不予退换。

（三）接待退换商品顾客的方法

营业员对待来退换商品的顾客要与接待来购买商品的顾客一样热情，态度诚恳地了解退换商品的原因，不得推诿、赖账，一般采取如下处理方法：

1. 对商品有质量问题或一般商品符合退换原则的，应及时迅速办理退换手续，减少顾客等待时间。
2. 如是厂家注明“三包”的商品，核实情况属于包退包换范围的，商店可先行退换，再与生产厂家办理退换手续，属于包修范围的，商店应积极帮助联系解决。
3. 如因过期、失效、计量不足等营业中过失造成的退换，不仅应及时办理退换手续，还应主动赔礼道歉。

4. 对不符合退换商品原则的顾客，应耐心诚恳地做好解释工作，婉言拒绝。

5. 对无法退换的商品，当顾客提出代售要求时，可视情况，向柜组长汇报，获得同意后，帮助代售。

6. 做好退换商品记录，发现有代表性的问题或缺陷，影响有关部门反馈，以便及时调整经营和生产。

7. 为了更好地为消费者服务，最大限度地让消费者满意，有些企业还根据实际情况制定了“三不出，六为主”的退换货原则。“三不出”，即一般商品退换不出小组，特殊商品退换不出商场，疑难商品退换不出大厦。“六为主”，即可退可换的，以退为主；可换可修的，以换为主；可退可不退的，以退为主；可换可不换的，以换为主；可修可不修的，以修为主；责任分不清的，以我为主。

（四）商品退换货的流程（见图7－19）

1. 受理顾客的商品、凭证。接待顾客，并审核顾客是否持有本商场的收银小票或发票，所购商品是否属于不可退商品。

2. 听取顾客的陈述，判断是否符合《退/换货标准》。细心平静地听取顾客陈述有关的抱怨和要求，判断是否属于商品的质量问题，是否符合《退/换货标准》。

3. 同顾客商量处理方案。结合商场规定、国家的相关法律以及顾客服务的准则，灵活处理，说服顾客达成一致的看法。提出解决方法，尽量让顾客选择换货。如不能满足顾客的

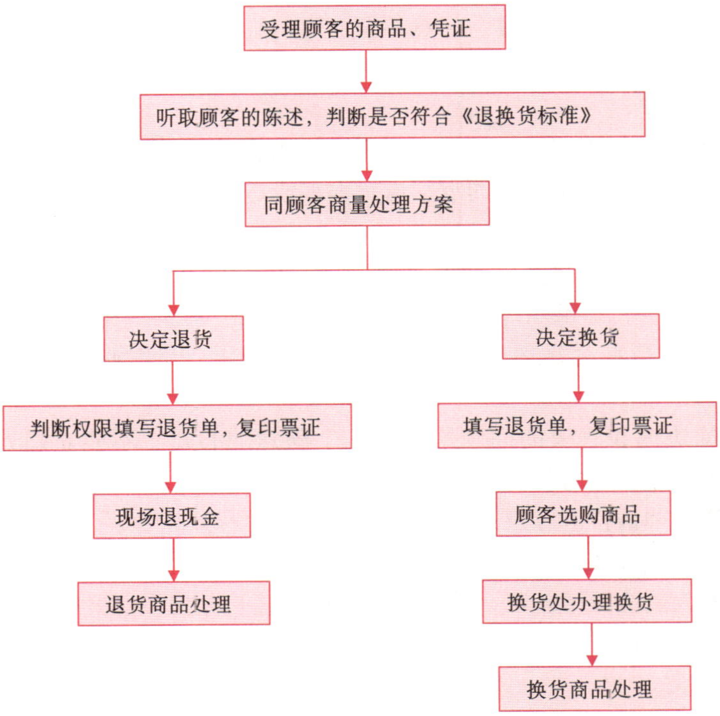

图7－19

要求而顾客予以坚持的话，应请上一级管理层处理。

4. 决定退/换货。双方同意退货/双方同意调换同种商品或同类商品甚至是不同商品。

5. 判断权限。退货的金额是否在处理的权限范围内。

6. 填写退/换货单，复印票证。填写退/换货单，复印顾客的收银小票或发票。

7. 现场退现金。在收银机现场做退现金程序，并将交易号码填写在退货单上，其中一联与收银小票或发票的复印件订在一起备查；顾客选购商品，并到退换处办理换货。顾客凭换货单的一联，到商场选购要更换的商品。在收银机现场做换货程序，换货单中的一联与收银小票或发票的复印件订在一起，实行多退少补现金法，并将换货交易号码填写在换货单的商品联上。

8. 退/换货商品的处理。将退/换货商品放在退/换货商品区，并将退/换货单的一联贴在商品上。

二、顾客投诉

常言道：智者千虑，必有一失。不论营业员如何注意自身的服务态度，如何加强店内商品的质量管理，都难免会因为一时的疏忽而遭到顾客的抱怨。那么，一旦顾客产生不满投诉，营业员该怎么做呢?

（一）分析顾客投诉的原因

要做到客户满意的投诉处理，首先必须重视客户投诉的原因。一般地讲，客户投诉的原因主要有以下几个方面：

1. 商品质量问题，如品质不良、标示不全、有瑕疵、污损、破损等。

2. 服务方式不当，如硬性推销、强迫购买、广告宣传夸大其词、营业员产品知识不足，无法满足顾客的询问等。

3. 服务态度不好，如不尊重客户、不耐烦、冷嘲热讽甚至恶语相加等。

4. 售后服务不到位，如不遵守约定，送货太迟或送错地方等。

（二）处理顾客投诉的原则

1. 受理与反馈统一的原则。

（1）做到首问负责，即谁受理谁回复（这里的“谁”不单指具体受理人）。

（2）所有服务人员在受理客户投诉时，应态度诚恳，利用业务支撑系统，核对相关资料。

（3）能够立即协调和解决的问题给客户一个满意的答复。不能立即处理的投诉问题，在向客户做好解释工作的同时将情况详尽地记录下来，并填写投诉电子流工单提交给相关部门，跟踪处理结果，回访投诉客户。

（4）为确保用户有个安全舒适的办理业务环境，个别用户出现过激情绪的，应创造条件隔离客户，保安人员应及时劝阻，劝阻无效的可直接与分公司保卫科联系或直接向110报警，同时，向中心领导汇报。

2. 情绪稳定原则。

（1）控制自己的情绪，保持冷静、平和。

（2）理解客户的心情，做好沟通，安抚客户情绪，然后处理投诉内容。

3. 积极配合原则。虽然实施了首问负责制，但对处理投诉过程中的求助，应予以积极配合。

4. 中立原则。应对客户的投诉进行实事求是的判断，不得加入个人情绪和好恶。

5. 优先原则。优先处理品牌客户的投诉。

（三）处理顾客投诉的方法

1. 接受投诉阶段。

（1）客户在陈述投诉理由时，不得随意打断客户的话，让客户把话讲完，以避免影响客户的情绪。

（2）要认真倾听，准确记忆，态度诚恳，尽量做到不让客户重述，以避免客户的不满升级。

（3）适时给予客户回应，表明对这件事情的关注和重视。

（4）注意对事件全过程进行仔细询问，语速不宜过快，要做详细的投诉记录。

2. 解释澄清阶段。

（1）根据客户的表述快速分析整个事件对客户影响的程度。

（2）在没有完全了解清楚客户所投诉的问题时，不得马上将问题转交其他部门。

（3）从客户角度出发，做好合理的解释和澄清，注意解释的语气，不得表露出对客户的轻视、冷漠或不耐烦。

（4）在解释过程中，如客户提出异议，不得与客户争辩或一味地寻找借口，更不得试图推卸责任。

3. 提出解决处理阶段。

（1）根据客户的投诉将问题进行分类，大致分为三个方面：当即可以解决的；在短期内可以解决的；属于网络、技术问题现阶段无法解决的。

（2）向客户说明解决问题所需要的时间及原因。

（3）如果客户不认可或拒绝接受解决方案，用心坦诚地向客户表明公司的限制。

（4）按照公司规定时限，及时将需要后台处理的投诉记录通过电子流系统派单给相关部门处理。

4. 跟踪总结阶段。

（1）根据处理时限的要求，注意跟进投诉处理的进程。

（2）在客户等待处理结果的过程中，必须做到适时回访（通过电话）。

（3）处理结果出来后，要及时告知客户。

（4）关心询问客户对处理结果的满意程度。

（四）处理顾客投诉的流程

1. 接待。营业员须以热情、真诚的态度接待前来投诉的顾客。尽量将顾客引至一旁，以免影响店内的销售。

2. 倾听。营业员必须仔细并耐心地倾听顾客的不满及抱怨，给予顾客发泄的机会，并应以同理心来回应表示理解。在顾客投诉过程中不要做任何形式的辩解，耐心倾听顾客的陈述。切忌随意打断、争辩或表现出不满、不在乎的神情。

3. 道歉。无论顾客是对是错，营业员都应该真诚地向顾客道歉，并谢谢顾客提出问题，这会让顾客感受到尊重。一句简单的道歉语花费不了什么，但这是留住顾客忠诚强有力的第一步。

4. 提出解决方案。所有顾客的投诉都必须找出解决方案。在提供解决方案时，应考虑几点：

（1）掌握问题关键在哪儿，分析投诉事件的严重性；

（2）明确谁应承担责任；

（3）参照相关处理政策、既定方针，制订解决方案；

（4）考量处理者的权限范围；

（5）让顾客同意提出的解决方案。

5. 执行解决方案。当双方都同意解决的方案之后，就必须立刻执行。如果在权限范围内可处理的，应迅速利落处理好，务必圆满解决。若不能当场解决或是权限之外的，必须明确告诉对方事情的原因、处理的过程与手续，通知对方时间、经办人，并请对方留下联系方式，以便随时跟踪。

6. 结果检讨。

（1）检讨处理得失。对于每一次的顾客投诉，都必须做好妥善的书面记录并将记录存档，除了便于日后查询之外，还应定期检讨投诉处理的得失。

（2）对营业员宣传并防止日后再发生。所有的顾客投诉，都应该通过固定发布方式，如公布栏、例会、内部刊物等进行宣传，让营业员能够迅速解决造成顾客投诉的各项问题，并了解处理投诉事件时可能产生的不良影响，以防止类似事件再次发生。

三、顾客抱怨的处理技巧

在处理顾客的抱怨时，营业员要注意与顾客的沟通，改善与顾客的关系。处理技巧运用得当，不仅可以及时化解矛盾，缩短与顾客之间的距离，赢得顾客的谅解与支持；还能够在顾客的理解之中，为企业树立良好的知名度、美誉度。

（一）做一个积极的倾听者

抱怨的顾客需要忠实的听者，喋喋不休的解释只会使顾客的情绪更差。而面对顾客的抱怨，营业员应努力成为一个积极的倾听者，努力专心地倾听；即使顾客的说话方式不好，也要努力把注意力集中在事实上，而不是顾客的消极情绪上；努力做到在顾客说完全部情况前，不做任何的评论或下结论；能够在顾客说完时，对其中的主要事实进行整理并做出概括总结；适当地记笔记，记录关键字句，发现不明白或误会时，随时向顾客澄清；多运用提问技巧，有助了解事情真相，如发生什么事？这事为什么会发生？你是如何发现的？……只有这样，才能够从顾客的抱怨中，找出顾客抱怨的真正原因以及顾客对于抱怨期望的结果。

（二）拥有一颗平常心

对于顾客的抱怨要有一颗平常心态，顾客抱怨时常常都带有情绪或者比较冲动，作为营业员应该体谅顾客的心情，以平常心对待顾客的过激行为，不要把个人的情绪变化带到抱怨的处理之中。营业员应时刻保持微笑，用真诚的微笑来化解顾客的不良情绪，满怀怨气的顾客在面对春风般温暖的微笑中，会不自觉地减少怨气，这样会有利于双方找到行之有效的解决办法，最终达到满意的结果。

（三）拥有一颗同理心

尊重顾客的立场，换位思考“如果我是顾客，我会怎么样？”面对顾客的抱怨，营业员应站在顾客角度，设身处地地为顾客着想，去体会顾客的真实感受，真诚地对顾客的抱怨情绪表示理解，这样往往能够缓和顾客的情绪，使原本难以解决的抱怨得以轻松解决，有助于企业拉近与顾客的心理距离，无形之中提升顾客的忠诚度。

（四）坚持“三换”原则

1. 换当事人。当顾客对营业员的服务与解释感到不满时，便会产生一种排斥心理。假如该营业员继续按照自己主观的想法向顾客解释，顾客的不满与愤怒就会更加严重。此时，最好的方法是请该营业员暂时回避，另请营业员或者主管处理，这样会让顾客有种被尊重的感觉，有利于问题的圆满解决。

2. 换场所。当抱怨的顾客在店面大声吵闹时，会直接破坏购物气氛，影响到其他顾客的购物情绪，有的顾客只顾着热闹而没了购买兴趣，有的顾客则唯恐避之不及，一走了之。而且，有的顾客在情绪激动时，会说出许多不利于企业形象的话。在这种情况下，请顾客到另外一种场合如贵宾室、招待室、办公室等进行交谈。引导顾客先坐下，最好先泡一杯茶或倒一杯果汁招待顾客，让顾客缓和一下情绪。等顾客情绪已基本平静下来时，再妥善地处理抱怨。

3. 换时间。当营业员做到前面的“两换”，仍无法平息顾客的怒气，还没有办法将问题解决，最好的办法就是取消当日的会谈，延至第二天进行。营业员要仔细记录顾客的家庭住址和联系电话。态度要更为诚恳，一定要说到做到。一般来说，经过一夜的休息，加之店方第二天如约前来拜访，顾客的态度都会有所转变。此时，再向顾客诚恳地道歉并加以解释，顾客就容易接受多了。

知识拓展

处理客户不满的常见错误行为

- “这种问题连小孩都会。”即使顾客提出的问题极其简单时，也决不允许企业员工说类似的话。他会使顾客认为你在轻视他、嘲笑他，极易引起内心更强烈的反感。
- “一分钱，一分货。”这句话常被顾客误解为你嫌他寒酸，瞧不起他，所以听后很不舒服。
- “不可能，绝不会有这种事。”营业员一般对自己的商品和服务都充满信心，当顾客提出抱怨时，这句话常常顺口而出，且不论顾客反映的情况可能完全属实，即使有出入，这样回答也是不妥当的，因为它让顾客感觉你在责怪他说谎，会深深地伤害顾客的自尊心，使矛盾进一步激化。
- “这种问题请去问厂家，我们只负责销售。”商品固然是厂家制造的，但商店在进货时，应对其质量进行认真的检查，对其特性予以详细的了解，在向顾客出售时应负全部责任。所谓去问厂家的说法，是对顾客的搪塞和敷衍，是完全错误的。
- “不知道”“不清楚”。当顾客向营业员提出问题时，若回答“不知道”或“不清楚”，是商店缺乏责任感的表现。一个对消费者高度负责的企业，决不允许轻易给顾客类似的回答，即使真的不知，也要想办法给顾客一个满意的答复。
- “我绝对没有说过那种话。”有时顾客认为没有履行某项服务承诺或保证而提出质问时，若营业员回答“我绝对没有说过那种话”，会使顾客认为在抵赖，从而加深不满情绪，使得难以与之进行沟通。当遇到这种情况时，首先要冷静地弄清楚事情的原委，对于顾客提出的正当、合理要求，即使事先未做出承诺和保证，也要设法予以满足，而对于顾客提出的确实超出了承诺、服务范围，企业又无力满足的要求，应耐心地加以说明，使之同情和理解。

- “我不会”“我不行”。“我不会”“我不行”“我没办法”等否定词语，不但无助于对抱怨的解决，反而会使顾客大失所望，严重损害企业的形象，决不能轻易使用。当顾客提出的问题接待人员确实难以处理时，应立即找上级领导帮助，而不应用此类语言简单地将顾客拒之门外。
- “这是本店的规定。”门店制定的各种规章制度，从根本上说是为了保证服务质量，使顾客满意。因此，企业员工要切记，无论在什么情况下，都不应以店规去“搪塞”顾客的抱怨，否则是无法获得他们的理解和信任的。
- “改天再联系。”当顾客提出的问题需要一定的时间来研究解决时，要将所有的确切时间告诉对方，如“两天后帮您办好”“明天上午10点钟您听电话”等，不可用“改天再联系”“过两天再说”等模棱两可的语言，这会引起顾客对你解决问题诚意的怀疑，削弱对企业的信任感。
- “没有货。”对于顾客需要又恰巧没有的货，则应向顾客推荐相同效果的其他商品，如顾客仍不满意，应当一边安抚顾客，一边与临近门店或公司联系，查询是否有备货。如没有，应当请顾客留下联系方式，以便联系到货源后通知。

任务分析

营业员听到这里，笑着对顾客解释道：“您先消消气。洗衣机在出厂时最后的一道工序就是试水，因为是完全自动化的流水线，因此每台洗衣机都会残留一些水在机器里，这是正常现象。”顾客似乎有点明白，但还是怀疑，并要求去库里一看究竟。于是，营业员在工作允许的情况下，带着顾客去了大库。顾客从大库回来以后，态度一下就转变了，对营业员一再道歉，还到经理那儿表扬了一番，说营业员的服务态度好。

码7-1 售后体验再升级

对营业员来说，能把事情处理得让顾客满意是最大的欣慰。“用心经营，创造感动。”在销售过程中，营业员给顾客创造了感动，顾客也无时无刻不在感动着我们。

任务实训

1. 训练名称：退/换货处理。
2. 训练内容：模拟售后服务工作岗位，熟练掌握退/换货工作流程。

3. 训练时间：30 分钟。
4. 训练场地及设施：模拟工作台、有问题的商品、退/换货单等。
5. 评分标准：如表 7－8 所示。

表 7－8　　退/换货处理售后服务考核评价表

评价内容	小组自评		小组互评		教师评价	
1. 是否正确分析顾客退/换货的原因?	Yes	No	Yes	No	Yes	No
2. 是否遵守退/换货的原则?	Yes	No	Yes	No	Yes	No
3. 是否灵活运用退/换货的方法?	Yes	No	Yes	No	Yes	No
4. 是否按照退/换货的流程处理?	Yes	No	Yes	No	Yes	No
5. 是否热情、主动、真诚地为顾客?	Yes	No	Yes	No	Yes	No
成绩						

思考与实训

一、选择题

1. (　　) 一般为一式三联，第一联为柜组留存，第二联为顾客保存，第三联为收款台留存。

A. 销售小票　　B. 增值发票
C. 转账支票　　D. 零售支票

2. 转账支票是不用 (　　) 结算的一种形式，一般为 (　　) 购买大批商品或金额较大的商品结算时常用此结算方式（结算金额 100 元以上）。

A. 购物卡　个人　　B. 现金　个人
C. 购物卡　单位、集团　　D. 现金　单位、集团

3. 顾客购买数额较大用支票付款时，要坚持 (　　) 付货的原则。

A. 15 天　　B. 5 天后
C. 3 天后　　D. 1 天后

4. 礼品包装作为商品包装中的一类，在满足保护商品、传递商品信息、推销商品等基本功能以外，还能够提升 (　　)。

A. 商品型号　　B. 商品品位
C. 商品数量　　D. 商品价格

5. (　　) 捆扎法适用于不宜立放且重量较轻的商品，如干果、鞋盒等。

A. “十” 字形　　B. “工” 字形
C. 菱形　　D. “米” 字形

二、判断题

1. 发票是加强财务管理，保护国家财产安全的重要手段，是财务会计核算的

原始凭证和税务稽查的重要依据，是维护社会经济秩序的重要工具。（　　）

2. 个人购物时，可凭发票退换商品，并作为商品保修期的凭证，但发票不具有法律效力。（　　）

3. 填写金额栏时，小写金额栏的最大数字前加“¥”封头符号，大写金额最大数字前加“⊗”封头符号。（　　）

4. 营业员在接待前来退换商品的顾客时，要注意把握分寸，妥善处理，做到“三不”，即“不推托、不冷淡、不刁难”。（　　）

5. 药品、食品、剪断撕开的丈量品等特殊商品，一般情况下应予以退还。（　　）

三、辨析选择题

营业员接到了这样的投诉，请试着分析其投诉原因是（　　）：一位年轻女顾客买了一个看上去很流行时尚、美观大方的真皮背包，可是用了一个星期之后，出现底部皮子开裂，营业员经询问顾客并没有使用不当的情况。

A. 商品质量问题　　B. 服务方式不当

C. 服务态度不好　　D. 售后服务不到位

四、案例分析题

某商场手机柜台，一位营业员在为顾客服务的过程中发现，一位妈妈抱着孩子，孩子可能由于着凉忽然吐了一地。这时，营业员急忙拿来拖布清理干净。

请问，这位营业员的处理方式有没有不妥之处？如果你是营业员，你会做何处理？